孩子们必读的诺贝尔文学经典

创造进化论

【法】H.柏格森◎著 王离◎译

· 柏格森卷 ·

北京联合出版公司
Beijing United Publishing Co.,Ltd.

图书在版编目（CIP）数据

创造进化论 /（法）柏格森著；王离译. -- 北京：北京联合出版公司，2015.2（2023.2重印）

（孩子们必读的诺贝尔文学经典）

ISBN 978-7-5502-4476-4

Ⅰ. ①创… Ⅱ. ①柏… ②王… Ⅲ. ①生命哲学－法国－现代 Ⅳ. ①B083②B565.51

中国版本图书馆CIP数据核字（2015）第010844号

创造进化论

作　　者：（法）柏格森/著；王离/译

选题策划：王成国　郎爱民

责任编辑：王　巍

封面设计：尚世视觉

版式设计：许　可

北京联合出版公司出版

（北京市西城区德外大街83号楼9层　100088）

福州俊丰彩印有限公司　新华书店经销

字数280千字　650毫米×950毫米　1/16　17印张

2015年2月第1版　2023年2月第2次印刷

ISBN 978-7-5502-4476-4

定价：35.00元

目录

Contents

引 言

虽然生命进化的历史尚不完整，但它仍然能揭示出在从脊椎动物一直到人类这条不可打断的进程中，智能是如何出现的。同时，它向我们展示了依附于行为能力的理解能力，它是生物对其生存环境的越发精准、越发完整和适度的认知能力。于是我们得出结论，我们的智能——就狭义而言——是为了让我们的身体能够完美地融入周围环境，并理解外部事物之间的关系——简单来说，就是理性思考。这正是现行理论的一个结论。我们发现，人类的智能对于非生命体，尤其是对那些固态物体非常有效。是它们支撑着我们的行为，并被我们用作从事生产的工具。我们的观念就是基于固态模式成型的，我们的逻辑思维更是固态的逻辑。正因如此，我们才掌握了贯穿着逻辑思维和散乱联系的几何学；在这个过程中，智能只需稍稍联系过往经验，然后依自身属性而运作，即可完成一次次的发现。当然，经验总是尾随在智能身后，无一例外地证实着它的正确。

谈到这里，不得不说，其实单凭纯逻辑形式的思维既不能洞穿万物本质，也无法揭示进化的完整意义。它被生命创造出来，用在特定的环境下处理特定的事情，但对生命而言，仅是表象或概念的它要如何去掌握生命本身呢？在翻滚的进化熔炉中炼造出的智能又该怎样去溯源进化运动呢？窥一斑可见全豹，从结果能推出原因，正如我们能透过海滩上卵石的形状看出将其推到此处的浪花的形式一样。实际上，我们的确发现，没有哪种思维模式——单一性、多重性、机械式因果关系、智能终局论等——能够精确地分析生命：谁能说出个体生命从哪里来，又要到哪里去？谁能解释生命究竟是一类还是多类？谁又能回答到底是相互关联的细胞构成了有机物，还是有机物将自己分裂成了细胞？我们总喜欢将生命的概念拖入我们自己构建的牢笼中，却总是无功而返。所有的牢笼终将破裂。因为对那被放入之物而言，它们都显得过于狭隘且僵化。对付无机物时游刃有余的理性在这个全新领域的面前是那么苍白无力。而更为常见的是，当经验终于告诉我们生命是如何运转并取得成果时，我们才发现它运转的方式恰恰是我们万万没有想到的。

然而，坚定的进化论者却把那些用来处理无机物的哲学延伸到了有机物上。它在一开始的时候就告诉我们，智能受到了进化作用的局部影响，如一丝意料之外的火星，激活了这条狭窄通道上各种生命的兴衰往复。看啊，我可没说错！忘掉刚才它告诉我们的那些吧，它不过是把一条暗道里的微亮灯笼当成了普照的日光。它无所畏惧，竟想单凭概念和思维之力重塑万物，乃至生命。实际上，它在这条路上过关斩将，却发现自己的逻辑之矛居然指向了自己的盾牌，这让它迅速偃旗息鼓。“它本身已不再真实，”它如是说，“它需要被重建，即便这样却也只能是个仿真的赝品，或一种象征形象；万物的本质躲避着我们，并且还会这样躲下去；我们穿梭于逻辑关系之间；绝对的真理并不存于我们所掌控的领域；我们被引了过来，站在了不可知的面前。”——人类智能在骄傲之后，又陷入了过分的谦逊。如果生物的智能形式是因特定物质与它们所处环境之间的相互作用和反作用而形成，那它们为何不告诉我们这些物质所构成的最本质是什么呢？进化无法走在虚无之中。我认为，一个生来能够思考和梦想的意识力可能会保留一些外在的真实，它们可能会使这种真实扭曲变形，或甚至创造它——所以我们才会有“白云苍狗”的说法。然而，一种倾向于行动、懂得做出反应、能够感受自身目标并能时刻注意到其动向的智能，一定是能够触碰到其绝对本质的。如果哲学思考还没有让我们发现自身思维所遇上的矛盾和深陷的困境，那这种观点会让我们对自身知识的绝对价值产生怀疑吗？然而，这些困难和麻烦通通都源自我们自身，是我们自己要把针对通常情况的思维方式强加于它，这个模子本不为其所刻，我们的所有努力自然付诸流水。相比之下，在和某些无机物特征相关的范围内，我们应该能在我们的智能知识上面找到它所留下的坚实印记，因为前者正是以后者为模具浇筑而成的铅板。正如现在这样，只有在找到这种印记之后，它向我们展示的生命才有意义——以上的意思是，找出铅板的浇筑人。

那么，我们是否必须放弃探索生命的深度呢？我们是否必须遵循那老生常谈的机械论观点呢——这种观点自然是人造的，也是极具象征意义的，因为它用人类的行为方式囊括了所有生命形式的行为方式，而前者仅是生命的一个局部表现而已，仅仅是进化过程所产生的一个结果而已。实际上，如果生命在发展过程中调用了所有精神潜能去创造纯粹的理解力的话——意思是说，创造出能够精通几何的理解力——那我们就不得不这么认为。但进化的结果并不只有人类这一种。它的其他分支上还发展出了另外的意识形式，只是它们不同于人类智能，尚不能将自己从外界的束缚中解放出来，不能重获对其自身的控制。但是，它们依然能或多或少地体现出进化运动的内在和本质。设想一下，将这些其他的意识形式放到一起，并和智能融合：难道就构建不出宽广如生命本身的意识吗？而一旦这种意识突然转身，面向在它身后的生命推动力，会不会生成一副完整生命的景象？哪怕这画面转瞬即逝。

虽然这样，我们还是得说，我们并未超越我们的智能，因为正是通过这种智能我们才得以看见意识的其他形式。如果我们是纯粹的智能，如果我们的意识和逻辑思维——由最本质构成，其外形成了被我们称为智能的闪耀核心——并未被一层薄雾笼罩，那以上的说法就是正确的。其中存在着与理解力相辅相成的独特能量，当自我封闭的时候，对它的感受并不算清晰，而一旦将其放入自然进化的过程里，让它在行为或言语中显露出来的时候，它又会变得清晰明确。由此，它们也将明了，想在生命的绝对之路上变大变强所需要付出的努力。

这告诉我们知识理论 *(theory of knowledge)* 和生命理论 *(theory of life)* 是不可分割的。一个不对知识加以批判的生命理论是难以让人接受的，因为它撑起的是理解力观念：无论它是否愿意，它都是将事实强行放入被尊为终极法则的现存框架中。它因此获得了一种象征力，便于理解，甚至对现实科学都是必要的，但它却不是对研究客体的直接观察。从另一方面来说，一个没有将智能置于生命的普遍进化现象中的知识理论，既不能告诉我们知识结构是如何形成的，也不能告诉我们该如何去扩展或超过它们。这两种研究——知识理论和生命理论——必须相互交织，在循环中彼此推动着前进。

一旦合二为一，它们就能用更为准确的方法去解决更为重大的哲学难题，并将答案进一步存入我们的经验。因为，一旦它们能在共同追求的目标上取得成功，那它们就可以向我们吐露智能的形成，并由此显示出被我们的智能所追溯的普遍构造物质的起源。它们会深入自然和意识的最根部。它们会取缔斯宾塞 *(Spencer)* 的虚假进化论——它将已经演变成形的现存事实切分为无数停止演变的碎片，再将这些碎片拼接成它的理论，然后事先把需要被解释的万物建立在这个假设之上——但在真正的进化论中，事实需要遵从于它自身的发展和成长。

然而，这类哲学的形成并非一日之功。与那些所谓的哲学体系——让天才般的人独自工作，然后取其精华去其糟粕，将它们合为一体——不同，它只能靠大量思想家和观察家的资料收集和不停歇的努力才能实现，他们需要相互补充、修正和改进。所以本书也不是要立即去解决那些最根本的问题。它只是想提供一种可执行的方法，让人得以窥见那本质冰山的一角。

本书提供的蓝图完全取决于它的课题本身。在第一章里，我们先试着穿上由理解力裁剪出的两件衣服：机械论和目的论[①]；我们会发现这两件衣服是多么的不合身，但其中有一件可以经由重新裁剪和缝补而变得稍好一些。为了超越理解力的观点，我们会在第二章里试着去重建进化论的主线，生命就是跟随这条发展出人类智能的主线延续至今的。智能也可以由此回溯到它的源点，我们将紧握这个源点，随之而动。我们在第三章中所尝试的努力——虽然并不完整——正属于这一类。第四章和最后一部分要展示的是，我们的理解力在经由特定的训练之后是足以理解一个超越它的哲学。正因如此，对不同哲学体系的历史有所了解非常必要的，当然这也包括了要对前面提到的这两种最主流的幻象进行分析，一旦这种分析探究到了普遍现实上，人类理解力就暴露在它的面前。

---

① 认为生命超越了目的论和机械论的观点很早就出现了。较为典型的是杜南在《*Le Probleme de la Vie*》［“生命的问题”，1892 年《*Revue Philosophique*》（哲学杂志）］上的三篇文章，它们对上述观点进行了深入的探讨。随着这个概念的发展，杜南的很多想法都获得了我们的赞同。但我们在这个话题——以及与之相关的问题——上呈现出的观点实际上在很早以前就出现在了我们的《*ESSAI SUR LES DONNEES IMMEDIATES DE LA CONSCIENCE*》（“意识的直接资料”，1889 年，巴黎）上。实际上，在那本论文中，我们最主要的观点之一就是要展示精神生命既非单一也非多样，它超越了机械和智力，机械论和目的论仅仅在“独特的多样性”、“空间性”出现时才拥有意义，由此便出现了那些已经存在的部分的结合体；“真实绵延”象征的是未分割的连贯性，以及创造。本书中，我们会用相同的观点去探讨广义的生命，并进一步用心理学对其进行分析。

1. 生命的进化——机械论和目的论

普遍绵延——无机物与概念时间——有机物与真实绵延——个体性与成长过程

进化论及它的不同表达方式——激进机械论和真实绵延：生物学与物理及化学之间的关系——激进终局论和真实绵延：生物学和哲学的关系

对标准的探寻——以一个特例对各种理论进行检测——达尔文和无意识的变异——德·弗里斯和突变——埃莫尔和定向进化——新拉马克主义和特征的遗传性

最终结论——生命冲动

毋庸置疑，最能被我们确定存在的，同时也最为我们所了解的就是我们自己。因为我们所能注意到的其他任何东西都可能被视作外界的或表象的，然而，我们自身的感知力却是内在的和深刻的。那么，我们能发现什么呢？在这个隐秘的话题里，“存在”一词的确切含义究竟是什么？让我们在这里简单地回想一下一个早期研究的结论。

首先，我发现自己游走在一个又一个的状态中。温暖或寒冷、愉快或伤心、工作或休息、观察四周或神游天外。知觉、感受、意愿、观点——我们的存在被划分为种种变化，轮回于不同的色彩。于是，我一刻不停地改变着。然而这么说并不完整，因为改变来得比我们预先料想的更为彻底。

我把我的每个状态说得像是能够自成一体、在整体中又相互分隔的东西。我很确定地说我在改变，但改变对我来说似乎隐藏在从一个状态到另一个状态之间的通道上：当我分开来看待这些状态的时候，我更倾向于认为它们各自在生效的时间段内都不会发生变化。然而，我很容易就会意识到感觉、思想和意志都是无时无刻不在变化的：如果精神状态不再发生改变，那么它的绵延将会停止流动。让我们看看最为稳定的内部状态，即对一个静止的外部物体的视觉感知。即使那个物体一直保持不变，同时我也以固定的方向、固定的角度，在同样的灯光下观察它，但是我现在看到的它和我刚才看到的它也不尽相同，因为至少现在看到的这个物体要比刚才“老”一些。我的记忆将过去的事情传导到当下。我的思想状态在时间的道路上前行，随着绵延的累积不断增强：它一边前进一边增长……像滚雪球一样。同样，越发深层的内部状态就越能表现出此种规律，如感受、感觉、欲望等，它们可不像简单的视觉观察那样恒久不变。但是我们可以忽略这种连续不断的改变，直至其变得足以让物体焕发新的姿态，让注意力找到新的方向。且仅在此种前提下，我们才会发现自己的状态发生了改变。事实上，我们一刻不停地变化着，各种状态也都只是改变的表象。

这意味着，转变于不同状态之间与保持在同一个状态里并不存在根本的区别。所谓“保持不变”的状态并非我们所认为的一成不变，从另一方面来说，在不同状态间转换就是对单种状态的延长，其实转换是不曾间断的，这和我们所料想的完全不同。但是，因为我们对所有精神状态的变化熟视无睹，所以只有当变化已经强大到了能够直接进入我们注意之中时，我们才被迫承认有另一种新状态与前一状态同存。对于这种新状态，我们假设其自身不会发生任何改变，而且会一直如此持续下去。精神生活那明显的不连贯，应归咎于一系列分离的行为将我们的注意力固定在了其上：实际上只有一个缓坡，但在跟随自己支离破碎的注意力轨迹之时，我们会认为自己感觉到的是一级一级的分离的台阶。是的，我们的精神生活中充满了无法预知的东西。所有的事情似乎都是从之前发生的事情上切割下来的，而且与随后发生的事情之间毫无联系。尽管它们看起来一点都不连贯，但从事实上来讲，它们却是在连续性的背景中诞生的，这要归咎于将其分割开来的时间间隔；它们就好比不时出现于交响乐中的鼓点。我们的注意力之所以会集中在它们身上，是因为它们和它的关系更加密切，而它们都承载于我们整个精神存在的流体质量中。它们都是由我们所有感知、想法以及意志——简而言之，就是任何时刻我们所有的一切——所组成的移动地带的最佳映射点。我们现实中的状态就产生自这个地带。所以，这些状态就不能被视为独立的元素，它们依次处在无尽的循环中。

但因为我们的注意力已经将它们人为地区分且隔离开来，所以我们必须再次人为地将其联系在一起。这样就形成了无形、冷漠而又无法改变的“自我”，它把被视为独立单位的心理状态串联在一起。与互相渗透的色调流不同的是，它会将各种“固态”颜色区别开来，把它们像项链上的珠子一样挨个排好。线必须足够坚固，珠子才能被固定在一起。然而，如果这种无色的内在会被覆盖着它的事物不停地染上颜色，那么对于我们而言，在其颜色还不确定的时候，它和不存在并无区别，因为我们只能感知到有颜色的东西，或者说，精神状态。实际上，这种内在并不存在，它仅仅是一种符号，不断提醒着我们的意识，让其留意在注意力将切割干净的状态挨个排列的过程中存在着人为因素，整个过程有很明显的连贯性。如果我们的存在是由被冷漠的自我缔结起来的独立状态组成的，那么对我们来说时间也没有了延续性。不变的自我并不“存在”，且不被后续状态替换的不变精神状态也不“存在”。因此，要把这些相互紧挨着的状态排列在支撑它们的自我之上完全就是徒劳：这些附着在另外实体上的实体永远都无法构成流动的时间。在此种情况下，我们实际上获得的是内部生命的仿造品，是更加符合逻辑和语言需求的静态对等物，这仅仅是因为我们从它身上剥离了真实时间这一要素。但在得知了精神时间是在众多掩盖它的符号之下慢慢展开的这一前提的基础上，我们就很容易理解时间只是构成它的事物。

除此之外，没有任何东西比这更加顽固或者一成不变。我们的时间不仅仅是由一个又一个的时刻组成，如果生命只是一个又一个的时刻，那么生命就只有当下，不再有任何其他的部分——没有延展至现在的过去、没有进化、没有确切的绵延。时间是过去不间断的前进过程，蜿蜒盘旋着延展至未来。而且因为过去是不断增加的，所以它也是无限的。我们一直试图证明，记忆并不是一种机制，不会将搜集到的东西放进抽屉，也不会将其登记注册。并不存在登记册，也没有抽屉，恰当地说，甚至都不存在这么一种机制，因为机制是间歇性运作的，在其愿意或者有能力的时候，能够毫不停歇地将过去一层层堆叠起来。在现实中，过去是由其自身自动保存的。它可能无时无刻不在跟随着我们。我们所有的感受、思想、意愿从早年的婴儿时代就已存在，都依赖于不断变为过去的现在，拥堵在欣然将其关在外面的意识之门口。大脑的机制如此安排只是为了驱赶过去的那种无意识状态，只让那些能映射出当下状况的事物——简而言之，就是那些“有用”的东西——越过门槛。但是一些冗余的回忆也可能会悄悄挤进半掩的门里。这些记忆都是无意识的使者，让我们觉察到被我们不知不觉拖在身后的东西。即便我们对此观点毫无异议，但还是能大致上感觉到对我们来说依然存在的过去。如果不是自出生以来所发生的事件——以及我们还未出生时便已拥有的个性——的缩合，那么我们又是谁？我们又有何特性？毫无疑问，我们只将自身一小部分过去纳入了考虑范畴内，但我们想要的、需要的和从事的却是包括灵魂最初火光的整个过去。我们的过去，从整体来讲，其冲量对我们而言非常清楚。它表现为趋向，尽管其很小的一部分以思想的形式为人们所知。

在幸存下来的过去的前方是无法两次进入同一种状态的意识的。环境可能会保持不变，但它们将不再作用于同一个人身上，因为这个人是随着时间变化不断变化的。我们的个性由无数累积起来的经历组成，会不停地改变。通过改变，它阻止了任何一种状态在其深处不断地重复，尽管这些状态表面上看起来和之前并无差别。这就是我们的时间无法逆转的原因。我们不能重复经历某个时刻，因为这意味着我们必须抹去所有后续记忆。就算我们能从人类智能中抹去记忆，但也无法从意志中摆脱它们。

因此，我们的个性就这样不断地发芽、开花、结果。每一个时刻都是对既有的增添。我们还可以想得更远一些：它们不只新鲜，还无法预知。毫无疑问，我当下的状态是由我的内在和上个时刻作用于我的物质所决定的。对此进行的分析并未表明任何其他元素。即便是超人工智能都无法预知简单的不可分割的形式，这种形式赋予了这些完全抽象的元素以实体。预言包括将过去发生的映射进未来，或在全新秩序中想象稍后将会出现的已有元素。但从未被看到过的、同时也很简单的事物必定是不可预知的。我们的各种状态都是如此，被视为渐渐闭合的历史时刻，这很简单，而且不可能已经被观察到，因为它的注意点都在其已知的不可分割性中以及当下对其增添内容中。它是不在原始的历史中的原始时刻。

画家通过自己的本能和调色板上的颜料将模特的特征表现在自己的肖像画中。但，即便是知道这一点，也没有人——包括那位画家在内——能够准确预测肖像画最终会被画成什么样。因为要对其进行预测，这幅画必须在被画出来之前就已经存在了——这是一个荒谬的悖论。同样，在看待生命中的各个时刻的时候，我们就好比是画家。每个时刻都是创造。就像画家的天赋——在任何情况下——都会受到自己作品的影响而改变，要么塑造，要么摧毁。状态，在其发生的时候，也会对我们的个性产生影响，使其正好变成自己先前所想象的那样。在这种情况下就可以说我们的所作所为取决于我们是什么样的人，但稍作延展，我们也可以说，我们自己在某种程度上就是我们的所作所为，我们正是在不断地自我创造。这种自我创造越是完整，我们做的事也就越有意义。因为事情的成因并不以几何学的方式发展，所以客观前提只需给出一次便可得出客观的结论。与之相反，同一个原因可能作用于完全不同的人身上，或同一个人在不同的时刻可能会做出完全不同的行为，即使两者同样合情合理。但事实上，原因并非完全相同，因为人不同，时刻也不同。这就是我们不能像处理几何学那样，以抽象的方式从外部来解决它们，也不能用同样的方法来解决自己在生活中面临的其他问题。我们不应在这个问题上纠缠太深。我们仅仅是在寻找自己的意识赋予“存在”一词的确切含义，而且我们发现，对于有意识的生命来说，存在就是改变，改变就是成熟，成熟就是不断地自我创造。那么广泛的存在也能如此解释吗？

任意一个实体都会展现出与我们所看到的正好相反的特性。不管是它保持不变还是成了其他形式，如果它在外力的作用下发生了改变，我们的思想都会认为这种改变仅仅是变换了各部所在的位置。如果这些部分将要发生改变，我们就应该将其挨个分开。我们应该深入到组成碎片的分子中去，然后深入到组成分子的原子中去，再深入到组成原子的微小粒子中去，一直到“无法估量”的程度，在这个等级上，这种微小粒子可能只是一种旋涡。简言之，我们应尽量扩张分析的边界，但不能触及不变的事物。

现在，我们认为组合而成的物品的改变是通过其各部的移位所产生的。

但在某个部件离开其原来的位置之后，没有任何东西能阻止其回到该位置。通过某种状态的一系列元素总是能回到原来的位置，就算它们没法自己做到这点，也会有某种外力来将其摆回原来的位置。这就是说群体里的任何状态都能在想要的时候发生重复，因此该群体的时间不会发生任何变化，也就没有了历史。

同样也没有事物在其中被创造出来，不管是形式还是实体。群落可能有的状态已经在其本身性质中表现了出来，"本质"包括与其相关的万物的所有特征。超人工智能在宇宙系统中的任何时刻、地点都能进行计算。且因为其各部的排列外形都一样，所以该系统未来的外形在理论上可以依照现有的结构进行预见。

我们对物体的看法，我们对科学所孤立的系统的操作，都归因于时间不对其产生影响的理念。我们在以前已经对此有过涉猎，现在应该回到对它的研究中去。现在，我们指出科学赋予一种实体物体或者一个孤立系统的抽象时间 t 只存在于某些特定的同时发生的事件中或者更为广义上的某些对应事物中，不论对应事物之间的间隔属性是怎样的，这些事物的数量都会保持不变。在处理非生命事物的时候我们不会在意这些间隔，只在计算新入对应物的时候才会将其纳入考虑，且对这些对应物之间的间隔我们同样不做考虑。常识包含了分离的事物，同样，科学包括了独立的系统，只在间隔结束时，而并非间隔之中被纳入考虑范畴。因此时间的流动不会永远加速下去，实体事物或独立系统的整个过去、现在和将来都会一次性展开，不需要改变科学方程式或常识语言。数字 t 能够一直代表同一事物，能够一直作为各事物或各系统时间线上的各点——也就是"时间点"——之间的记数。

即便是在物质世界中，延续也是不争的事实。尽管我们对独立系统的推理可能暗示着它们的历史、过去、现在和将来像雨伞一样在瞬间就被撑开，但事实上，其历史是逐渐自我揭示的，仿佛它和我们所拥有的时间是一样的。如果我想混合一杯糖和水，不管愿不愿意，我都要等待糖溶化。这个小小的事实包含着巨大的意义。在此案例中，我等待的时间并不是整个物质世界中的数学时间，这就像历史瞬间就展开了一样。它与我的不耐烦相吻合，也就是说，拥有我的一部分时间，而对于这些时间我无法任意拉长或压短。它不再是“想象”，而是某种“存在”。它不再是一种相对，而是一种绝对。除了一杯水、一些糖、糖溶于水之外，它只能表示抽象的概念以及被我的感官和理解过程所切割的整个事物，这些能在有意识的情况下进行吗？

理所当然的，科学孤立和关闭某个系统的行为并非完全人为。如果它没有物质基础，我们就无法解释其在某些案例中能被清晰地展现出来，而在其他案例中却不能的原因。我们应看到物质有组成“可孤立”系统的倾向，可将其当成几何学来处理。但这只是倾向。物质不会终结，孤立也永远无法完成。科学走到了尽头而孤立也完成了，这种情况只能出现在研究中。必须了解的是所谓的孤立系统始终受制于某些外部影响。科学只会对微不足道或现在用不上的东西进行孤立。其实这些影响就是各种各样的连接线，将各个系统连接得异常紧密，而且对于包括前两种的第三种情况，以及对于这种被最为客观地孤立开来并且最为独立的系统而言，太阳系是完整的。但即便如此，孤立也并非绝对。即使是距离太阳最远的行星也能吸收到来自太阳的热量和光亮。而且从另一方面讲，太阳在某种固定的方向上移动，并将行星及行星的卫星固定在一定距离上。毫无疑问，太阳和宇宙其他部分之间的联系是非常微弱的。尽管如此，从我们所在世界的最小粒子到整个宇宙中都存在着这种联系。

宇宙包罗万象。我们对时间的本质研究得越多就越应该理解到时间意味创造、形式的创造、绝对新鲜的持续细化。由科学所划分的系统都和宇宙的其他事物紧密联系在一起。事实上，宇宙自身有两种相对的运动——“下降”和“上升”——我们将在以后对其进行阐释。“下降”只对现存的事物有作用。原则上来讲，这个过程几乎是在瞬间就会完成，就像放开压缩的弹簧一样。但上升运动是对成熟或创造的内在过程的反映，从根本上讲，会首先强化自身的韵律，是其无法分割的部分。

因此，时间，从我们的角度来讲就是生命，没有理由不归因于被科学孤立的系统上，因为这些系统也是整个宇宙中的一部分。但它们必须被重新进行统一，对于被我们的认知所切割的事物更是如此。我们在某种物体中观察到的轮廓给予其特性，只是我们对于宇宙中某个点给出的某种“影响”的设计：在观察物体的表面和边缘时，最终行动计划被送回我们的眼睛里，就像镜子一样。压制这种行为，通过感知在现实世界的纠葛中将其勾勒出来，从而这些处在主要方向上的有机物和有机物中的个体又被重新吸收回了普遍的相互作用中。这种相互作用毫无疑问地就是现实其本身。

现在，我们已经大体上考虑过了实体物品。那么有没有不在此范围内的特权物体？我们看到的物体，从根本上讲，都是我们感官切割后的成果，然后，剪刀又以某种方式沿着行为可能出现的标记线进行裁剪。但是，发出行动物体、在其最终行动尚未明确之前就进行设计的物体、只将其感觉器官指向真实事物流动以把这种流动固定成型从而创造出其他所有物体的的物体——简而言之就是活着的物体——这种物体和其他的东西一样吗？

同样，它毫无疑问地包含着与其他延展相关联的延展比例，是整个宇宙的终极构成，受限于同样的掌控任何事物的物理和化学法则。但是，即便存在于独立物体中的物体分支与我们的感知相关，物质点关闭系统的建立与我们的科学相关，而活着的物体已被自然分离和关闭。它包含着互相完善又互不相同的各个组成部分。它们的功能独特但又互相关联。它是一个个体，而不是任何其他物体，甚至不可能是水晶，因为水晶的各部都相同，且其功能也相同。即便在安排有序的世界里也很难确定何为个体。在动物世界中，难度已经很大了，因此在植物世界中，这个难度就变得更加不可逾越了。而且，造成这种难度的原因有很多，我们稍后再对其进行阐述。我们应看到，个体分为很多等级，即使在人类社会中，这一点也尚未得到完全理解。但有理由认为它是生命的一种特征。以几何学家的方法行事的生物学家准备得太充足，从而利用不了我们无法对个体给出明确和整体定义的优势。只有完整的现实才拥有完美的定义；现在，关键属性从未被完全理解，尽管人们一直在试图理解它；它们是一些和趋势完全不同的状态。那么，这又是如何在总是暗示着敌对倾向的互相作用的生命中发生的？具体而言，虽然有序世界中到处都是个性化的倾向，但个性化却无处不在地对抗着再现的趋势。因为个性总是趋于完美，所以有机物中脱离的部分就无法独立存在。且后续的再现也成为不可能。新兴的有机物与一块脱离的老旧碎片的结合又会是什么呢？在此，个性拥抱着它的敌人。在时间中延续自己的这种急迫的需求使得它无法在空间上达到完整。生物学家必须对每个特例采纳相关的双重趋势，除非他能给出符合所有案例的个性定义。

但人们对生命中的事物的臆测与对天然物质条件的臆测有太多相似的地方。对于个性的讨论中所展现出来的混乱是最为明显的。我们知道蚯蚓的每节残肢都能长出头，成为新生的个体；水蛭的碎块也可以变成小水蛭；海胆卵的碎片也会变成全新的胚胎：在这种情况下，我们经常会被问到，卵的个体是什么，是水蛭，还是虫子？——但，因为现在已经有了很多的个体存在，所以这并不能证明在紧挨着的上一个时刻中完全没有任何的个体存在。毫无疑问，当几个抽屉从五斗柜中掉出以后，我就不能再认为这些物品是一个整体了。但事实是，此时五斗柜中的这些东西与之前并没有什么区别，且如果现在它是由几个不同部分组成的，那么它在最初制造成型的时候就已经是这样了。从大体上来讲，凌乱的物体，也就是那些我们需要将其组织起来才能使用的物体，被我们用自己的时尚思维进行塑造的东西受到下面这条简单法则的制约：当下包含的东西并不比过去多，在

“果”中发现的东西在“因”里已经存在。但要考虑到有机物的特性就是其不间断的成长和变化，最为浅显的观察证明，在最初的时候只有一个，随着时间的推移会越来越多，这是事实。单细胞有机物的繁殖是这样的——活体分为两半，每一半都是完整的个体。是的，在更为复杂的动物中，自然赋予了几乎完全独立的性细胞创造崭新个体的能力。但此能力中的某些方面对有机物的其他部分则是毫无危害的，繁殖的事实也证明，而且我们也可以想象得到，在某些特例中，整体可能自我存在于一种潜在的条件下，一有机会就会自己显示出来。说到个性，我有理由认为实际上有机物也可以拥有分为能够独立生存的碎片的能力。前提是其能够在分裂前就展示出某种系统化了的部分，而同样的系统化也会相继发生在这些部分中。这就是我们在有机世界中看到的一切。我们可以做出这样的结论，个体永远不能完美，而且要分辨什么是个体，什么不是个体通常都是很难的，有些时候甚至是不可能的，但是生命却表现出了对个体的追逐，就像在努力建造被自然孤立和关闭的系统一样。

通过这种方法，我们可以将一种生物从我们所有的感知或我们的科学人为隔离或关闭的所有事物中区分出来。因此将其比作物体就是错误的了。我们应寄希望于在无机世界中找到对应物，这并非针对某种确定的物质物体，而是应该针对与有生命的有机物相比较的整个物质世界。这种对比没有多大价值；因为生命体是可以被观察到的，而整个宇宙却是由思想建造或重建起来的。但至少我们的注意力会因此回到组织的基本特征上。就像宇宙是一个整体，就像意识生物是互相隔离的，有机物的一生都是一种持久的物体。它的过去作为一个整体被延长至它的当下，而且它的行动也受到这个机制的严格制约。我们又该如何理解它穿过了独特又明确，还会改变自身年龄的象限——简而言之，就是拥有历史的象限？如果细想自己的身体我就会发现，与意识一样，它会一点一点地从婴儿时期成长到老年；就像我自己一样，会慢慢变老。确实，成熟和老迈，正确地说，只是针对我的身体而言的；将同样的词汇用来指代自己意识的改变只不过是一种比喻的说法。现在，如果我从生物链的顶端往下走——从最特殊的到最普通的，从人类的多细胞有机物到纤毛虫的单细胞有机物——我会发现，即使是在单细胞中，也有着同样的老化过程。纤毛虫在分裂了一定次数之后就会死亡，尽管在通过集合而复兴成为必要的前提下，通过改变环境而将这个时刻推迟是可能的，但是它也不能被无限期地推迟。实际上，在有机物被完全个体化的两个极端案例之间，同样能找到很多其他个体没被那么鲜明地个体化，以及尽管毫无疑问在某处存在着老化的现象，但人们还是无法准确说出究竟是什么在老化。还是那句话，世界上还没有能精确和自动应用于每个生命体的生物法则，有的只是生命进化出物种的大致方向。每个特定的物种，因其创造基础不同，从而拥有自己的独立性、反复性，会或多或少偏离主线、有时甚至重新爬上陡坡好像要返祖一样。说一棵树永远不会变老，是因为它枝丫的尖端总是能产生孕育新生命的新芽。但在这样的一个有机物内——有些东西会老化，至少叶子和树干的内侧是这样的。而且每个细胞，单独进行考虑的话，都在以某种特定的方式进化。凡是有生物的地方，总会在其某处留下时间的烙印。

有人会说，这只是一种比喻手法——但实际上，这是每一种用于测定一个有效活动的时间和现实本身的比喻手法机制中最基本的一层。直接经验不会告诉我们，我们意识的最基本就是记忆，也就是说，将过去延长至现在，或一言以蔽之，“绵延”，都是始终作用和不可逆转的。原因无法向我们证明，我们离切割出的物体以及被常识和科学孤立的系统越远，对其挖掘得越深，我们和不断在内部最深处改变的现实的关系就越紧密，就像过去记忆的重叠使得再次回到过去变成不可能的任务一样。大脑本能的机制比推理和直接经验都要强大得多。我们最初在无意识的情况下所拥有的形而上学，以及已被人类在所有生物中占据的特殊地位所解释的现在——这一点我们将在后文中进行阐述——拥有着自我修复的需求、已经成型的解释、不可缩减的主张：所有这一切结合在一起共同否认了具体绵延的存在。改变必须被简化为各部分的排列和重新排列；时间的不可逆转性必须成为与我们的无知相关的表象；回溯的不可能性必须成为人类独有的无法将物体放回原处的不足之处。于是老化就只是逐渐获得或丢失某些物质，也有可能同时丢失和获得。对于生物来讲，时间就是现实，就像沙钟一样，在其上部变空的时候，其下部就被装满，在你倒转沙钟之前，所有的东西都原封不动。

生物学家确实无法赞同在出生之日和死亡之日获得和失去东西。有些人坚持认为从细胞产生直至死亡的时期内，它的原生质数量会不断增长。根据关于存在于有机物再生“内部环境”中的营养物质数量的减少，以及体内聚集的剩余物质数量的增加，此理论变得越发可能和正确了，最终会“在其表层形成硬壳” 。但是我们一定要——与杰出的细菌学家一起——对没有顾及噬菌作用而产生的不充分老化做出解释？我们觉得自己还不能解决这个问题。但两个理论都认可某种事物的持续性累积或损失，即使它们的得与失之间没有什么太多的共同之处，这一事实充分表明了解释的框架已经事先演绎过了。在继续研究的时候对这一点我们应该越来越清楚：在考虑时间的时候要逃离沙钟的影像不是那么容易的。

老化的原因一定隐藏得很深。我们坚持认为在胚胎进化和完整有机物之间有不可切断的延续性。促进生命长大、发展和老化的动力与让其通过胚胎生命象限的是一样的。胚胎的发展是形式上永久的变化。任何想要观察其后续方面的人都会迷失在无限之中，就像在和延续性交手一样。生命只不过是这种产前进化的延伸。这个观点的证据就是我们经常无法说明自己是在面对有机物的老化还是胚胎的继续进化；同样，类似的例子还有昆虫和甲壳动物的幼虫。从另一方面来讲，在诸如人体的有机物中，在青春期和绝经期中，个体会经历完全转变，这与发生在幼虫或胚胎生命上的变化非常类似——尽管它们只是我们老化过程中的一部分；尽管它们会在生命的某个特定时期内发生，而且发生时期较短，没有人能够保证仅仅因为到达了某个特定的年龄，这种事情就会像在120岁时才生效的法令一样突然发生。很明显，类似青春期的改变是从出生之时，甚至在出生之前就在酝酿了的，而且至少在某些地方，导致其变化的老化也包含了这个逐渐准备的过程。简单来讲，老化的关键就是不知不觉中慢慢发生的外形改变。现在我们知道，这种改变是与器官衰竭现象相联系的：而对于老化的机械解释只会也只能限定在这个范围内。注意硬化的过程，这是一种残留物质的逐渐累积，是细胞原生质的肥大增生。但在这些明显现象之下存在着深层的原因。生命的进化就像胚胎一样，意味着绵延的不断记录，现在对过去的保有，因此，至少会出现有机记忆。

无序体的当下状态完全取决于上一时刻发生的事情；被科学定义和孤立的系统，其物质点的位置同样是由紧挨着的上一时刻中同一些点的位置所决定的。换句话说，限制无序事物的规则在原则上是可以通过那些微分等式进行表达的，时间（数学家就其意义而给出的词汇）扮演的角色独立而多变。生命的定律也是如此吗？活体的状态能在上一刻的状态中找到完整的解释吗？是的，如果用演绎的方式将此活体比作其他物体，并从辩论的角度出发，用化学、物理学和天文学领域的人造系统对其进行定义的话，是这样的。但在天文学、物理学和化学中，此理论拥有一种完美定义的含义：它表明了当前的某些特定方面——对科学而言非常重要的——被记作上一时刻的功能。在生命的国度里并不存在此类事物。此处的计算充其量只涉及了某些有机毁灭的现象。相反，进化中的有机创造现象形成了生命，我们不能对其进行数学上的定义。这种缺失是由我们的无知一手造成的。但它同样很好地表明，活体的当前时刻并不能在紧挨着的前一时刻中找到自己的解释，有机物的所有过去都存在于那个时刻中，这是一种传承——实际上它是一段漫长的历史。这两种假说中的第二种——而非第一种——确实描述的是生物学的当前状态，以及它的发展方向。至于认为生物体和我们的太阳系一样都由某种超人类计算器做着数学运算的思想，已经在逐渐从形而上学中脱离出来，其比伽利略的物理发现有更为精确的外形，但正如我们所展示的那样，所有的一切都是人脑自然的形而上学行为。其表面上的清晰是我们颇有耐心的欲望所想证明的，而我们的欲望已强烈到很多伟大的思想者在没有证据的情况下都不假思索地接受了它——简而言之，所有作用于我们思想的诱惑都应激起我们的警觉。它对我们造成的吸引力足以证明它满足了一种先天性倾向。但正如我们在后文中会看到的，现在生命在进化中形成的智力的先天倾向并没有向我们揭示生命的含义——它们还有其他事情要做。

任何识别人造和自然系统之间、死亡和生存之间差距的尝试都是与此种倾向背道而驰的。于是我们就会发现其与想象有序事物拥有绵延和无序事物没有绵延一样困难。当我们说某个人造系统的状态完全取决于其上一时刻的状态时，听起来难道不像是我们对其加入了时间概念，从而使得该系统拥有了真实的绵延吗？而且从另一方面来说，尽管整个过去都参与到了某一活体当下的建造中，有机记忆难道不是在当下之前的那个时刻将其纳入，从而使得上一时刻就变成了当前时刻的唯一成因？——这样说就忽视了伴随着真实系统发展的具体时间和进入我们人造系统预测的抽象时间之间的根本区别。人造系统的状态取决于前一时刻中的状态这一说法是什么意思？在某一时刻之前并不存在紧挨着的前一时刻；根本不存在能互相接触的数学点。“前一时刻”实际上只是与当下连在一起的间隔 ds。因此，你想说的就是系统的当前状态是由拥有不同系数——如 ds/dt、dv/dt——的方程式定义的，实际上指的是当前的速率和加速度。因此你真正想说的就是当下——实际上是考虑到其趋势的当下。系统科学所处理的实际上是始终保持更新的即刻当下中的问题；这样的系统从未在连接过去和现在的真实、具体的绵延里出现过。在数学家计算处于时间 t 尽头的系统未来状态时，没有什么能阻止他假设宇宙从此刻消失，直至突然重现。只有第 t 个时刻才是有效的——而且也只有第 t 个时刻才会成为一瞬间。在间隔中流动的东西——也就是说，真正的时间——是无效的，且不能被纳入计算中。如果这位数学家声称将自己放入了间隔中，那么他的意思就是他正在把自己放在某个点、某个时刻上，也就是在某个时间 t' 的极端上；他并未将直至 t' 的间隔算入在内。如果他通过考虑微分的 dt 将间隔分成了非常小的很多部分，那么他也就是在表达自己同样会考虑加速度和速率——也就是能够表示倾向和让他在给定时刻对系统进行计算的数字。但他一直所说的是给定时刻——统计时刻——并非流动时间。简单地说，这位数学家面对的世界是一个无时无刻不在死亡和重生的世界——这也是笛卡尔在谈论延续创造的时候所想到的世界。但在如此构想的时间内，生命基础的进化是如何进行的呢？进化是当下对过去的真实保存，就像一条连字符一样，是连接的一环。从另外的角度说，了解某个活体或自然系统是去理解绵延的间隔，而人造系统或数学系统只适用于时间的末端。

改变的延续，在当下保存过去，真实的绵延——生物似乎在有意识地分享着这些属性。我们能否更进一步，说生命就像有意识的活动一样是发明、是不断的创造呢？

我们还不打算在进化论的证据这里停下。我们只希望用一两个词来解释我们为何会在当前的成果中接受它，将其作为对已知事实足够确切的表述。进化论的观点早已存在于有序生物的自然类别中的微生物中。博物学家实际上是将彼此相似的有机物分为大组，然后将大组分成依然有着很高相似度的小组：通过此法，特征看起来就类似于对更小组别进行细分的大致依据。在分别扮演创造者和消耗者角色的动物和植物世界中，我们找到的关联也基本如此：在从祖先传承下来的通常情况下由其后代所持有的画布上，每个人都会留下自己独有的刺绣。确实，后代和祖先的区别很小，人们可能也会问，同样的生命物质是否拥有足够的可塑性，能够反过来变成类似鱼类、爬行类和鸟类等不同的外型。但对于这个问题，观察给出了一个不容置辩的答案：在其发展的某个时期，鸟的胚胎与爬行动物的胚胎没什么区别，在胚胎期间，它们的个体会发展出一系列的形变，根据进化论，这种形变和从一个物种变为另一个物种的情况相比是非常明显的。由雌性和雄性结合产生的单细胞会通过分裂完成这道工序。每天，在我们的眼前，生命的最高形式都在非常基本的形式上跳跃。经验表明，通过进化，最简单的生物都能产生出最复杂的后代。那么事实真的如此吗？尽管证据不足，但古生物学仍然要我们相信它；不管物种传承的顺序是从何而来的，这个顺序都是从观察胚胎发育和会让人思考的对比解剖学中得到的，而且每个新的古生物考古发现都会给进化论带来全新的证明。这样仅从观察得来的证据永远得不到强化，而在另一方面，实验也在一个个地排除异议。比如，弗里斯最近的实验展示了重要变体能突然产生并有规律地遗传下去，这一实验解决了理论上一些最大的难题。它们极大地缩短了生物进化所需要的时间。它们同样使我们对古生物学的态度变得不那么苛刻。所以进化论者的假说似乎越来越接近事实了。虽然不能精确地表达出来，但是在没有明确理论或实验结果的时候仍然有继续增长的可能，因为即便直接证据不足，但看似正确的证据依然存在：进化论所拥有的可能性也是如此。

但我们要承认的是，进化论有可能是错的。假设通过推理或实验，我们证实了物种确实是通过一种非连贯过程出现的，但这种过程现在已经不再为人所知。这个对我们影响极大的理论会因此而受到影响吗？从大体上而言，分类可能还会存在；胚胎发育的确切数据可能仍然存在；相对胚胎发育和相对解剖学的对应也可能存在。因此生物学就能够也可能会继续在活体之间建立起与今天进化论相同的关系和相似性。这可能是，也确实是一个理想的伦理关系，而不再是实体联系了。但在古生物学确切数据存在的情况下，我们可能还是要承认，我们所发现的理想关系表现出来的是各种表象的连续性而不是同步性。现在的进化论已经成为了最为重要的基本原理，不再需要更多的证据了。它包含了建立理想伦理关系的所有，且不管各种形式间的逻辑从属关系存在何处，在物种间同样会存在按时间顺序的继承关系，在此种关系中，这些形式得到了具体化。在任何情况下，两种争论都各持己见。从而，进化论在某些情况下还是可以相信的，无论怎样，在创造性理论中，不同的物种是彼此相互促成的，这与进化论中的物种是自己从土地中生成的理念完全相同；或者，在这能够自我生成的自然所固有的生命组织中，逻辑和顺序之间纯形式上的交流关系，正是在进化论中所说的生物之间的真实交流关系；或，最终，在某种未知生命起因里，它们就好像互相促成一样发展着自己的作用。进化的顺序能因此而被颠倒，从可见变成不可见。几乎所有进化论在今日告诉我们的都能被保存下来，以另一种方式进行阐释。那么，像几乎所有科学家那样生硬地照搬进化论的字面意思不是更好吗？是什么延伸了描绘出实相的进化理论，又是什么延伸了象征这些的它，除了这两个问题，就再没有什么与它想要取代的教条——甚至关于特殊造物的理论——不相容；通常它们都是相对立的。因此我们认为进化论的语言在所有基本原理上都在对其本身进行着压迫，就像科学对进化论的武断肯定一样。

但是，我们必须停止将广义生命称为抽象概念，或者作为一个描述所有生命的标题。在某个特定的时刻，在宇宙中的某个点上，一条可见的流体冉冉升起。这条生命之流贯穿了自己一个接一个创造出来的个体，一代一代地传递着，对各物种进行了分割，在不流失任何力量的情况下分配到每个个体身上，极大地加强了自己前进的动势。在威斯曼的“胚胎延续性”理论看来，生产的有机物的性元素直接从其本质中传入该有机体产生的性元素中。在此极端模式下，理论看似无可辩驳，因为只在一些特例中才存在着受精卵分裂之时的性腺表征。但存有性元素的细胞内并非普遍地在胚胎初期就能表现出来，这样说依然正确：它们一直都是由那些未经过任何特殊功能型变异的胚胎组织构成的，而且这些细胞都是由未经改变的原生质生成的。换句话说，受精卵的基因力量越弱，它就越有机会在胚胎组织上散布开来。虽然通过此种方式它会被稀释，但是它却将集中于在某个特殊的点上创造全新的自己，它的卵子或精子就能得到发展。因此，我们就能说，尽管种质无法继续，但是至少还有基因能量的延续，这种能量只在特殊情况下才会扩张，有足够的时间向胚胎注入脉冲，从而在新的性元素中得到尽快的回馈，这一切都是在等待中进行的。这样来看，生命就像一条以成熟有机物为媒介的流转于基因之间的河流。就好像这个有机物自身就是赘生物，这是在前基因中努力、在新基因中延续自己的努力之下产生的一种芽体。其本质是无限期追求的延续过程，这是一种不可见的过程，所有的可见有机物都在其存在的短时间内基于它而存在。

我们越将自己的注意力放在生命的延续性上，我们越能发现有机进化就像意识进化一样，都是过去对抗当下，产生出不可与前者相比较的意识新形式。某种植物或动物物种的外观是由一些因素决定的，没有人能否认这一点。但这只能表明如果我们能在事后知晓原因的细节，我们就能够用其来解释这些物种的外观是什么样子的；预测外形是决不可能的[①]。我们也许能说在知道其他所有创造此种生物的细节和条件的情况下，可以预知外形到底是怎样的。但这些条件同时也存在于形成这种生物的过程，是这种生物存在的一部分，对它历史的那个阶段——其中，生命发现自己正处于创造形式的那一刻——来说它们是很独特的：我们如何能预知某个独一无二、从未发生过也不会再发生的现象？在未来，只有那些类似于过去或能像过去的其他元素那样被重新制造的事物可以被我们预见。诸如天文学、物理学和化学中的案例与此类似，所有的这些案例都包含系统的一部分，这些系统由不变的元素组成，在其中，唯一改变的东西就是位置的改变，不存在假设事物会自动回到原来位置的谬论。同样的现象或至少同样的元

① 一系列生物的不可逆转性已经由鲍德温进行了极佳的阐释 [《发展与进化》（*Development and Evolution*），纽约，1902 年；327 页]。

素现象会进行重复。但是，一种将其自身的某些初始性注入到其元素之中——即注入到看见它的那部分视野之中——的初始状态，要怎样才能被描绘成它尚未产生出来之前的样子①？能断定的是，一旦产生，分析力即将刻画出的元素就能为其做出解释。那么，新物种诞生的真相也就是新个体诞生的真相，更笼统地说，也就是任何时刻任何生存形式的真相。因为形成了新物种，这些变体肯定具有某种重要性和共性，所以它无时无刻从不间断地发生在所有的生物身上。很明显，即便我们现在所知的“突变”只在孵化或者（更确切地说）成熟的过程中有可能发生，但它还是会在数代的时间内保持不变。这样一来我们就能说生命就像意识一样无时无刻不在创造②。

但是，是我们的智力在对抗此种形式的绝对原始性和不可预知性。我们智力的根本功能是由生命的进化所赋予的，是我们前进道路上的灯塔，让我们做好应对时事的准备，无论是有利的还是有害的，都会在给定情况下预见一切会随之而来的未来。因此，智力本能地选择了一个不管是否已知的既定环境；它可能会根据“同类相生”的原则来寻找答案。常识只在这种情况下才拥有预测未来的能力，科学将这种能力提升到了最高等级的精确度，但并未改变其根本特征。像普通的知识一样，在处理事情的时候，科学只关注重复的方面。尽管完全是原生的，但科学总会将它分解成元素或特征，这些元素和特征近乎于对过去的翻版。科学只对会自我重复的事

---

① 我们对这个问题研究了很久，并且尝试着在《论意识的即刻材料》[(*Essai sur les données immédiates de la conscience*)，140–153 页] 中对其进行阐释。

② 在他的著作《艺术天赋》(*Genius in Art*，*Le Génie dans l'art*) 中，*M.*希尔创造出了这个双重理论，即艺术是自然的延续而生命是创造。我们应该主动接受第二个公式，但对于创造，我们必须如作者一样将其理解为元素的“合成”吗？预先就存在，而合成则是实质上既定的，在此种情况下只会出现一种可能的排序。这种超人类智能的排序能在周围所有可能的事物中进行预测。相反，我们则坚持认为，在生命的领域中，各个元素没有真正和独立的存在。它们都是个体过程的多重心理感官。因此整个过程充满了紧急性，在先前和事后之间存在着不可比较性——简而言之，绵延。

物起效——也就是那些由假说从真实时间中抽离的东西。任何在历史连续时间内具有不可简化性和不可逆转性的事物都不在科学的范畴之内。要获得这种不可简化性和不可逆转性的概念，我们必须打破科学习惯，不再依赖对思想的基本需求，必须对自己的大脑狠一点，与智力的自然属性对抗。但这都只是哲学的功能。

因此，生命在我们眼前以一种不可预知的连续创造形式进化着：此理念一直都坚持形式、不可预知性和连续性都只是表象——我们自身无知的外向反映。我们知道，呈现给感官的连续性历史会断裂，变成一系列连续的状态。“根据分析，给予你原始状态感受的东西会变成各种元素般的事实，它们都是已知事实的重现。被你称为不可预见形式的东西只是一种旧元素的新排列。在它们的整体中确定出这种排列的最根本原因也是其旧原因在一个新秩序中的重现。生物形式是元素以及元素成因的总和与造成的结果，关于元素和元素成因的知识能让我们对这种生物形式进行预测。在我们将现象的生物特性解析为物理化学因素的时候，在必要的情况下，我们就能跳过物理和化学的框架；我们的世界观会从整体细致到分子级，从分子级细致到原子级，从原子级细致到微小粒子；在天文学上，我们最终一定会触到能被当做太阳系对待的事物。否认它就是否认科学机械论的基本原理，你也就擅自断言了生命物质并不是由组成其他物质的元素组成。”——我们回复道，我们并不会质疑非生命物质和有序物质的基本定义。唯一的问题就是被我们称为生物的自然系统是否一定会被科学从内在物质中分割出来的人造系统吸收同化，或者它们是否一定不能与代表整个宇宙的自然系统进行比较。我非常同意生命是一种机制的说法。但它是整个宇宙中被人为地孤立开来的部分机制，还是真正的整个机制呢？我们认为，真正的整个机制可能是一种不可分割的延续性。确切地说，我们在其中分割出来的系统可能根本不会成为部分，它们更可能变成整体的局部缩影。在这些缩影首尾相连的情况下，你甚至不可能找得到整体的重建开端，你只能够通过给同一个物体洗印一千张不同角度拍摄的照片来复制这个物品本身。你试图缩减的生命和物理化学现象也是如此。分析会毫无疑问地将有机创造过程解析为不断增长的物理化学现象，而化学家和物理学家都会理所当然地一门心思着手于此。但这并不代表化学和物理会赋予我们打开生命之门的钥匙。

曲线中极短的一部分会接近于直线，越短就越接近。在到达一定极限之后，你可以按照你的意愿，把它看成曲线的一部分，或者直线的一部分，因为这一段曲线上的点都和其切线相重合。同样，在任何一个点上，“生命力”就是物理和化学力量的切线，但事实上，这些点只是一个意识投放出来的想法，是不同时刻停留在意识里的弧线上的形象。在现实中，生命是由物理化学元素构成的，而不是直线。

从大体上而言，科学中最为积极的进程就是将完整结果变为全新的整体体系。当代和古代的几何学之间的关系就是这样的。其中的后者是绝对统计，针对的都是数字，而前者研究的是一个功能的变化——即，用于表述数字的不间断运动。更为严格地说，确实应将所有运动的考虑都从数学过程中排除，但是把运动导入数字的创造绝对不是现代数学的由来。我们认为如果生物学永远无法像数学那样接近自己的对象，那么对于有序体的物理学和化学来说，它就可能变成已被当代数学证实了的，与古代几何学相关的东西。从物理学和化学中得知的质量与分子的整体表面错位，通过与内在生命运动（这种运动是转化而非移动）之间的关系，成为了一个在空间中运动的客体的所处位置。就我们可预见的而言，我们应该从某种重要行为的定义转向物理化学事实的系统，这些事实代表从功能至衍生功能，从曲线公式（即，产生曲线的不间断运动定律）到会给出及时方向的夹角公式。这样的科学可能是一种变形机制，我们的翻译机制也可能成为其中的一个具体的例子、一种简化、一个纯数量平面上的投影。正如功能的无限拥有同样的差异，这些功能因一种恒量而彼此不同，所以，对适当生命行为的物理、化学元素的整合可能只会确定出这种行为的一部分，另一部分则无法确定。但这样的融合只能出现在梦境里，我们却并不能假装我们的梦境会在将来的某一天得到实现。我们只是试着通过进行某种可能的比较，来展现我们的理论和纯机制有哪些共同之处，而它们又是在何处分离的。

然而，无序体的生存模拟情况良好。不仅化学能进行有机合成，我们也能成功地、人为地再现有机物指定特征的外貌，比如间接细胞分裂和原生质回收。细胞的原生质会影响其所在环境中的很多运动，换言之，间接细胞分裂是一些非常复杂的运转的产物，其中的一些运作包含了细胞核，而其他的细胞则包含了细胞质。它们后来通过中心体的复制而开始运作，这种中心体指的是细胞核旁边的一个小球体。两个中心体就这样分裂开来，吸引、撕裂并复制原来保存细胞核的薄膜边缘，然后它们再互相融合形成两个新鲜的细胞核，这样，两个新的细胞才能开始建造，但首先进行的是细胞核的分裂。现在，在它们广阔的阵线和它们的外部表象上，这些作业中的一些已经被成功地复制了。如果家里用的糖或盐碎成了粉末，加入几滴老油混合后放一滴在显微镜下观察，你就能看到类似于原生质结构的气泡状泡沫，从某种理论上来讲，在这种结构中所发生的运动和原生质的循环运动显然非常相似[①]。在同样的情况下，如果气泡吸入空气，那么它就会形成一种锥形吸引力，像细胞核分裂时的中心体一样[②]。即便是单细胞有机物的外部运动——比如变形虫在某种速率下——有些时候都能找到机械的解释。变形虫在一滴水中的位移相当于一粒尘土在干燥的房间里飞行时所作的位移。它一直都在吸收周围水中的可溶性物质，并从体内排出某种其他物质进入水中，这些不间断的交换就像两条由多孔隔膜分开的动脉一

① 比奇利，《关于泡沫和原生质的围观调查》，莱比锡，1892年，第一部分。

② 鲁姆布勒，《间接细胞和细胞核分裂力学解释》，[鲁氏档案馆（*Roux's Archiv*），1896年]。

样，能够在微小的有机物中产生一种不断变化的旋涡。就像变形虫能够暂时性伸长或长出伪足，以从周围介质中吸食物质[①]。我们也许可以用同样的道理来解释更加复杂的运动，比如纤毛虫颤动的纤毛可能只是一些僵硬的伪足。

但是科学家们还尚未就此类解释和计划得出一致的结果。化学家们指出即便是在有机物中——暂且不用走得太远涉及无机体——科学迄今除了浪费生命活动的产品外没有任何建树，那些异常活跃的塑料物质硬生生地与合成作对。我们这个年代最为著名的一位博物学家坚持认为在活体组织中观察到了两种不同现象的相异性，进化（*anagenesis*）和退化（*katagenesis*）。进化能量的作用是通过同化有机物质将低等级能量的水平提升至它们的高度。它们建造了身体的组织。从另一方面来看，生命的实际机能（当然要除去同化、生长和繁殖）就是退化顺序的实际机能，展示能量降低而非提升。物理化学只能处理退化顺序的事实依据——这也就是说，简而言之，它们只能处理死去的，而对活着的无效[②]。另一种事实看起来理所当然地公然藐视物理化学的分析，即使在它们并不处在进化这个词汇所表现的范畴之内的时候也是如此。鉴于原生质的外在表象可以进行人为复制，那么，在这个针对原生质物理框架的问题尚未出现时，是不是应该把一个真正的理论重要性赋予其上呢？我们距离自然合成原生质还有相当长的距离。最终，对于变形虫移动的物理化学解释看起来似乎并不能被那些近距离观察过这些初级有机物的人们所接受，更不用说纤毛虫的行为了。即使是在最微小的生命形式中他们同样能够观察到有效的心理活动的痕

---

① 贝特霍尔德，《原生质力学研究》（*Studien über Protoplasma Mechanik*），莱比锡，1886 年，102 页，比照莱·丹特克的解释，《生命新理论》（*Théorie Nouvelle de la Vie*），巴黎，1896 年，60 页。

② 科普，《有机进化的主要因素》（*The Primary Factores of Organic Evolution*），芝加哥，1896 年，475–484 页。

迹。[1]但最具教育意义的，是趋向通过物理和化学去解释万物的做法与其说因深谙组织学现象而被强化，不如说它反受到了阻碍。历史学家 *E.B.*威尔森针对细胞发展所做的著作给出了同样的结论："对细胞的研究从整体上似乎拓宽了而非缩小了分裂最低生命形式和无机世界之间的鸿沟。"[2]

总之，那些只考虑活体功能活动的人更容易相信物理学和化学会给我们带来打开生物进化大门的钥匙。[3]他们实际上只是对在活体中不断"重复"的现象进行了观察，就像对化学反应瓶中那样。这从某种方面能够解释心理学上的机械趋势。反之，那些把注意力集中在活体组织每分钟的建造、它们的起源和进化上的历史学家、胚胎学家以及博物学家上，对驳回本身而不仅仅是其内容更感兴趣。他们发现这种驳回通过一种独特的系列行为创造出了属于自己的形式，同时也真正形成了历史。因此，组织学家、胚胎学家和博物学家们以及心理学家们都不约而同地相信生命活动中的物理化学特征。

事实上，不管这两种理论中的哪一种，不管是否承认用化学方式创造一种基本有机物的可能性，都不能证实实验的权威性。它们都无法被证实，前者是因为科学并未对活体物质的化学合成有任何的涉猎，后者则是因为没有找到从实验上证明一个事实的不可能性的方法。但是我们已经提出了理论上的原因，这阻止了我们将活体生物这个被自然关闭的系统比喻为我

---

① 莫帕，"滴虫纤虫研究"（*Etude des infusoires cilies*）（《动物学实验档案》（*Arch. De zoologie experimentale*），1883 年，47 页、491 页、518 页、549 页）。*P.*维尼翁，《对上皮细胞的一般细胞研究》（*Recherches de cytologie generale sur les épithéliums*），巴黎，1902 年，655 页。是对纤毛虫运动的杰出研究，同时也是对詹宁斯最近提出的向性（*tropism*）理论透彻的批评 [《献给对低等有机物的行为研究》（*Contribution to the Study of the Behavior of Lower Organisms*），华盛顿，1904 年]。这些低等有机物的"行为类型"，正如詹宁斯所定义的那样(237—252 页)，毫无疑问按照的是心理上的顺序。

② *E.B.*威尔森，《发展和遗传中的细胞》（*The Cell in Development and Inheritance*），纽约，1897 年，330 页。

③ 达斯特，《生与死》（*La Vie et la mort*），43 页。

们的科学孤立的系统。我们认为，这些原因在诸如变形虫的初级有机物的案例中的影响并不是那么大，因为它们基本上没有进化。但它们与我们所认为的通过一个规律周期进行变形的复杂有机物相比，获得的东西更多。绵延用其痕迹对生物的标注越多，这个有机物与单纯的机制差距也就越大，因为绵延只在这种机制上轻轻划过，并未将其穿透。展示在应用于整个生命进化——从最微小的开端至最高的形式——的时候最具有力量，因为这种进化通过支撑它的动态物质的统一性和延续性形成一个单独的个体历史。这样看来，进化论学家的假说与生命的机制之间并没有看起来应有的密切关联。当然，我们并不会用此种机制理念来修饰某种数学的和最终的驳议。但是我们从真实时间的考虑中得出，也就是在我们看来唯一有可能的驳议便是：越是严格和具有说服力，进化论学家的假说就越为诚恳。我们必须在这个方面处理得当。但让我们先来清晰地展示一下我们所领导的生命概念。

我们认为，机械解释对我们思想从整体中人为剥离出来的系统有好处。但就它自身整体以及包括在这整体之中，似乎是随它出现的系统而言，我们不能承认一个由机械解释的先天的存在，因为如此时间将变得毫无用处，甚至不真实。机械解释的根本，实际上就是将未来和过去看做当下可计算的功能，从而证明所有的东西都已存在。在这种假说中，过去、现在以及将来都会对能够用作计算的超人类智能有一瞬间的开放。实际上，相信机械解释具有完美客观性和广义性的科学家们都在有意识或无意识地实践着这种假说。拉普雷斯对其的评述最为确切："在某个给定时刻中，智能能够知道自然运动的所有原力以及组成自然的这些存在各自所处的境况——在假设所称智能足够广泛，能够将这些数据用于分析的情况下——能够接受最具有最广大体积的宇宙和最微小外形的原子的运动公式：对它而言，没有什么是不确定的，未来就像过去一样终会展现在它的眼前。"[①]而杜波伊斯-雷蒙也说过："我们可以想象自然知识到达了一个点，在此，世界的整个过程都能通过一个单一的数学公式，通过一个同步微分公式的巨大系统表达出来，通过这种演算，世上任何时刻原子的位置、方向和运动都能被推测出来。"[②]赫胥黎以一种更为具体的方式表达了同样的理念："如果对于进化的根本推测是真实的，即，不管是对于活着的生物还是其他没有生命的东西，根据具体的定律，整个世界都是组成原始宇宙的微粒所拥有的力量互相作用的结果，同样确切的是，现存世界有可能是潜藏于宇宙蒸汽之中，一个足够的智能可以利用这些蒸汽特性的知识来进行预测，说出1869年出版的《大英动物志》（*the Fauna of Great Britain*）上的内容，全然就像人们可以准确说出在寒冬中呼出的水汽将有怎样的结局一样。"在这样的理论中，时间仍然是如此：说出这个词语的人其实并没有在思考这个事物。因为此处的时间是效力的剥夺，如果它并没有做出某种行为，那么它就什么都不是。放射机制是一种形而上学的东西，其中实相的整体性已被全盘假设，同时，其中存在的事物的表象绵延仅仅只能显示出一个无法即刻全知的脆弱意识。但时间因为我们的意识而与此拥有巨大的差距，这也就是说，因为我们经历中的那些最为无可争议的事实，我们猜测时间是一种我们无法对抗的流体。它是我们存在的基础，同时，正如我们所感觉的那样，也是我们所居住世界的非常重要的根本。在我们眼前展现通用数学令人眼花缭乱的前景是毫无用处的，我们不能牺牲经历来迎合某个系统的要求。这就是为什么我们会驳斥放射机械论的原因。

但出于同样的原因，激进目的论（*radical finalism*）在某种程度上是无法接受的。我们能在莱布尼茨的著作中找到目的论原则的例子，其极端的

---

① 拉普雷斯，《概率理论分析》（*Introduction à la théorie analytique des probabilities*）（《未发表的完整作品》（*Euvres completes*），卷7，巴黎，1886年，6页）。

② 杜波伊斯-雷蒙，《超越自然》（*über die Grenzen des Naturerkennens*），莱比锡，1892年。

例子展示的是事物和生物只能感受到预先安排好的程序。但如果在没有预测的可能性，宇宙中不存在任何创造的情况下，时间就又会变成无用的东西。在机械假说中，它同样认为所有的一切都是给定的。这样被理解的目的论又被转化成了机械论。它从同一个假设中涌现出来，唯一的不同在于，在我们的有限智能沿着连续事物——它们的连续性被弱化到了虚有其表——而展开的运动中，它在我们之前抓住了那道光芒，并宣称要用它来指引我们，而非将其抛于身后。它用过去的脉动替换了未来的吸引力。但尽管如此，后续事物仍然只是一种表象，运动其本身也是如此。在莱布尼茨的理论中，时间变成了相对于人类立场而言更为混乱的理念，那是一种像冉冉升起的迷雾一样会消失的理念，因为思想处在所有事物的中心。

然而，目的论并不像机械论是一种拥有固定框架的理论。它拥有着我们所希望的一切拐点。机械哲学要么被采纳，要么被遗弃：如果最小的灰尘偏离了机械学所预见的道路，它就应该表现出最轻微的自发性特征。而另一方面，最终起因的理论将永不会遭到反驳。如果其中的一个表象被排除，那么它就会采用另一个表象。它的原则从根本上来讲是出于心理学的，也是非常具有弹性的。它的延展性极强，同时也具有超级的全面性，所以只要有人对纯机械论产生了驳斥，这个人也就接受了它其中的某些东西。我们应在此书中提出的理论将因此不可避免地对目的论进行某种程度上的延伸。出于这种原因，搞清楚我们究竟要从中获得什么以，及避免其中的什么东西就显得非常重要了。

必须要讲的是，通过将其破碎为一系列的碎片来削弱莱布尼茨的目的论对我们而言似乎是在错误的方向上迈出了一步。但这却是终局论理论的倾向。人们已经完全意识到如果宇宙作为一个整体正在制订某种计划，那么我们就不能凭借经验来对其进行阐释，而且，即使有序世界本身是这样的，要和谐地证明所有的东西也不是什么轻松的事情：事实能够很好地证明与之相反的事情。自然将生物创造为彼此不一致的东西。它无处不在地向人们展示着无序和有序、倒退和前进。但是，尽管终局论不能被事物整体或是生命整体所证明，目的论者也会问，它是不是同样适用于被分别对待的有机物？有机物中的各部分间有没有一种完美的劳力分配以及是否非常团结，在无限的复杂性中是否有完美的秩序？所有的生物都因此意识到潜藏在其根本中的计划了吗？——从根本而言，这种理论包含在将终局论的最初理论破碎为小块中。它并不接受反而嘲笑“外部”终局论理论，根据这个理论，生物互相作为参照在有序的环境中生存着：假设青草是牛吃的，羊羔是狼吃的——所有的理论和尝试都认为这完全是胡搅蛮缠。但我们却得知，存在着一种“内部”终局论：所有的生物都是为自己而造，其所有的部件都是在为整体服务的，并且由此而进行了智能的排序。长久以来被奉为经典的终局论理论就是这样的。目的论已经缩小到一次决不采纳超过一种生物的地步了。通过让自己变得更小，它可能认为这样能够减少打击面的面积。

但事实上，它对其却敞开了大门。终局论跟我们的理论一样的激进，也是一种外部的或根本不存在的事物。

考虑到最为复杂和最为和谐的有机物，我们所知的所有元素都在谋求对整体的最大利益。这非常好，但我们却不能忘记，所有的这些元素可能自己在某种情况下就是一个有机物，出于这种有机物的存在服从于更大个体的生命的前提，我们才能承认外部的终局论。总是出于内部的目的论理论因此也是一种自我毁灭的理论。有机物是由组织构成的，而所有的组织都是自我活动的。组成组织的细胞同样拥有某种程度上的独立性。严格地来讲，如果个体中所有元素与个体的从属关系非常完整，那么我们应该认识到它们并非有机物，个体拥有有机物的名字，只对内部终局论产生反应。但所有人都知道，这些元素完全能够进行真正的自我运作。更不必说吞噬细胞了，它们独立到了向养育它们的有机物发动攻击，再加上跟随体细胞发展生命的生发细胞，再生的事实就非常足够了：虽然其普通体积和功能受到限制，但仍然可能有一个元素或一组元素会突然表明其自身会偶尔进行复制传播；甚至在某些案例中，它们还能够被视为与整体相等的物体。

在生命理论中存在着绊脚石。我们不能像最开始的时候那样用问题自身来回答问题的方法来接近它们："生命原则"实际上可能并不具有解释意义，但它至少是一种与我们的无知相关联的标签，同样也会偶尔提醒我们，而机械论却将我们引入忽略这种无知的歧途。但是生命哲学的位置是非常困难的，因为在自然中既没有纯粹的内部终局论，也没有完全独一无二的个性。组成个体的有序元素自身拥有某种个性，而如果个体倾向于拥有自己的法则的话，那么其中的每个个体都会拥有自身独有的生命法则。但是从另一个方面来说，个体本身并非足够独立，和其他的东西还保持着一定的联系不足以被隔离开来，因为我们允许其拥有自己的"生命原则"。一个有机物，如更高级的脊椎动物，是所有有机物中最具独立性的，但是，如果我们考虑到它只是其母体所产生的一颗卵子以及其父体身体产生的精子的发展，而这颗卵子（比如受精卵）就是两个供体之间的联系纽带，因为它含有其二者的基本物质，那么我们就应该意识到，每个个体有机物，即便是产自人类身上的，都只是其父母双方相结合之后产生的牙胚。那么，个体的生命原则又是从何产生和结束的呢？渐渐地，我们会越退越远，直到个体最遥远的祖先那里：我们应会发现它与其他的所有都休戚相关，与那些可能出于生命基因树最根部的原生质浆液中极小的一部分有关联。从某种程度的延伸上来讲，拥有此种原始祖先的个体也与所有从祖先处以各个方向流传下来的东西有关联。在这种情况下，每个个体都能被认为通过隐形的联系与生物的总体保持着统一。试着将终局论限定为生物的个性也是毫无意义的。如果在生命的世界中存在着终局论，那么它就在单个不可见的联系中包括了生命的整体。这种对所有生物都很平淡的生命毫无疑问地代表了很多断裂和不连贯性，而且同样，它也并非是某种数学意义上的不能让任何一种生物个体化至某种程度的"个体"。我们要么彻底否定终局论，要么假设协调并不仅仅存在于一个有机物和它自身之间，同时还存在于每一个生物和其他生物的整体共性间。

终局论不会轻易退出。生命内在的终局论假说要被整个摒弃，则必须经历非常不同于粉碎的对待。

激进目的论的错误与激进机械论的错误是相同的，在于将原本属于我们智能的某种理念的运用延伸得太远。最开始的时候，我们思考的目的是为了行动。我们的智能已经被塑造成行动的模式了。推测是奢侈品，而行动则是必需品。现在，为了行动，我们从假设一个结尾开始。我们制订计划，然后进行机械论细节的设计，这会让计划拥有可执行性。后一个步骤可能只会在我们知道自己所估计的事物的前提下才有可能。因此我们必须试着从自然中分离出相似性，通过它我们才能预测未来。这样不管是在有意识还是无意识的时候，我们都一定要利用好随机法则。更有甚者，我们头脑中定义的有效随机性的理念越为锋利，它就越会采取机械随机性的外表。而这种情况反过来在描述更为严格的必要性的时候也就更为数学化了。这就是为什么我们只要跟随自己的意志就能成为数学家的原因。但是从另一方面来看，这种自然数学只不过是我们意识之下的无意识框架而已，是一种将造成相同效果的相同原因联系起来的本能习惯；而这种习惯的目的通常都是引导由诸如意图之类的东西所产生的行动，引导行动与仿制某种模版的观点相结合。我们生来就是艺术家，同样也是几何学家，而且实际上我们能成为几何学家只是因为我们是艺术家。由此可见，人类智能，因为它本就是为了人类行为而生，所以它的运转是由意图和计算在同一时刻引领，通过尝试引导出结论，并思考出越来越几何化的机能。不管自然是被设想为一台依赖数学法则运行的庞大机器，还是计划的觉醒，这两种观点都只是两种头脑倾向的完成，这些倾向是互补的，它们也都在同一种生命必需品中拥有它们的起源。

出于此种原因，激进目的论在很多方面与激进机械论非常接近。这两种理论都不愿意从宏观上观察事物，甚至不愿意观察生命的发展这种无法被预知的创造形式。在考虑现实的时候，机械论只会着眼于相似性或重复性。因此，它就受这种定律的束缚，即在自然中只有相似的东西能产生相似的东西。机械论中的几何学得到的重视越大，那么机械论本身就越不会承认所有已被创造出来的东西，甚至只是单纯的形式也是如此。因为我们都是几何学家，所以我们会反驳不可预见的东西。我们可能会接受它，这毫无疑问，而我们同时还是艺术家，艺术存在于创造的基础上并且暗示着对自然自发性的潜在信仰。但无私的艺术是奢望，就像纯粹的猜测一样。在成为艺术家之前很长的时间里，我们是工匠，虽然很低级，但所有的生产都具有相似性和重复性，就像作为自然支点的几何学一样。生产作用于模版，模版被用于复制。在被发明的同时，它也在运转着，或者通过一种对已知元素的新的排列方法来想象自己正在运转。其原则为“我们必须用相似的东西来创造相似的东西”。简而言之，终局论原则的严格执行，就像对机械随机性理论的严格执行那样，产生了“所有的东西都是已经给定”的结论。两个原则都在用自己的语言指代同一种东西，因为它们都对同样的需求有反应。

这也就是它们为什么在废除时间方面有一致性。真实的时间是对事物产生影响的时间，它会在这些事物上留下自己的牙印。如果所有的东西都及时发生，那么所有的东西都会在内部发生变化，于是同样的确切事实就永不会再现了。重复因此也变成了一种相对的可能性：被重复的东西是我们的某种感官，特别是我们的智能，因为我们的行为是智能的直接导向，只能在重复中进行活动，而从现实中分离出来的某个方面。这样，将注意力集中到重复的事物上，将会把相同的东西焊接到一起，智能会从时间的视野中消失。它并不类似流体，会将自己所碰到的所有东西固化。我们并不考虑真实时间。但我们却住在里面，因为生命要传递智能。我们对自身以及万物在纯粹绵延中进化的感觉就在其中，在智能观念的周围形成一圈淡入到黑暗之中、可被称为模糊流苏的东西。机械论和目的论只在针对中心闪亮的明亮细胞核的时候有共同之处。它们忘记了这种细胞核是通过压缩形成的，而且整体、流体以及压缩之后的物体必须有用以抓住生命的内在运动。

实际上，如果这种边缘确实存在的话，就算其既纤弱又模糊，与其所包裹的明亮细胞核相比，它也应该对哲学有更大的重要性。因为让我们能够确认细胞核是一个核体的东西正是其外表，所以纯粹的智能就是一种通过压缩之后对更为广泛的力量进行的收缩。并且，正是因为这种模糊的直觉在引导我们对于事物的行为上没有任何的帮助，而行动只发生在现实的表面上，所以我们能够假设其并非只在表面上作用，而在表面以下也是如此。

只要我们走出激进机械论和激进目的论钳制我们思想的范围，现实就好像一个永不停歇的新事物发生器一样，当下产生的速度并不比其成为过去的速度快。在这个特定的时刻，它落到了智能目光的下面，智能的双眼永远都不会向后转动。这就是我们内部生命的真实写照。我们在所有行动中都能轻易地发现在某些时候可能被称为机械结果的起因。同样它还可能被描述为所有的行为都是意图的意识。从这方面来看，在我们前进的道路上，机械论简直无处不在，终局论也是随处可见。但是如果我们的行为能对且只对我们个人产生影响，那么它就不能被预见，即便它的起因能够在其完成的时候对其进行解释。而虽然它是对意图的一种实现，但作为一种当下的全新实相，它不同于意图本身，永不针对何物，但却可对过去进行重启或重新排列。因此，这里的机械论和目的论变成了我们前行轨迹的外部表象。它们会延展自己的智能。但是，我们的前行会滑入它们二者之间并且延伸得更远一些。还是那句话，这并不意味着自由行动是变化无常的、不合理的行为。根据随想而行动就是在两个或更多个已经准备好的选项之间以已经针对其中某个选项设定好的长度做机械摆动。这并非是内部状态的成熟，也不是真正的进化，它只是——不管这个断言看起来有多么荒唐——将意志屈服与模仿智能的机械论。进化是真正属于我们的东西，从另一方面来讲，也就是决不模仿智能的意志，它会保有自己的特点——也就是说，进化——渐渐地成熟为能将智能在不达到其目标的情况下能够分解为智能元素。自由行为与这种理念不相称，而且它的“合理性”必须通过这种不对称性得到定义，这种不对称性承认了其像我们所愿意的那样在自己内部存在着足够多的智能。我们自己的进化之路也是如此，同样，毫无疑问地，生命的进化也是如此。

我们的推理实在太过放肆，总是认为自己通过与生俱来的权利或者征服后得到的、先天被赋予的和后天学习到的权利拥有真相知识中的所有基本元素。即便是在自己承认对看到的事物并不知晓的情况下，它都仍然相信自己的无知仅仅存在于不知道自己由来已久的范畴中的哪一种适用于这个新的物体。我们应该把它放在哪个准备着随时打开的抽屉里？我们应该把它塞到哪件已经做好的衣服里？而“这个”和“那个”还有“其他东西”都总是我们已经知道的某种东西。对于一个新物体我们应该创造一个新的观念或某种新的思考方法的这种思想深深地让我们觉得厌恶。然而，哲学的历史一直存在，它向我们展示各个系统的外部争斗、令人满意地将现实套入我们早已形成的观念中已经做好的衣服里的不可能性和测量的必要性。但是，与走向如此这般的极端相比，我们的推理更喜欢一劳永逸地用一种骄傲的谦逊来宣布，它只需要应付相对关系，同时绝对性并不属于它的管辖范围。这种初步的宣言使其能够毫无顾虑地套用其习惯的思考方法，并由此对万物下定结论，哪怕它所掌握的信息根本触及不到这样的结论。柏拉图创立了这个理论——通过找到的理念来认知真实的结构，这意味着要在我们的安排下把它强行推入一个既存的框架，就好像我们悄悄地学到了宇宙的知识一样。但是这种信仰对人类智能而言却是很自然的，总是处在一种决定之前向其靠近的东西应该分在哪种新物种的状态中。我们还能这样认为，在某种情况下，我们都是天生的柏拉图学者。

这种方法的不足之处在生命理论中无处不在。如果，在大体上朝向脊椎动物，具体说来就是人类和智能发展的方向里，生命不得不通过很多与这个特定组织模式不相容的元素的方法，像现在我们这样放弃和托管它们，进入另一条进化的线路，那么我们再次找到并重新加入到智能阵营里以抓住生命活动的真正本质就是这些元素的全部。我们可能也应该通过环绕我们独特——也就是智能——代表的模糊本能的边缘来帮助它们。如果进化原则并未缩小到我们组织的形式这个等级上，而是在其周围停顿下来，那么什么才是这种无用的边缘所不需要的？相应地，我们必须找到能够扩张我们思想智能形式的线索；从那里我们才能获得提升自己所需的动力。要形成整个生命的概念，不是简单地把那些在进化道路上被生命本身弃于我们身后的单个概念糅合起来。部分是如何等同于整体、容器的内容、其操作本身生命运作的副产品的？然而，这就是我们在把生命进化定义为一条“从同一性到多样性的通道”时所看见的假象。同样，通过把智能碎片挨个拼接摆放而获得的其他任何观念都会带来这样的错觉。我们将我们自己放在进化时机成熟的其中一个点上——毫无疑问，是最主要的一个，但不是唯一的一个；而且我们也不会带走所有找到的东西，因为我们所持有的智能只不过是众多观念中的一两个而已，它们通过理念来表达自己；这个部分就是我们声称代表了整体的部分，我所指的进化运动，在这种运动中，这个“整体”只是当前的状态！事实上，要做到这一点所需的整体智能并不太多——要不它就不够了。我们有必要在其中增加我们在所有其他进化终端中发现的东西。这些众多的不同元素必须被视作相互完善的众多精华，至少在它们最为微小的形式下。只有这样我们才能得到进化运动真实属性的暗示；即便如此我们都应该完全将其抓住，因为我们仍然应该只注意进化后成为结果的东西，而并不是进化其本身，结果就存在于这种运动中。

我们发展出来的生命哲学也是如此。它同时传承机械论和目的论，但是，就像我们在开始的时候所说的一样，和第二个理论相比它更接近第一个。停留在这个点上，并且更加确切地展示这个生命的哲学与目的论之间的距离，以及它们之间存在着多少区别，这些应该都没什么问题。

正如激进目的论一样，尽管形式更模糊，但是我们的哲学还是将有序世界描述为一个和谐的整体。但这种和谐却远不如其所声称的那么完美。它之所以如此不和谐就是因为各个物种，甚至是每个个体都只保留了某种来自普遍生命冲动和使用这种能量造福其自身倾向的动力。这里面还包含了适应性。物种和个体都只为自己着想——这样就可能会导致其与其他生命物种产生冲突。因此，和谐并不实际存在，而只是存在于理论之中。我的意思是，原始的动力是一种普遍的动力，我们将生命之流提升得越高，互补的多样趋势就越多。因为，街角的风就被分成了很多股相同的气流。和谐或“互补”，能在质量、倾向中而不是在状态中被揭示出来。有一点需要特别注意（这是目的论最为误解的一点），和谐是处在我们之后的而非之前。这应归咎于冲动的一种特征而非普遍的志向。在人类的世界观里，要给生命设定一个终结点是不可能的。说到结束也就是想到一个已经存在并被领悟到的模型。因此，这一点基于假设所有的东西都已经给定，以及未来能在过去被读到。我们相信，生命就像我们的智力一样完全靠自己行动，去上班，而我们的智能只是一种无法运动的碎片化生命观，很自然地站在时间之外考虑问题。相反，生命在时间中前进，也在时间中持续。当然，一旦踏上道路，我们就能从上方对其进行观察、标记它的方向、用心理学词汇来对它进行记载，并且以已经到达其尽头的预期来说话。这样我们才会谈论到自己。但是，在这些我们即将踏足的道路上，人类的思想可能会一言不发，因为这条道路自被创建起就与其上的旅行行为相同步，它不是什么别的，而是行为本身的方向。那么，每时每刻进化都必须允许心理上翻译的存在，这在我们看来是最好的解释。但是这种解释除了回顾之外既没有价值，也没有重要性。永远不要将目的论的解释作为对未来的预判。

这是一种在现在的灯光下观察过去的模式。简而言之，终局论的经典理念立即就变得太多和太少了，同样也太宽和太窄了。在通过智能解释生命的时候，它对生命的意义限制得太多：智能，在其进程中已经被进化所改造，至少我们自己发现的结果是这样的；它是从某种更大的东西上切割下来的，或者说，它是同时具备前沿和深奥现实的唯一投影。更为全面的事实是真正的目的论应该在一种观点中重建或在可能的情况下被树立起来。但是，从另一方面来说，仅仅是因为它已经超过了智能的界限——联结相同事物感知，以及创造重复性的天赋——这种事实毫无疑问地具有创造性，也就是说具有效果的丰满度——进行自我扩张和提升的能力。这种效果因此也并未被赋予在它之中，同样它也不能将其作为终点，尽管一旦开始，它们允许某种激进的解释，就像复制模型的人造事物所做的一样。简而言之，最终原因的理论在将自己限定在把一些智能归咎于自然局限内的时候前进得并不够远，而在当其在支持以理论的形式存在的未来、存在于当下的时候却走得太远。而第二个理论扩张得太过头，是缺点太多的第一个理论的外向产物。在定义何是智能的时候一定要用更加全面的事实进行取代，智能是其中唯一能被保存的东西。这样未来就会像是对当下的延伸了：因此，它并没有以一种被代表的断电形式出现在当下。而且，一旦被意识到，它就能解释当下，当下也能对其做出解释，甚至还会出现更多的内容；它必须尽量被视作终点，甚至是结果。我们的智能有权利从其习惯的角度来抽象地考虑未来。

事实可能是，这些原因远远超过了我们能力所及的范围。生命论中的目的论已经避开了所有确切的验证。

要是我们能在其中一个方向上超过它呢？事实上，在这里，在提出必要的题外话之后，我们回到那个自己将其视为基本点的问题上：机械论的先天性不足能通过事实来加以证实吗？如果这个假说是可能的，那么我们就需要坦诚地接纳进化论学家的假说。我们现在必须表明如果机械论不足以对进化进行阐释，那么证明此种先天性不足的方法就不是停留在终局论的经典理论之上了，但从另外一方面来讲，仍然要放开对其进行限制或缩减以走得更远。

让我们来表明我们这个假说的原理。我们认为生命从其最初的开端起，就一直是对同一个相同原动力的延续，它被分到了进化过程中的各条互有所异的线路中。通过一系列的添加，有些东西成长了，有些东西发展了，期间的创造有许许多多。这个发展的历程带来了各种趋向的分离，这些趋向必须变得互不相容，才能越过某一特定的点向前发展。严格地说，没有什么能阻止我们认为生命的进化可能是在一个以千万年为单位的时间段里，发生在经历了一系列各式各样形式变化的个体上。或者，如果不是这样的一个个体，而是任何可能数量的个体，以一种单线性的方式互相传承。在这两种情况下，进化可能，可以这么说，都只拥有一个维度。但是进化实际上却发生在那些完全不同的线路中数以百万计的个体身上，所有的一切都在一个辐射出新道路的交叉口终结，然后无限地延续下去。如果我们的假说得到了证实，如果着力于这些不同道路的根本原因与心理学上的本质有关，那么就算它们的功效大相径庭，它们也必须保有某种共同点，就像那些分离很久的校友保有同样的关于兄弟情谊的记忆一样。道路可能会分叉，或者道边的小路会开放着，分离的元素可能会以一种独立的姿态在这条小路上进化，然而，凭借整体的原始动力，各部分的运动才得以继续。因此，整体中的某种东西一定存在于这些部分之中，而这种普遍元素在某些方式下，对我们而言会变得明显起来，也许是通过同一器官在不同有机物中的存在。举个例子，假设机械论的解释是正确的：进化必须通过互相垒叠的一系列事件而发生，每个新事件都是通过是否对前面有利的事件的整体都有利选择而得到保存，当前生物的形式都是通过这个选择得以呈现的。通过将两个完全不同的事件系列加入到对方之中，那么这两个完全不同的进化方能够达成的共同结果的相似性有多高？偶然的外部影响或内部变化是不是能带来同样的结构——尤其是当这种结构在二者进行分离的时刻没有显露任何表象的前提下——两条进化路线的分歧越大，可能性就越小。但是此二种产品的相似之处，从另一方面来看，可能在被放在我们所提出的假说中的时候更为自然一些：即便是在离我们最近的通道里也可能存在着从源头处得来的脉动。纯粹机械论是可驳倒的，而终局论，在我们能够理解它的特殊感官中，在某些方面是可以进行阐释的，前提是能够证明生命可能会通过不同的方法，在不同的进化路线上产生同样的结构；证明的力量对于各条被选中的进化路线之间的不同与在它们中间所发现的相同结构的完整性而言，都可能是成比例的。

我们可以认为，结构的相似性是由生命进化的大条件的相同程度所决定的，尽管瞬间就会发生变化的外部影响和偶然发生的内部变化之间存在着差异性，但是这些永恒的外在条件可能在构建各种结构的力量上强加了同样的方向。当然，我们并非对适应性在今天科学中所扮演的角色熟视无睹。生物学家当然不会对其进行相同方向的研究和使用。有些人认为外部条件能够造成有机物以一种“直接的”方式、一种明确的方向，通过在活体物质中引起的物理化学变化而进行改变，比如艾默的假说就是如此。而其他的人则对达尔文的理论精神更加虔诚，他们认为条件的影响只是“间接地”、通过促进剂、在生存的挣扎中产生效力。这些物种的代表们获得了生存的机会，已经适应了环境。换句话说就是，有些人对外部环境的影响致以“积极”的态度，他们认为这些因素实际上“创造了”相异性，同时，另一些人则对这些条件带来的影响报以“消极”的态度，并且认为它们带来的是对相异性的终结。但是，在这两种情况下，外部条件都被认为是在为各种环境下的有机物带去了某种确切的调整。所以我们必须在进一步接触细节之前，立刻从广义上指出为什么对“适应性”进行解释对我们而言远远不够。

让我们首先声明，在刚才描述的两种假说中，后者是唯一不具有歧义的一个。达尔文理论中，关于自动消灭不适应的物种而达到适应的理论是一个简单而又清楚的理论。但是，就是因为它对控制进化的外部条件报以几乎完全否定的态度，所以很难证实此种进程——或者说是诸如我们即将检验的这种复杂结构——的直线发展。在两条完全不同的进化大道上，两个极为复杂的有机物其结构相似的难度有多大！一个偶然的变化就能表明众多微小物理和化学因素的作用。对偶然变化的累计，这可能对产生一个复杂结构非常必要，因此需要接近于无限的微小原因并行发生。为什么这些完全偶然的原因会以同样的顺序在不同的空间和时间点上进行同样的重复？没有人会在这个案例中坚持上面的观点，而且达尔文的理论其本身就很可能并不认为从不同的原因中能产生同样的效果，他们可能也并不认为不同的道路能够通往同一个地点。但是不要让修辞手法把自己迷惑了。到达的地点并不能表现出通往此地的道路的特征，同样，一个有机结构只是进化不得不经历的众多微小差异的集合而已。面对生存和自然选择而做出的挣扎，对我们在解决此类问题并没有任何的帮助，因为我们在此并不关心那些灭亡的事物，我们不得不只对生存下来的事物进行研究。现在，我们知道了完全相同的结构是通过一个对各种效力进行逐渐累积的过程，而在独立的进化路线上塑造的。发生在偶然顺序中的偶然因素是如何被假定为会不断造成相同结果的，而这些原因又是无限地多，这种效力又是无限而复杂的。

机械论的原理为“同样的原因造成同样的效果”。当然，这个原理并不总是意味着同样的效果必须由同样的原因造成，但它却又确实存在于某些原因在产生效果的同时又是其组成元素中仍然能被观察到的特定案例里。两个从不同点出发且随机漫步的人最终总会碰面的说法并不正确。但是，若在这个说法中加入下面一点又是不可能的：漫游的过程中他们沿着两条完全相同又互相重合的曲线行走。路线越是复杂，非必然性就会越大，而且如果他们的路线拥有数不尽的曲折的话，那么这种非必然性就会最终变为不可能性。那么，路线中曲折的复杂性，与一个在其之中有着数以千计不同有机细胞的有机物的复杂性相比，前者又是以一种什么样的明确顺序排列着的呢？

那么，让我们转向另一个假说，再看看它是如何解决这个问题的。这个假说认为，适应性并不仅仅是不适应事物的消逝。因为外部条件具有积极影响，所以有机物才能按照其本身的形式进行塑造。这个时候，不同效果之间的相同点就能被不同原因之间的相同点解释。很明显，我们应该坚持纯粹机械论。但是如果我们仔细点观察的话，我们就会发现这种解释仅仅是一种字面上的解释，我们又再次成为了被文字愚弄的对象，而且这种理论会将“适应性”这个词汇同时分成两种完全不同的感官。

如果我轮流地将水和红酒倒入同一个玻璃杯，那这两种液体就会变成一个形式，而这种形式将取决于此二者占据容器的比例。在这里，适应性才确实地代表着机械调整。这是因为那种物质将其自身变成的形式是已经存在的，而它也将自己的形式强加到其中的物质之上。但是，在一个有机物对它不得不存在于其中的周围环境的适应性里，那个等待物质进入其中的预先存在的形式又在哪里？周边环境不是那个承托生命的模具，而生命也并未采纳其形式：这实际上是一种修辞方法给出的歧义。生命必须为自己创造一种形式，但却没有任何一种形式适合有助于生命的环境。它必须最大化地利用周边环境，消除它们对自己的不利影响，并且利用好环境中存在的各种有益事物——简而言之，也就是通过建立起一种与外部环境没有任何相似之处的机器来对外部条件进行回应。此类适应并非“复制”而是“回应”——它们是完全不同的东西。我完全同意被理解透彻的适应性能够解释为什么不同的进化过程能带来同样的结果：当然，相同的问题也和相同的解决方法遥相呼应。但正如几何学问题的解决方法一样，有必要引入一种麻木活动或至少是以同样方式行为的起因。这就又会带入终局论，而终局论在这个时候充满的拟人化元素比以往任何时候都要多。总的来说就是，如果适应是被动的，如果它只是重复着条件在模具中所给出的特征，那么它绝不会建立起人们所希望其建立的东西；而如果这个过程是主动的，通过解决在同样条件下建立起来的同样的问题能够做出回应，那么在一开始我们给出的方向上，它就要比我们所能走的更远——实际上在我们看来，它走得太远了。但是事实却是在这两种含义之间存在着一条秘密通道，只要有人通过采纳第二种而在目的论的“犯罪现场”被抓个现行，那么采纳第一种的人就能逃脱升天。为一般科学实践服务的都是第二种，但是第一种却是慢慢地逐渐为哲学做出证明的。在任何“特定”案例中，人们会认为适应的过程就是有机物建造一台能够将外部环境转换为最佳机会的机器时所做的努力；然后会有人从“全局上”对“适应性”进行总结，称“适应性”受到的是环境的影响，以一种漠不关心的姿态被动接受。

但还是让我们用例子来进行解释吧。首先在这里要进行一种植物和动物之间的大体比较。没有人会不被这二者身上在性方面完成的平行过程所打动。不仅是在高级植物或在动物中的受精——它们都存在于这二者之中，都是两个之前在属性和结构上都完全不同的核子的融合，而在融合之后它们立刻变为了和彼此相等同的事物——还是在处于相同条件下时发生在二者身上的性元素的准备都是相同的：在根本上，都包括染色体数量的减少以及对某些特定染色物质的抛弃①。而动物和植物是在独立的路线上进行进化的，它们所处的环境不同，所遇到的障碍也不同。下面是两个明显分化的系列物。在两条线上，数以十万计的元素结合起来，共同决定了其形式上和功能上的进化。而这些存在于两个系列中的无尽的复杂原因都在同样效果的作用下得到了完善。且这种效果不能够被称为“适应”的现象：适应性体现在何处，外部环境的压力又在哪里？在有性生殖中并不存在惊人

① *P.*介朗，《对开花植物受精的现有知识》，巴黎，1904 年，144–148 页。比照德拉热，《遗传》（*L'Hérédité*），第二版，1903 年，140 页。

的工程公式，它们都以最为多样的方法进行了阐释，而一些非常急切的人甚至还将植物的性行为视作一种自然本来已经将其抹除的奢侈品。[1]但我们并不希望在如此具有争议性的事实上纠缠不休。“适应”一词的歧义和超越机械随机性和拟人化终局论的必要性会从更为简单的例子中表现得更为清晰。终局论的理论一直都在感觉器官精巧的结构上施加了很大的压力，从而将自然的丰功伟迹和智能的产物结合起来。现在，因为存在于低等动物身上的这些器官都在一种初步的状态下被人所了解，而且还因为自然在最为简单的有机物上的色素斑和脊椎动物身上无限复杂的眼睛之间为我们提供了很多的媒介，所以同样可以说自然选择的结果会自发自觉地完善有机物。简单的说也就是，如果存在着能够合理调用适应性的情况，那么这种情况也只能有这么一个。只要它与发生这种情况的环境相关，人们就有可能对这样一个例如有性繁殖的事物的功能和意义进行讨论。但是眼睛和光亮之间的关系则是非常明显的了，在我们将这种关系称为“适应性”的时候，我们必须明白这其中的含义。如果我们能够在这种特定的例子中展示出双方都采纳的原理的不足性，那么我们的演示就会立刻达到一般性的高等级别。

我们要考虑一下终局论一直以来都在坚持主张的例子：诸如人眼的器官结构。它们毫不费力地就能说明在这种极端复杂的结构中，所有的元素都以非常协调的方式运行着。只有在这样的顺序下视力才能运转，有一本关于《最终因》的著名作品，其作者这样说道：“巩膜在其表面上的某处一定是透明的，因为这样才能让光线穿透它……虹膜必须用精确控制的透光口的开合来做出响应……在这个透明的开口背后，必须要有折射媒介……在这个黑暗的空间的最前端一定要有一块视网膜[2]……一定要有无数

① 麦比乌斯，《论植物传播理论》，耶拿，1897 年，203–206 页。比照哈尔托赫，《论繁殖现象》（*Sur les Phénomènes de reproduction*）（《年度生物学》，1895 年，707–709 页）。

② 保罗·珍妮特，《最终因》，巴黎，1876 年，83 页。

的透明椎体与视网膜垂直，它们只允许光线先通过自己再和神经薄膜接触。”[①]作为回应，《最终因》的主张被用于假设进化论学者的假说。所有的东西确实都非常精巧，实际上，如果有人对我们的眼睛进行研究就会发现，在这个机体中，成千上万的元素都为了一个功能而互相协作。但是回到源本来看眼睛的功能，比如在纤毛虫身上，眼睛已经弱化为一种能够感光的斑点（几乎是纯化学反应）：这个功能在开始的时候可能只是完全的巧合而已，也只是有机物复杂性的冰山一角而已，这个机体对眼睛的功能进行了实际的改造。通过某些未知的机制才能直接或间接完成它，仅仅通过自己赋予该生物的优势影响让这种生物牢牢地将其抓住，从而才成为了自然选择中的一部分。于是，我们眼睛的形成过程也许能被解释为功能和机体之间那近乎无限且不受机械因素打断的行为和反应的产物。

实际上，在功能和机体之间是很难找到这个问题的答案的，就像终局理论和机械论其自身遇到过的那样。因为机体和器官是不同属性的词汇，而且它们相互之间的作用和关系都非常紧密，所以要事先决定表达它们之间的关系时，我们无从得知到底应该像机械论那样从前者开始，还是像目的论那样从后者开始。但是我们认为，如果我们从对具有相同属性的二者进行比较开始，以机体与机体之间的比较而非机体与该机体所具备功能之间的比较开始的话，那么上述的讨论就应该完全地转变方向。在这种情况下，一点一点地朝着答案进发就可能变得越来越似是而非，而且我们越是坚决地假设进化论学者们提出的假说就越有发生问题的可能性。

让我们将脊椎动物的眼睛和诸如普通贝类的软体动物挨个排开。我们发现在这二者中都存在着同样的基本器官，都是由类似的元素组成的。贝类的眼睛也有视网膜、虹膜和巩膜的镜面结构，就像我们的眼睛一样。它们甚至还具备视网膜元素的某种反转能力，这种能力在通常情况下并不存

① 同前，80页。

在于无脊椎动物身上。现在，软体动物的起源可能还是一个富有争论的话题，但是不管我们持有什么样的观点，所有人都同意的是，在像贝类眼睛那样的复杂眼睛出现之前很久的时候，软体动物和脊椎动物从它们共有的父系干细胞中分裂出来。那么，此种结构类比又是从何而来的呢？

在这点上，我们会向两种截然不同的进化论者解释系统——纯粹的偶然变化假说，以及在外部条件的影响下以一种完全一致的方式发生改变的假说——依次提出问题。

前者为世人所熟知，在今天被分为两种差别巨大的形式。达尔文声称所有的微小变化都是由自然选择进行的累积。他并未忽视突变的事实，但是他居然认为这些“运动”——他这样称呼它们——只是无法自我保持的庞然大物而已。他同时还认为物种的基因是“看不见的”变化的累积①。现在很多博物学家同样持有这样的观点。但是就趋势而言，这种假说开始逐渐向其相反方向的理念投降了，认为在几个完全不同于以前物种特征的新特征出现的同时，新的物种也就立马诞生了。后面的这种假说在贝特森的一本著名著作中已经被很多的学者所证明，②它已经因为雨果·德·弗里斯那些令人震惊的实验而变得极为重要，拥有巨大的力量。这位植物学家在月见草上做实验，在一些新世代的这类植物中发现了一些新的物种。这个他从自己实验中得出的理论具有极高的价值。物种会遗传不同的稳定性和外形改变。当“易变”周期发生时，未知的各种外形就会从众多不同的方向中出现③——我们不应偏袒这两种假说中的任何一方，以及那些拥有不可感知的变化的事物。实际上，也许它们二者都是对错掺半。我们只是希望指

---

① 达尔文，《物种起源》，第二章。

② 巴特森，《变化研究材料》（*Materials for the Study of Variation*），伦敦，1894年，特别版567页。比照斯科特，《变化和变异》（*Variations and Mutations*）[《美国科学期刊》（*American Journal of Science*），1894年11月]。

③ 雨果·德·弗里斯，《变异论》（*Die Mutations théorie*），莱比锡，1901~1903年。比照同一作者，《物种和变化》（*Species and Varieties*），芝加哥，1905年。

出如果产生的这些变化都是偶然的，那么它们不管是大还是小，都不能解释我们在上文所提到的那些结构相似性了。

让我们开始假设达尔文的不可见变化理论为正确的，并假定因为概率和不间断的累积而发生的细小区别也是正确的。一定不能忘记的是，有机物中的所有部分都必须互相协作。不管它的功能是机体的效果或是机体的成因，都完全没有影响。只有一点是确定的——机体只有在自己施展功效的情况下才具有意义，才能进行选择。然而，无论视网膜结构何时发生改进，也不管它将变得如何复杂，一旦在此过程中，视觉中心——以及视觉器官本身的一些部分——没有同步发展，则可能阻碍它的进展，反而无法提升视觉能力。如果这些变化是偶然的，那么它们是如何在同一时间内，在保证整个器官能够继续有效地发挥自己功能的情况下，把所有的部分都集中起来进行升级换代？达尔文对此理解得非常透彻，这就是他为何不把变化归纳于众多不可见的原因之中[①]。在视觉器官的某一点上偶然发生的某种变化，如果它非常的小，将不会阻碍整个器官的运作，而这个首先发生的偶然变化在某种情况下能够“等待”互补性变化的发生，从而累积起来将视觉提升至更高等级，逐渐趋于完善。我们认为这个假说有道理，但是既然不可见的变化并不会对眼睛的功效产生影响，那么它也不会帮助眼睛发挥功效，至少在具有互补性的各种变化发生前是这样的。在这种情况下，变化又是如何通过自然选择被保留下来的？不知不觉中，人们将这种微小的变化比作被有机物留给日后建造的边角料。这种假说和达尔文理论的原理毫不相符，甚至在沿着进化的主线进行发展的器官上都无法避免，比如脊椎动物的眼睛。但在我们观察脊椎动物眼睛结构和软体动物眼睛结构的相似之处的时候，这种思想又会强压在我们身上。在完全偶然的情况下，这些无法计算的微小变化怎么可能以同种方式发生在两条相互独立进化的

① 达尔文，《物种起源》，第六章。

路线上？还有，它们又是如何通过两个案例中所说的，在它们二者完全分开进行的时候，用同样的顺序做出的同样的选择和累积，从而得到保存的？

那么，让我们转向突变假说，看看它是否能解决这个问题。这个假说毫无疑问地减少了某一点上的难度，但却又增强了另一点的难度。如果软体动物的眼睛和脊椎动物的眼睛都是通过相对少量的突变而变成现在的这个样子，那么我就能够理解两个机体之间的相似性，是源于一些无法计算、相继发生、无穷无尽的相似性：在这两种情况下都有机会发生完全相反的事情，但在前一个案例中，奇迹的出现不需要机会，这与在第二个案例中不一样。我能理解的不仅是原本应该增加但却不知如何就被减少了的相似点的数量，还有这二者是如何被保存下来并且互相叠加的。初期的变化现在被认为对生物而言足以成为一种优势，而且它对于选择的进行的影响也是同样如此。但是这里却产生了一个问题，这个问题并不比前者简单，即可见结构的所有部件是如何在突然变化的情况下保持良好的协调性，从而使眼睛继续施行自己的功能？单独一个部分的变化就足以让眼睛失去视力，除非这个变化是绝对的无限小。各个部分都必须立即发生变化，每一个都参考其他部分的变化而变化。我也认为在运气不怎么好的个体身上会发生很多的不协调变化，我也相信自然选择能够将这些东西消灭掉，我还同意只有那些能够应对挑战的组合可以被保存下来，提升视力，从而生存下来。而且，这种组合一定会产生。在这样的事情曾经确实出现过的情况下，我们能够承认它在物种的历史上得以自我复制和重复，就像每次一次性产生出新的互相固定的并发症那样，这些并发症与先前发生的并发症紧密联系在一起，在相同的方向上共同走向未来。尤其是，我们如何认为仅仅通过一系列“偶然事件”，这些突变就会在相同的顺序中发生相同的事情——所有的案例中的元素都有完美的和谐关系，而且越来越多，越来越复杂——而却是在两条互相独立的进化道路上。

在此种情况下发生的事情与查林、德拉马尔和穆叙在实验中所发现的相差无几，他们把孕期豚鼠的肝脏或肾脏破坏掉，然后这些豚鼠会将自己的残疾遗传给正在腹中的胎儿，这是因为这些母体所受到的器官损伤已经产生了某种“细胞毒素”，这种物质会在胎儿体内的相应器官上发生作用①。在实验中人们发现，正如这几位生理学家在自己以前进行的观察中所得到的结果那样，已经成形的胎儿才会受到这种细胞毒素的影响。但是查林所进行的另外一些研究却得出了如下的结论，同样的效果能够通过在精子和卵子上进行一种类似的过程而产生②。总而言之，就是：在布朗·赛卡尔实验中发现的对某种既有特点的遗传现象能够用一种毒素作用在基因上的效果来解释。然而，这种残疾看起来似乎作用在了正确的地方，它是通过类似于感染酒精中毒的过程而得以传播的。但是在所有成为遗传的既有特点的案例中是否都是如此呢？

实际上，在那些肯定既有特征遗传的人和那些否定这个理论的人之间存在双方都认可的一点，那就是某种特定的影响，如酒精的影响，能够在该生物和它所拥有的原生质上同时产生作用。在这种情况下，缺陷就会被遗传下去，就“好像”父母的肉体细胞直接作用在了原生质上，尽管在现实世界中肉体细胞和原生质都会受到相同原因造成的结果的影响。那么，就像那些坚信既有特征是可以转移的人所认为的那样，我们假设肉体细胞能够影响原生质。认为发生在第二个案例中的情况和发生在第一个案例中的情况是一样的，以及肉体细胞带来的直接影响是原生质的一种普遍替代的这种假说难道不是最为自然的一种假说吗？假设情况就是如此，那么后代身上发生的改变与在其父辈身上发生过的改变是一样的，这就是一种意

---

① 查林、德拉马尔，《细胞遗传》（*Hérédité cellulaire*）（*C. R. de l'Acad. des sciences*，1901 年，69–71 页。）

② 查林，《遗传病理学》（*L'Hérédité pathologique*）[《科学综合杂志》（*Revue générale des sciences*），1896 年 1 月 15 日]。

外，并且有某种程度上的偶然性。这就像酒精中毒症的遗传一样：它会从父亲那里被传给孩子，但在每个孩子身上可能表现出来的程度不一样，而且所有孩子的表象都和父亲有所区别。我们用字母 C 来代表原生质中发生的变化，C 可以是阴性的，也可以是阳性的，这就是说，这个字母同时代表某种物质的得到或者丧失。可能并非基因的确切再现，在原生质当中的情况也是如此，原生质中的变化是由肉体细胞中某种特殊部分的某种特定变化而激发的，原生质在形成过程中决定了新有机物中相应部分的类似变化，除非此有机物所有的新生部分都对 C 具有了某种免疫力：同样的部位会在新有机物中经历改造的过程，因为该部位的发展受到新影响的作用。在此之后，该部位在生产有机物中发生的变化可能完全不同于其相对应的部位以某种方式发生的变化。

在这种情况下，我们就应该建议在“偏差”遗传性和“特征”遗传性之间引入一个分别彼此的机制。获得了新特征的个体会因此从其先前所有的形式中“偏离”出来，它所包含的基因形式或者半基因形式可能会在其自身的发展中发生复制。如果这种改变并不包含能够改变原生质的物质的产生，也不会影响营养物质的产生从而剥夺了其包含的某种元素的原生质，那么它对这个个体的后代就不会产生任何的影响。通常来说，情况差不多就是如此。从相反的方面来看的话，如果它拥有某种影响，那么这就极有可能是因为其引入原生质的某种化学变化。这种化学变化可能会给拥有发展基因的有机物再次带来原始的变化，但是它做其他一些事情的可能性也很大。在此后一个案例中，被创造出来的有机物极有可能会从正常类型中脱离出来，就像创造它的那个有机物一样，但是它的方式又并非类似于其母体。它将继承的是这种偏差，而非特征。因此从大体上来说，个体所形成的习性可能在自己后代的身上不会产生共鸣，但是当这种情况发生的时候，后代身上的变化可能也不会和前者具有视觉上的相似性。至少，在我们看来这个假说就是这样的。不管在什么情况下，只要缺乏反面的证据，就好比那位杰出的生物学家所做的那次决定性的实验没有成功一样[①]，我们必须坚持实际得到的观察结果。现在，即便我们从既有特征传递性理论中最为有利的观点来看，并且假设表面上的既有特征在大多数情况下，它都不会是某种内在特征迟缓发展，事实证明遗传转移只是一种例外情况，并非必然。那么，我们如何能够推论出类似眼睛这种结构的产生呢？当我们在考虑为数众多方向一致的变化的时候，我们必须在纤毛虫的斑点变为软体动物的眼睛再变成脊椎动物的眼球成为可能之前对这些数据进行统计，我们并未看到遗传，正如我们所观察到的一样，能够决定不同之处的累积，即便是在假设个体努力能够独自产生这些变化的情况下也是如此。这也就是说，新拉马克理论并不比其他的任何一种进化论理论更能够解决这个问题。

在此种情况下，在普通的测试中进行各种进化当前形式的尝试，表明了所有的这些形式的测试都有着同样的不可逾越的困难，但我们绝对不会将它们全部一杆子打死。相反，所有的这些当前形式都有相当大量的事实为支撑，其自身运行的方式必定是正确的。所有的这些都必须对应进化过程中的某一个特定的方面。也许理论应该将其自身限制在某个特定的观点之中，从而保证其科学性，这也就是说，给予所有的眼睛某个特定的细节方向。但是事实却是，所有的这些理论的观点都不全面，它们必须变得全面。这个事实就是哲学中的特殊客体，这种特殊客体并不受精密科学的限制，因为它没有被想要用于任何有实践意义的应用。因此，我们能够用一两个词汇来表述此种积极的贡献，进化的三种当前形式对我们而言都好像是通往问题答案的道路，在我们看来，它们所留下的和这三种努力所做的汇合在了一处，获得了一种更为全面的——尽管因为其必要性而变得不是那么明确——关于进化过程的理论。

---

① 吉尔德，《传递性争论》（*Controverses transjorrtnstes*），巴黎，1904 年，147 页。

我们认为，新达尔文理论中所认为的变化的根本原因并非个体在其生命周期中所经历或者表现出来的东西，而是个体所承载的基因中遗传下来的各种不同之处。我们对这些生物学家的误解在于将基因中遗传的不同之处视为完全的偶然性和特殊性。我们会不自觉地认为，这些不同之处是一种脉动的发展，这种发展在不同个体的基因上相互传递着，它们因此也就不是纯粹的偶然性了，它们可能会在同一时刻，以同一种形式，在各个物种的所有代表身上表现出来。而且，实际上，变异理论正在此点上对达尔文理论进行极大的修正。这种变异理论认为在经历了一段较长时期之后，在某个给定时刻上，整个物种都被围绕在发生变化的倾向之中。这种改变的倾向，因此也就不是偶然的了。诚然，这种改变其自身可能是偶然的，因为根据德·弗里斯的理论，变异会在不同的物种里不同的代表上以不同的方向发展。但是，我们必须首先注意的是这个理论是否能在其他的植物物种身上得到证实［德·弗里斯旨在拉马克月见草（*Oenothera Lamarckiania*）上证实了这个理论］，[①]之后才能得出其可能性，从这时开始，我们应对其进行进一步的解释，概率的作用在动物变化上的影响比在植物身上的影响要大得多，因为在植物世界中，功能性对于外形之间的关系并不是那么的直接。即便如此，新达尔文主义者却更倾向于认为变异的周期是确定的。变异的方向因此可能也是确定的，至少在动物世界中是这样的，我们必须将其指向更深的层次。

这样一来，我们获得了跟艾默一样的假说。这个假说认为不同特征的变化以确定的方向在不同的世代之间进行着传递。艾默的假说在他所持有的限定范围之内对我们而言显得似是而非。当然，有机世界的进化不能作

---

① 然而，我们也注意到了一些类似的事实，它们都存在于植物世界中。参见布拉林根，《物种的概念和突变理论》（*La Notion d'Espece La et Théorie de la mutation*）［《年度心理学》（*Année psychologique*），第七卷，1906年，95页］。以及德·弗里斯，《物种与变化》（*Species and Varieties*），655页。

为整体而被预先确定下来。相反，我们认为，生命的自发性是由一脉相承的新形式的不断创造中被表现出来的。但是这种不确定性是无法完成的，它必定要留下一些确定了的部分。一个器官，比如眼睛，必须要在朝着固定方向进行的连续性变化的过程中才能够形成。实际上，我们并不清楚该如何解释拥有不同发展进化历史的不同物种都存在着眼睛结构上的共同之处。在此理论中，我们与艾默的不同在于，物理和化学原因的组合足以确保这种结果会发生。相反的，我们曾经尝试过用眼睛的例子来证明，如果确实存在着“定向进化”，那么心理上的因素就能够介入。

一些新拉马克主义者确实也注意到了心理属性的存在。在我们看来，新拉马克主义中存在着一个最为坚固的立场。但是，如果这个原因只不过就是个体有意识的努力的话，那么它就不能被用于数量限制更为严格的案例中了——比如在动物世界，而非所有的植物种类中。即便是在动物之中，这也只会作用于受到意识直接或间接的引导的那些点上。即便是在发挥效力的地方，我们也不清楚它是如何在复杂性不断增加的情况下做到这一点的：如果已有的特征能被传递给后代并不断累积的话，这就是可以想象的了；但是这种传递看起来似乎并不符合常理，是一种例外。一种发生在固定方向上，不断累积和自我扩张从而创造出一台越来越复杂的机器的遗传变化是一定和某种努力相关的，但是对于那种在更为独立的周边环境之中，比个体努力更加深层次的努力，以及那种在同一物种中绝大多数的代表身上都是常见的努力而言，它们所拥有的固有东西是存在于自己的基因中的，而非组成它们的物质之中的，因此，在此种条件下，某种努力就能被传递给下一代。

于是乎，在绕了一大圈之后，我们又回到了原点，回到了我们开始的那个理论，即生命原动力理论，这种原动力通过作为连接不同世代的纽带，以基因的形式代代相传。此种动力与进化路线一同前行，并在其中被分化，它是改变的根本因素，至少对于那些被有规律地传递的变化是这样的。总的来讲，当物种开始从芸芸众生中分离出来的时候，它们在进化的道路上会逐渐凸显出自己的与众不同。然而，在某些确定的点上，它们可能会进化出相同的东西，但实际上，它们只会在普遍动力的假说被接受的时候才会这样做。这也就是为什么我们现在必须利用我们已经选定的例子，对软体动物和脊椎动物的眼睛形成进行更为细致的解释原因。这样，“原动力”的理论就会变得更为清晰明了了。

在类似于眼睛的器官中有两个具有同等爆炸性的要点：其结构的复杂性以及其功能的简单性。眼睛是由各个不同的部件组成的，比如虹膜、角膜、视网膜、晶状体，等等。在所有的这些部件中，细节是无穷多的。光是视网膜一个就由三层神经元组成——多极细胞、双极细胞、视觉细胞——所有的这些都具有其特殊的个性，而且毫无疑问的都是极其复杂的有机物：实际上，视网膜薄膜的内部结构都极为复杂，它复杂得让人无法用一种简单的方式来对其进行详尽的描述。简而言之，眼睛的机制包含了无穷多的机制，所有的这一切都拥有极度的复杂性。虽然视觉只是一种简单的动作，只要眼睛张开着，视觉效果就能产生。但就是因为其动作很简单，所以在形成这种具有无穷复杂性的自然属性上有任何轻微的纰漏都会让视觉变为不可能的任务。这种器官复杂性与功能统一性之间的对比成为了我们研究道路上的一块绊脚石。

机械论是能为我们展示在外部环境下——无论是通过对组织的直接作用还是通过选择更为适合个体的间接影响下——机器逐渐被建立起来的过程的理论之一。但是，不论这种理论采取的是哪一种形式，即便它有助于对所有部件的细节进行解释，它也无法阐释清楚存在于它们之间的相互关联。

然后我们又将目光转向终局论理论，这个理论认为各个部件是在一种事先形成的、有某个特定终结点的计划的基础之上被联系在一起的。在这种情况下，这个理论就将自然的工作比作了工人的工作，工人的工作同样也是对某种理念的实体化或者对某个模具的仿制，他们在此基础上将不同的部件组合在一起以达到最终的效果。在这里，机械论用其拟人化的特征对终局论进行了正面的驳斥。但是，从某种程度上讲，这个理论却并未看到自己正在根据这种方法一步步走向支离破碎！不过它倒真避开了其追求的最终结果，或说一个完美的模型。然而这个理论同时也认为自然像人类一样工作，将不同的部件组合在一起，虽然在对胚胎进行粗略观察的时候会得出生命的形成方式与之大为不同的结论。生命并不通过元素的结合和增加来延续，而是通过元素的分离和减少来延续。

但是我们必须越过机械论和终局论这两个观点，将立场置于人类大脑通过思考人类的工作所能指向的那些立场之上。但在哪些方向上我们才能超越这两种观点呢？我们曾经说过，在分析器官结构的时候，我们能对其进行无穷尽的细分，尽管其作为整体时的功能是非常简单的。这种在器官无穷的复杂性与其功能的极度简单性之间的对比是应该能打开我们眼界的道理。

总的来说，当一个方面的物体表现得极为简单，而另一方面的物体则是极度复杂的时候，这两个方面的重要性绝对不可同日而语，或者甚至都不存在于同一种真实性上。在这些案例中，简单性隶属于物体其本身，而无穷的复杂性则属于我们对此物体进行的全方位的观察，属于我们的感官或智能向我们自身所反映的各种符号，或者，更为笼统地说，还属于以某种不同顺序排列的各种元素，我们试图对这种东西进行人为的模仿，但是其自身又始终保持着不可比较性，拥有不同的属性。天才画家能够在画布上画出图像，我们能用各种彩色的马赛克对他的作品进行模仿，我们使用的马赛克的面积越小、数量越多、色阶越丰富，我们就能对他的画作进行越细致的模仿。拥有无数多个体积无限小，能够表现出无限复杂色阶的元素，对于与这位画家作品保持完全相同的效果必不可少的，可是这位画家将其作品视为一个简单的物品，他只希望将其作为整体表现在画布之上，而且它越是完整，作为不可分割的直观投影，对我们的冲击力就越大。现在，我们假设自己的眼睛能够透视马赛克效果是组成的作品，或者假设我们的智能无法将出现在画布上的图像解释为除马赛克拼接之外的其他东西。那么我们就应该简单地表现为小方块的组合，也就处于了机械论假说的范畴之中。我们或许能够增加一些内容，除了实际的组合之外，肯定还存在着某种那位画家所使用的计划，在这种情况下我们又成为了终局论者。但我们在这两个案例中都无法进入到真正的流程中去，因为这些方块都没有被聚拢在一起。画布上反映的就是这副图画，也就是一个简单的动作，通过进入到我们的意识当中，这副作品就在我们的眼睛前面被分解成了数以千计的小方块，经过重新构建，它们呈现出的是一种美妙的排列。所以，眼睛，和其结构上精妙的复杂性可能只是视觉的简单动作，被我们分成了各种的小格子，这些格子的排列顺序对我们而言显得极为壮观，因为我们将其整个存在视作一种组合后的结果。

如果我将自己的手臂从 A 点移动到 B 点，这个动作对我而言从两方面看来是同时进行的。从我自身的内在感受而言，它是一种简单的、不可分割的动作。而从外在来看，它形成了一条特定的曲线 AB。在这条曲线中我能指定任意多的位置，而这条线其本身也可以被定义为所有的这些位置的一种特定的相互位置关系。但是，这些位置的数量是无限多的，它们相互关联的顺序是在我的手从 A 点移向 B 点的这一不可分割的过程中自动跳出来的。在这里，机械论可能就只包括看到这些位置了。终局论会将这些位置的排列顺序纳入计算范畴。但是机械论和终局论都会处在运动现实所在的一边之上。就某种意义来说，运动比位置以及位置之间的排列顺序更具有意义，因为它足以实现其不可分割的简单性，以确保后续位置的无限性以及它们被同时给出的排列顺序——还有另一种既不是排列顺序，也不是所处位置，但是却很重要的东西，机动性。但从其他意义上来讲，运动决不是位置的连续和这些位置之间相关联的顺序，因为，要将各点以一种特定的顺序进行排列，首先就需要拥有此种顺序的概念，然后再在各点上将其实现，在此过程中比如存在着组装的工序以及智能，然而，此种过程的简单运动却不包含此二者。以人类的理解看来，它并非智能，也不是组装，因为这个东西不是由不同的元素构成的。而眼睛和之间视觉的关系也是如此。视觉功能包括的不止有眼睛的组成细胞以及它们互相之间的协调关系：从这个方面来看，不管是机械论还是终局论都无法做出足够的解释。但是，在其他的方面说来，机械论和终局论走得也太远了，因为它们让自然拥有了阿喀琉斯功绩中最为伟大的一种力量，它们认为是自然将视觉的简单行为强化成了拥有无限复杂性的元素的无限性，但是自然在制造眼睛的过程中遇到的困难和我在举起自己的手臂时所遇到的困难一样微不足道。自然的简单动作被它自己自动地分成了元素的无限性，而这些无限多的元素又是与一种理论处于一种协调同一的关系之中，就像我举起手臂形成了无限多个最终满足某个特定公式的点一样。

我们发现要在这种条件下看见事物是非常困难的，因为我们会不自觉地将组合视作制造。但是组织和制造却是两种截然不同的行为。制造是人类特有的，它是将各个互相关联的部件组装到一起的过程，我们在自己能将这些部件组装到一起并依靠它们实现某种功能的前提下将其裁剪出来。可以说，这些部件都是围绕在作为完美中心的那种功能性的周围的。因此，制造就是从边缘向中心工作的过程，或者，就像哲学家们所说的那样，是化繁为简的过程。而在另一方面，组织却是从中心到周边的过程。它从一个几乎是理论点的点上开始，通过不断扩大的同心波环绕在这个点的周围。处理事物的数量越是庞大，制造的工作就越要高效。它通过集中和压缩来产生作用。相反地，组织的过程却带有某些爆炸性：在最开始的时候，它需要最小的可能点，即最少的物质，就好像组织的力量只是勉强进到了空间中。精子是发动胚胎生命中进化过程的要素，它是有机物中最小的细胞之一，它只是真正参与到此种作用中的精子中的很小的一部分。

但是这些都只是表面上的不同而已。我们认为，往它们下面深挖下去，能够发现更为深层次的不同之处。

一个被制造出来的事物将制造工序其自身完整地勾画了出来。我的意思是说，制造者能够在其产品中发现所有他用来制造这个物体的原料。如果他想制造一台机器，那么他必须一个又一个地将其各个部件剪裁出来，然后再拼装到一起：这台机器在被制造出来之后能够展示出所有被使用到的原材料以及组装工序其本身。这整个结果代表了整个工序过程，在这个工序过程中的每一步骤都代表了在结果中相应的某个部分。

现在我们知道，实证科学能够也应该能进行好似制造机器一般的组织。只有这样它才能够将组织起来的各个部件稳定在一起。因为其目的并不是向我们展示事物的本质，而是为我们提供施作用于这些物体上最好的方法。物理学和化学是非常先进的科学，而只要我们通过物理和化学的工序对其进行处理，活着的事物就能够自动上前迎合我们的需求。因此，在被组织的物体最开始被比拟为一台机器的前提下，我们就只能对组织行为进行科学上的研究。众多的细胞就像机器上的各个部件，有机物的组成以及将各个部分组合起来的基本动力都会被视作将其合为整体的动力的真实元素。这是科学的立场。而在我们的主观观点中，哲学的立场与之截然不同。

对于我们来说，组装好的机器作为一个整体，严格来讲能够代表整个组织工序，但是这部机器的各个部件并不与组织工序中的各个步骤一一对应，因为这台机器的物质性并不代表所使用方法的总和，而是代表了被避免的障碍的总和：这是一个被动而非主动的事实。所以，如同我们于前面一个研究中所表明的那样，视觉有能力以一种正当手段获得无限多原本无法进入我们眼睛的事物。但是这样的一种视觉不会在发挥作用时持续存在：它可能适用于某种幻象，但是对于活生生的物体都不适合。一个活生生的物体拥有的是一种有效视觉，它受限于这种活物能够作用的物体范围之内：它是一种受到导向的视觉，视觉器官只不过是将这种导向的作用符号化了而已。因此，视觉器官的创造也不过只是通过将其解剖学元素组装起来，就像开凿运河能够被解释为不过是将一处土壤移开，用于建造河堤一样。机械论可能会认为土壤是被一车接一车地运走的，终局论在此基础上可能还会认为这些被运走的泥土并不是被随机堆放起来的，所有的这些搬运工都在遵守着某个计划。但是，这两种理论都可能是错误的，因为运河的建造其实是以另一种方式进行的。

在更精确的范围里，我们能够通过其本质来讲这个过程与我们举起自己的手臂这一动作进行比较。但是，我们首先要假设在举起手臂的过程中不会遇上任何的阻力。现在让我们开始想象，我们的手臂并非是在空气中移动，而是必须穿过压缩后的钢铁填充物，这种填充物会在手臂前进的道路上产生成比例的阻碍。在某个特定的时刻，手臂会因为力气用尽而被迫停下来，而在这个时刻，这些填充物将以另一种特定的形式互相关联起来，这也就是说，它们会形成手掌以及一部分手臂的样子。现在，假设手掌和手臂都是隐形的。旁观者将在这物质当中，对让这些填充物进行如此排列的原因展开大规模的调查。有些人会将每个填充物的位置变化归咎于其周围填充物施展到其身上的作用：这些人被称为机械论者。其他的人会更倾向于认为其整体的计划对这些元素的移动负有责任：这些人被称为终局论者。但是实际上仅仅存在着一种不可见的行为，那就是穿过填充物的那只手：这些颗粒的无穷尽地移动，以及它们最终停止下来后形成的排列，都在以某种方式被动地表明这种不可分割的运动，它形成了一种阻力的单一形式，而并非是主动元素作用的综合。出于这种原因，如果颗粒的排列被称为一种“效果”，而手的运动被称为一种“原因”，那么我们就能够认为一个作为整体的效果能够被一个作为整体的原因所揭示，但是对于效果中和原因中的某些部分而言，它们是不对等的。用其他话来说，不管是机械论还是终局论在这里都不太恰当，我们必须倾向于某种与之不同的解释。现在，在我们提出的假说中，视觉与视觉器官之间的关系以及之后提出的手和钢铁填充物之间的关系就非常接近了，都是引导和限制其动作的。

手的动力越大，它插入填充物的距离就越长。但是不管它在哪个点上停下来，这些填充物都会分毫不差地自动形成另一种排列顺序，它们中的每一个颗粒都能找到一种平衡、均势。对于视觉和视觉器官而言，也是如此。如果这种不可分割的过程或多或少地为视觉带来了某种进步，那么视觉器官的物质性或多或少地也是由数量相当可观的相互关联的元素所组成，但是它们的排列并不是非要完整得无懈可击的。这种情况不可能发生在某些部分上，因为，真正的过程会在所有的部分上都产生作用。这就是机械论以及终局论都不具备的东西，也是对诸如眼睛这种器官的精妙结构感到大惑不解的、我们所无法理解的东西。在我们迷惑的最底层是这样一种情况，这种协调系统中只有某个部分被我们所了解，对其完整的了解只不过是一种奢望罢了。这种奢望会立即被终局论者通过最终的结果而分配到所有的部分上，而机械论者会通过自然选择的效果一点一点地对其进行解释，但是此二者都在这种协调中看到了某种积极的东西，从而看到了其原因中某些可以被分离出来的东西——某种允许所有可能出现的东西。在现实中，这种原因，尽管或多或少的有些强烈，但它也无法避免在某些部分上产生作用，它会同时在所有部分上发挥效力。如果它在视觉的道路上越走越远，可能会诞生出某种属于低级器官的简单的有色斑点，要么是龙葵的那种简单眼睛，要么是稍有不同的眼蚕眼睛，或者是鸟类那惊人完美的眼睛，但是所有的这些器官，它们的复杂性都不尽相同，但它们所表现出来的相互联系都是相当的。出于这种原因，不管两个动物物种相隔有多远，如果在二者体内朝向视觉的进化都大同小异的话，它们二者很可能就会形成同样的视觉器官，因为视觉器官的外形只能代表其所拥有的功能的适用程度。

但是，在讨论视觉进化的过程的时候，我们难道不会回到老旧的终局论观点上去吗？如果这种过程要求在有意识或无意识的情况下存在着终点思维，那毫无疑问我们会如此。但是，这种情况要凭借生命的原始动力才会真正发生，在此种运动其本身中表明了这一点，而这也是为什么在独立的进化路线上才能发现这种情况的原因。如果现在我们被问及它是为何以及如何被表现出来的，我们可以回答生命和其他所有的东西都不相同，它是一种作用于内部非生命物质的趋势。这种行为的方向并不是事先决定的，因此生命在进化的道路上拥有了众多形式的不可预见性。但是从某种延伸程度上来讲，这种行为总是为我们展示着偶然性的存在，它至少代表了一种选择的雏形。现在，选择包括了关于几个可能行为的预期理念。因此，一定要在动作发生前为活着的生物标示出这些行为的可能性。视觉也不过如此：[①]物体的可视轮廓就是我们对该物体施展最终行为的设计。因此，视觉将以不同的角度，在最为多样化的动物种类身上被我们发现，而且只要它达到了同样的强度就会展示出同样的构架复杂性。

我们一直在广义上对这些结构的相似之处以及诸如眼睛之类的具体案例进行研究，因为我们必须要为自身找到关于一边是机械论，一边是终局论的定义。我们仍然需要对其本身进行更为细致的描述。要做到这点，我们现在应该通过展示进化的各种互不相同的结果，不是为了表现出它们的相似之处，而是表现出它们之间互补的关系。

① 关于此课题，参见《物质与记忆》（*Matière et Mémoire*），第一章。

2. 生命进化的不同方向——麻木、智能、本能

进化过程的普遍观点——成长——对立统一的趋向——发展和适应的含义

动植物间的关系——动物的大体趋向——动物生命的发展

生命进化的主要方向：麻木、智能、本能

智能属性

本能属性

生命和感知意识——人类在自然界中的表面地位

进化运动是很简单的一种运动，我们应该很快就能够确定它的前进方向，前提是生命描述的是一种简单的过程，就像从炮管里射出的坚硬铁球

一样。但是它前进的方式却类似于那颗炮弹，会突然爆裂成很多的碎片，这些爆裂形成的碎片其自身又是一颗颗小小的炮弹，它们也会爆裂成更小的，会再次发生爆裂的碎片，它们就这样在一种无法比较的时间长度中不断进行下去。我们只能看到距离自己最近的东西，那也就是说那些粉碎性爆炸发生时候的那些碎片的运动。从它们身上，我们能够回溯过去，一步一步地来到最初的运动那里。

当一颗炮弹爆炸时，其特定的爆炸方式能够通过其所含火药的爆破能力以及金属抗压力进行阐释。生命爆炸产生个体和物种的方法也是如此。我们认为，这取决于两个系列原因：生命从非生命物质那里得到的抵抗力，以及爆破能力——与一种不稳定的趋势平衡性相关——这种能力是生命其自身就拥有的。

非生命物质的抵抗力是需要首先克服的阻碍。生命通过人性的力量似乎已经成功地解决了这个问题，它将其自身做得非常细小又极富暗示意味，屈服于物理和化学力量，甚至和它们在这条道路上共同行进一段距离，就像其努力离开的轨道上那每隔一段距离就会出现的轨道转换开关一样。在这种生命最简单的形式现象中，很难说清楚它们是否还属于物理学和化学范畴，或是它们是否仍然存活着。生命不得不因此进入非生命物质的领域，从而才能将其一点一点地拉回到原位上去，就像它和另外一条轨道之间有某种磁性吸引力一样。首先出现的动画形式因此也变得极为简单。它们可能是一些质量极小的不同的原生质，表面上类似于今天我们所能观察到的变形虫，但是却拥有着巨大的内部推力，这种内部推力能将其带到生命的最高形式那里。凭借着这种推力，最初形成的那些有机物才能够随意生长。但是有序物质在扩张方面却存在着一种限制，很快它们就会达到这种限制的边缘，在超过了某个点之后，它们开始了分裂，而不是继续生长。数个世代的努力和微妙奇迹的发生对于跨越新障碍的生命来说可能是必不可少的。它成功地实现了元素在数量上的增长，为分裂做好了准备，而且还让这些元素团结在一起。通过力量的分裂，它用一种不可溶解的纽带将这些元素捆绑在一起。这种复杂的、准间断的有机物因此就包含了功能性，而连续的活着的物体就仅仅只是生长得越来越大。

但是分裂真实和巨大的原因其实是那些生命自身所拥有的。因为生命是一种创造的趋势，而且趋势的本质就是在捆扎的形式中发展的，其方式是通过自身的增长，在不同的方向中，它的动力被分化了。我们都能够在自己身上观察到这一点，在进化中，我们将这个特殊的倾向称为自己的特性。我们中的所有人在回顾历史的时候都会发现人类孩子身上所具有的特性，尽管是不能被看到的，但是它们却在不同人的身上共同存在着，这些特征会因为他们尚且处在孩童时期而被暂时地掩盖住：这种充满了希望的犹豫不决是人类孩童时期最富有魅力的众多特征之一。但是这些互相交织的个性在成长的过程中会变得互不相融，于是，我们中的所有人都只拥有一次生命，我们在迫不得已的情况下就做出选择。我们在现实中会进行各种不间断的选择，同样，我们也会永不间断地放弃很多东西。我们沿着时间的大道行走，足迹散落在所有我们自开始的时候就拥有，后来还剩下的东西之上；散落在我们可能会在未来拥有的东西之上。但是自然包含了无数的生命，它与我们所做的此类牺牲毫无瓜葛。它用那些分裂各个物种的连串事物来创造那些将会分开进化的物种。

此外，这些连串的事物其重要性可能各不相同。在一本小说写作刚刚开始的时候，作家会赋予自己的主人公很多东西，而随着故事的进展，这些东西都会被丢弃。也许这位作者可能会在自己的其他书中让这些东西再次出现，将它们赋予新的人物，这些人物看起来可能就像从第一个人物身上分裂而来，甚至可能是其身上的某种特征的再现，但是他们与第一个人物比起来在某种程度上又都存在着某些不足和缺陷。在观察生命进化的时候也是如此。进化道路上的分叉数量是非常之多的，但是在两三条高速公路周围存在着很多的死胡同，而对这些高速公路而言，其自身中只有一条路通往能进化成人类的脊椎动物，这条路非常宽广足以成为通往完整生命气息的免费通道。这个理念是在我们比较蜜蜂和蚂蚁社会与人类社会的时候所得到的。其中，前者具有极强的组织性和统一性，但是异常单调，而后者对所有的过程都持开放态度，但却呈现分裂的状态，而且自身内部会形成强烈的争斗。理想的状态是，一个社会，总是处于进步当中，而且一直非常协调，但是这种理想状态可能是无法实现的：两种互相完全不同的特征，即便在胚胎时期能够完全互补，但是在变得强大之后它们也绝对无法互相融合。如果一个能够体现出通往社会生命的冲动，那是不是可以说这冲动的动力一直存在于终结于人类的进化线路呢，然后余下的部分都留给了通往膜翅目昆虫的道路：蚂蚁和蜜蜂的社会也就是由此才呈现出和我们互补的一面。但实际上这不过是一种外在的表现而已。并没有专门针对社会生命的冲动；这只是生命的普遍运动，其上的分支总是在创造新的生命形式。如果社会能出现在这些分支中的两个上，那这两条分歧的道路将会同时出现。由此，它们发展出了两个等级的特征，而我们也能从中找出模糊的互补关系。

于是我们对进化运动的研究必须阐明一定数量的分支方向，并评估各个线路上所发生的事情的重要性——简而言之，就是去确定各分散趋向的属性，然后评估它们的关系。然后，将这些趋向合而为一，我们就能得出这起推动作用的不可分割的动力原理的近似值，或某种模拟值。由此，我们就得以证明，进化并不单纯是机械论者所认为的一系列适应环境的行为；更不是目的论所说的是在实现一个全盘计划。

适应环境的确是进化中必不可少的手段，这个我们暂且不说。显然，如果一个物种不能适应它所生存的环境，那它必死无疑。然而，我们必须认识到一点，那就是认为外界环境是进化不得不去面临的观点，和说它是进化的直接原因的观点，并不是一码事。后者正是机械论的观点。它绝对地排斥了原始冲动的假说，我的意思是，它排斥了一种推动生命的内在力量，这股冲动的形式越来越复杂，目的也越来越高层。而这冲动是显然存在的，仅需瞥一眼化石，你就能看出生命压根儿不需要进化；或者仅在一个有限的范围内进化——前提是，如果它一开始就做出了正确的抉择，选择了一种于自己很方便的形式。这种有孔虫自志留记开始就没有再进化过。海豆芽也是，它们至今都和古生代时期一样，这些一动不动的家伙经历了多次浩劫，仍静观着地球的沧海桑田。

事实上，这些适应说明的是进化运动的蜿蜒曲折，而非进化运动的普遍方向，它仍然要低于运动本身[①]。就像通往镇上的小路，不也是跟随小山上浮下沉的吗？地面本就不平，它不得不让自己适应；但这路可不是为了这地上的坑坑洼洼而修建的，更别说它所通往的方向了。无论何时何地，铺路的人都会涉及一些必不可少的因素，在这个例子中，就是路面所基于的土壤；但如果我们从整体上来考虑这条路——而非东一段西一段来看——我们就会发现土壤的凹凸不平顶多只能让工程延期，道路所指向的终究还是小镇，一眼望去它还是一条直线。这个例子很适合生命进化和它所基于的环境——要说不同的话，那就是进化并非一条实在的线路，它的各个方向也永无终点，而且哪怕是在适应，都能富有创意。

但是，如果生命进化并非是一系列针对环境突变而进行的适应，那它也不会是对一个计划的实现。计划都是预先制订好的。在被实现之前，它是会被体现——至少可以被体现——出来的。要想完全将之实现，那是猴年马月的事了，甚至会被无限期搁置；但它的宗旨依然可以在当下、利用已然给出的条件进行推算。相反，如果进化是一种永无止境的更新创造，那随着它的发展，它不仅创造出了生命的形式，同时还创造出了能够被智能理解的宗旨，以及能够用以表现它的条件。这就是说，后浪总是推前浪，

---

① *M.F.马琳在一则关于物种起源的著名文章中提出了这种适应观点，该文名为《物种起源》（L'Origine des espèces）[发表于《科学杂志》（Revue scientifique）1901年11月刊，580页]。*

未来可不是一个宗旨就能说清的。

这是目的论的第一个错误。与之紧挨的是另一个更为严重的错误。

如果生命是在体现一个计划，那它越是前进，就越该体现出一种更深层次的协调，就像工程师修房子，随着砖瓦的堆砌，实景就会越发类似效果图。而相反，如果在推动生命沿时间之路前进的冲动之中，我们找到了生命的一致性，那这协调就不是居于首位，而是排在后面的了。这种一致性源于一种后面的动力：它在开始的时候以一种冲动出现，而不是挂在终点当诱饵。在它的自我沟通之中，冲动分裂得越来越多。生命，相对它的过程来说，分散在各种表象里，而这表象毫无疑问都归结于它们共同的起源，事实上它们都以各自的特征相互补充，但同时也相互排斥和对立。于是物种之间的不协调还会继续加强。的确，我们仅仅只是指出了它的本质原因。出于简单明了，我们已经假设过，每个物种各自保有此种冲动然后传递给其他物种，然后在生命进化的各个方向，传承都是直线式的。但是，事实证明，的确有延迟进化的物种；的确有退化了的物种。进化，不单指向前的运动；在很多案例中，我们都能观察到一个时间界限，更常观察到的是偏离和返回。正如我们在后面会讲到的那样，这是一种必然的现象，导致进化分支的原因同样也会导致生命偏离自己的轨迹，沉迷于它所带来的前景中。由此带来了越来越多的不协调。如果进步意味着在初次冲动所带来的普遍方向上无止境的前进的话，那毫无疑问这就是进步；但这进步似乎只出现在进化的两三条越来越复杂、越来越高级的主线上；这几条主线之间还夹杂着无数支线，相反的是，这些占据大多数的支线却在偏离、受阻、倒退。那些事先就认定每个细节都与大计划相连的哲学家们，在用这种理论去检验事实的时候却一次次地碰壁；而且，当他们把万物都置于同一级别的时候，由于其自身不认为结果是出于偶然，所以干脆把万物都视作偶然。那么，他们就得先为偶然设定一个定量，而且是一个非常自由的定量。我们必须认识到，自然中的万物不是拥有连贯逻辑的。一旦认同了这一点，我们将得以一探在周围凝聚这不连贯的中心。这种凝聚本身将会澄清余下的内容；主要的方向将会显现，生命在其中运动的同时，原始冲动也在发展。的确，我们不会目睹一个计划在每一个细节上的完成。就实现而言，自然要比一个计划更全更好。计划意味着劳神费力：它关闭了被它指明了形式的未来。相反，在生命进化之前，通往未来之门大大的敞开着。借助最初的运动，进化将永无止境。这个运动构成了有机世界的一致性——一个无限富饶的一致性，超乎于任何智能的想象可及，因为智能不过是它的一个方面或一个产物而已。

只是，诠释这个方法要比运用这个方法容易得多。正如我们所言，要对过去的进化运动做出完整的诠释，必须先知道有机世界的发展史。而实际情况并非这样。为不同物种制定的谱系通常都经不起推敲，又因作者和作者所基于的观点不同而各不相同，接着就引发出当代科学尚无法给出最终答案的争论。然而，对不同结论的对比显示出，它们更倾向于在一些细节问题上大做文章，却不太牵涉主线上的内容；由此，通过紧跟主线，我们将会确保自己不剑走偏锋。再者，只有它们才对我们重要；因为我们不同于自然学家，我们不是要找出各物种的连续秩序，而是要且只要确定出它们的进化方向。也并非所有的方向都对我们有意义：最吸引我们的是那条引向人类的道路。因此，我们在追随条条道路之时，不能忘了我们的目的是要确定人类与动物王国之间的关系，以及在整体有机世界中动物王国所处的位置。

在开始第二点之前，我们得首先说说，动植物之间并无明显特征的区分。尝试确定两者区别的行为无一成功过。就某种程度而言，没有什么植物生命的特征不出现在动物生命中，也没有什么动物生命的特征不出现在植物世界的某个物种或瞬间。于是，那些沉醉于清晰概念的生物学家们自然而然地会把两者之间的区别看成人为的。如果要像数学家和物理学家那样，必须为某物找出一个别的物种所不具备的静态特征，并以此来做界定的话，他们也许就是对的。在我们看来，适用于生命科学的界定方法是完全不同的。没有哪个生命表象未包含其他生命表象的本质特征，即便它尚处于潜在的初级状态。不同之处就在于所在比例的高低。只要我们能够证明这不是巧合，那这种比例的差别就能够用来界定种群，而这种群在发展的过程中强化自己的特点。一句话来说，既只能用有无强化特征的趋向，而非用是否拥有特征的现象来界定种群。从这样的观点来看，只要重视趋向而非状态，我们就会在动植物之间找出精确的界定和区别，发现它们关联于生命的两条不同分支。

此二者的分歧首先体现在摄取营养方面。众所周知，植物可以从空气、水分和土壤中直接获取生命所需的养料，尤其是碳和氮，是以矿物形式被吸收的。相反，动物必须通过植物，或其他把这些植物直接或间接摄入体内的动物，才能获取营养。所以说到底还是植物养活了动物。事实上，这条法则在植物世界里也不是完全通用。我们毫不犹豫地将茅膏菜、捕蝇草、捕虫堇等食虫植物归入了植物的范畴。另一方面，盘踞在植物世界里的真菌却活得像种动物：无论是靠发酵、腐生还是寄生，它们都是靠已经形成的器官组织来获取营养。由此可见，具体情况终须具体的分析，我们无法通过获取营养的区别来做一个静态的界定，一刀划清动物和植物的界限。但它们之间的不同却可以为二者的动态界定提供一个起点，当中标注出了动植物各自发展的道路。有个显著的事实，真菌安身于世界各地，数量之多难以想象，但它们却不能够进化。它们的有机形式并不高于组织，而在偏高等级的植物中，这种组织是在子房的胚囊中形成的，且先于新个体胚芽的发育。 它们可以被称为植物世界中的流产儿。它们的各种类仿佛只是一连串的死路，似乎放弃了植物的营养摄入方式的它们都被带入了植物进化大道上的一个停顿点。而茅膏菜、捕蝇草和捕虫堇以及通常的食虫植物则和其他植物一样，从根部吸收营养；同样，它们也用自己绿色的部分去固定大气碳酸中的碳元素。它们的猎捕、吞噬和消化昆虫的能力多半都是因后来的一些极端情况才发展出来的，例如土地无法提供足够的营养。那总的来说，只要我们不过于在意特征的表象而把注意力放在它们的发展趋向上，只要我们把让进化持续前进的趋向视作本质趋向的话，我们就可以说植物与动物之间的区别在于前者可以把从空气、大地和水中直接得来的矿物元素转化为有机物。但如今我们遇上了另一个更为深层次的区别，不过它和以上的内容并无联系。

动物无法直接摄入随处可见的碳和氮，它们必须搜寻包含这些元素的植物，要么就是那些已经从植物中获得了这些元素的动物。于是，动物不得不动。从在水滴里靠扇动假足搜捕有机物的阿米巴原虫，到具有搜寻猎物的感知器官和运动器官，以及协调感觉和运动的神经系统的高级动物，动物的生命在整体上看是以它们在空间中的运动为特征的。其最基本的形式为一小堆顶多裹着一层类蛋白膜的原生质，这层膜让它们得以自由地改变形状和运动。相反的是，植物细胞被包裹在一层纤维素薄膜中，这让它们不能移动。而且，在植物世界中，从最底层到最高层的个体都在强化这同一个习性，它们不需要移动，只需要从周围的空气、水和土壤中直接摄入矿物元素就行。现实中其实也有会动的植物。达尔文在一本著作中展示了攀援植物的运动。同时他还对一些食虫植物——诸如茅膏菜和捕蝇草——捕食猎物的才能进行了研究。金合欢是种敏感的植物，它的叶片运动众所周知。不仅如此，从植物叶鞘内的原生质循环，我们也能见证出其与动物原生质之间的联系。同时，在很多动物物种（通常都是寄生虫）中，有能观察到类似植物才有的固定现象。这里，再一次，我们不能就固定或移动这两个特征来区分站在面前的东西是动物还是植物。但在动物界中，固定通常看上去都像是该物种陷入了一种麻木状态，不愿在往特定的方向进化下去；寄生虫就是这样，它的特征极似植物的特征。另一方面，植物的运动方式既没有动物那样的频繁也没有动物那么多的花样。通常来讲，它们仅仅演变自身的一部分，几乎从来不会延伸到整个身体。偶尔有些例外，植物会表现出一种主动性，似乎是一种沉睡许久的活力意外苏醒了。简而言之，虽然无论移动还是固定都既存于植物又存于动物的世界，但显然前者更趋于固定，而后者更趋于移动。这两种相互对立的趋向清晰地指出了两条进化道路，而这两条道路足以界定何为植物何为动物。然而，再一次，固定和移动不过是一些更深层次趋向的外在表现而已。

移动和感知之间存在着一个显而易见的关联。毫无疑问，高级有机物的感知力似乎绑定在某种理智机制上。神经系统越是发达，它对运动能做出的选择就更为丰富和精确；同样，与之相伴的感知力也更为清晰。但是，无论是这种运动，还是这个选择，还是因此而来的感知力，都不是神经系统出现的必要条件；后者只会成型于一些特定的方向上，分散于大量的有机物质之中，然后进入更高的强度等级，进入一种初级而模糊的活动中。我们越是观察低等的动物，越能发现它们的神经系统更趋于简单，与此同时，各物种之间的差异也随之增大，直至神经元素完全消失于分化程度较低的有机物中。然而，器官之间也是如此，组织结构也是如此；如果因为一只动物没有大脑就宣称其不具备感知力，其荒唐程度不亚于因为它没有胃而宣称其不能摄入营养。事实上，正如其他系统，神经系统也产生于劳动分工。它并没有什么新创的功能，只是通过给予它反射和自主的双重形式，把强度和精确度带入了更高的等级。为了完成一次真正的反射运动，它需要一整套存在于脊髓或骨髓中的机制。为了在数条已确定的活动线路中做出自由的选择，它需要各种大脑中枢——这是一个交叉口，各岔路的起点皆位于此——通往各种形式不同却又同样精确的运动机制。但在神经元素所不及，尚未聚合成一个系统的地方，反射和自主会以一种类似分裂的方式形成某个东西，而这东西既不具备前者的机械精确也不具备后者的智能游移。但它是一种尚未确定的反应，且也极为少量地参与了这两项行为，因此也具备模糊的感知力。这就是说，最低级的有机物，其感知力与其自由移动的能力成正比。在与运动的关系中，感知力是因还是果呢？某种意义上它是因，因为它指导着移动。但从另外的角度来看，它又是果，因为是它在维持动力活动，而且，一旦活动消失，感知力就会消亡，至少都会陷入沉睡。很久以前，诸如根头虫之类的甲壳动物必定曾有过分化程度更高的结构，固定和寄生随着退化出现，神经系统几乎完全消失。那么，在这个例子中，可以看出只有把所有的感知活动都定位于神经中枢上，有机物才可以进化。我们还能得知，这种动物的感知力甚至比分化程度更低、压根儿就没有神经中枢却又保有移动能力的有机物还要脆弱。

那么，那些扎根在地上，就地取食的植物，又是如何在感知活动的方向上发展的呢？那些包裹着原生质的纤维薄膜可不仅仅只让这些最简单的植物不能移动，还能在某种程度上让它免受作用于动物敏感神经上的、使之免于睡觉的外界刺激。由此，植物没有感知。然而，又一次，我们不得不注意一些根本上的分歧。“无感知”和“感知”并不是能被机械地各自粘贴于植物细胞或动物细胞上的标签。当感知力沉睡退化为丧失移动力的寄生虫体内时，它也可以苏醒在获得了自由移动能力的植物中，此时它的苏醒程度与这种植物所获取的自由度一致。不过，感知和无感知仍然标注出了此二者所发展的方向，基于这样的看法，欲寻找感知动物的最佳样本，我们必须上升至该类物种的最高形式；欲寻找感知植物的可能案例，我们必须尽可能下降至植物类的最低层次——例如藻类的游动孢子，更普遍一点，下降至那些尚游离于动植物之间的单细胞有机物。就此立场、就此范围，我们应该以敏感神经和觉醒后的感知力来界定动物，以无敏感神经和沉睡的感知力来界定植物。

总的来说，植物从矿物质里直接制造有机物；有了这种能力，它得以免于运动和感觉。而动物呢，不得不四处觅食，于是走上了运动行为的发展路线，所以拥有了越发清晰、丰富的感知力。

现在，我们似乎发现动植物细胞拥有一个共同的根源，而最初的生命有机物是游离于动植物之间，同时拥有两者特征的。的确，我们方才看过了此二者的特征进化趋向，虽然有所区别，但又相互依存，同时出现在动植物两者之中，唯一不同的就是所占比例。通常情况下，这两种趋向之一会覆盖或摧毁另外一个，但在个别环境中那被压抑着的趋向将会重返舞台，夺回自己失去的位置。植物细胞的移动力和感知力并非不可唤醒，在条件允许或不得不觉醒时，它们将会焕发生机。另一方面，动物的进化一直以来都在被潜藏于它的植物趋向拖着后退，所以曲折、停滞甚至倒退。无论怎样充分，无论动物的特征呈现出怎样的活力，麻木和无感知一直在静待着时机。动物完全是靠疲惫的努力才保有这种特性，在它们进化的道路上，充斥着无数缺陷和衰败的实例，而这通常都与寄生习性相关；它们就是无数变道植物生命的样本。由此，所有证据都承载着一个共同的观点，即动植物同根同源，它们的祖先结合了这两种趋向最本初的状态。

但这两种在最初阶段共生的趋向一旦发展起来便不可同存了。于是有了拥有固定力和无感知力的植物，有了拥有移动力和感知力的动物。在解释这种分化的时候，并无涉及神秘力量的必要。只需一点便足够，生命会自然地倾向于对自己更为便利的方式，只是植物和动物各自选择了两种不同的对自己便利的方式，来获取碳和氮而已。植物不间断且机械地从不停提供此类元素的环境中摄取它们；动物在感知力的指导下，通过间断的行动和瞬间的行为，在已经固定了此类物质的有机物上寻找它们。它们各自付出着自己的努力，换句话说，各自享受着自己的闲暇。也正是因此，我们才会怀疑自己能否在植物身上找到神经系统——无论形式多么原始。我们相信，它与动物持有的指导性意识是相对应的，是当它在用光将碳酸中的碳从氧中分离出来的时候，转化太阳辐射的能力。而它与动物持有的感觉能力相对应的则是它的叶绿素对光的易感性。现在可以看出，一套神经系统首先得是一个能协调感觉和意愿的机制，而植物真正的“神经系统”似乎是一个能协调易感性和叶绿素光合作用的独特机制——或者换个词来说，独特的化学过程：由此可见，植物并不具备神经系统，在植物身上，这种给予动物神经及神经中枢的冲动肯定已经完结了，取而代之的是进行光合作用的能力[①]。

对有机世界的初步窥探让我们得以更精准地把握是何物将这二者联合，又是何物将它俩分离的。

正如我们在前一章中讲到的那样，假设在生命的源头存在着一种努力，它朝物质存在的必然性灌输了极为大量的不确定性。这种努力不可能带来能量的创造，或者，就算它能，但那新能量的大小也不是我们靠感官和仪器能够测量出来、靠经验和科学能够推算出来的。那么，这个努力所能做的，就是在最大程度上开发已然存在的能量。现在，它发现只有一种方式可以办到这一点，那就是紧抓潜藏在物质当中的那些慢慢积累起来的能量。这样一来，它可以在任何需要行动的时候，只需牵一发，便可动全身。这种努力本身只会占据已被释放出来的能量。然而释放的过程，虽然总是等于或小于任何可被测算的量，但会随着重量越大、高度越高而越为有效——换句话说，可支配的潜在能量积累的越多，它就越为有效。现实情况中，我们星球表面最主要的能量来源就是太阳。而问题就在这里：从太阳那里获得它不断输出，却又部分悬留于地球表面的可用能量，然后将其适当地储存起来，留给需要的时候，用在需要的地方，朝着需要的方向。构成动物的食物的物质就是这样的能量库。它们由非常复杂的、蕴含着潜在化学能的分子构成，就像炸药，只需一点火花就能把能量释放出来。那么，很有可能生命在一开始的时候就同时拥有这个炸药和它所需要的爆炸能力。这么说来，这些直接贮存了太阳辐射能量的有机物，在自由的空间

① 就植物而言，在某些情况下，潜伏于它们身上的积极活动能力会得以恢复，动物也是一样，在一些特殊环境下，它们也可以把自己转化为植物的生命形式，然后自行发展出等同于光合作用的功能。事实上，玛利亚·冯·林顿的最新实验表明，一些鳞翅目的蝶蛹和幼虫能在光的作用下固定大气碳酸中的碳元素。［详见玛利亚·冯·林顿的《鳞翅目昆虫对碳酸的摄入》（*L'Assimilation de l'acide carbonique par les chrysalides de Lépidoptères*）］。

运动中又将其释放了出来。正是出于这个原因，我们必须假设，第一批生物在不停地积累太阳能量的同时，也在运动中以间断且爆发的方式释放能量。也许，就算是在当下，那些带有叶绿素的纤毛虫——例如眼虫藻属——仍然呈现出了这种原始的生命趋向，虽然形式低劣，不可进化。动植物之间的发展分歧是否可被归结为对这个过程中两条岔路之一的遗忘？或者，更有可能的是，是不是因为生命在这颗星球上所遇见的物质的根本属性拒绝了让共存于一个有机物身上的这两个趋向都能拥有长远的发展？可以确定的是，植物主要趋向于第一种，动物主要趋向于第二种。但如果自然在一开始制造这些炸药的目的就是为了爆炸，那么动物——而非植物——的进化就在全局上成为了生命的根本方向。

动植物之间的“融洽”，它们各自扮演的互补角色，可能正归结于在最初之时合二为一的那个趋向在它们身上都得到了发展。这种单一的原始趋向越是发展，越是难以在一个生物体内统一这两种原本相互交融的特质。由此分道扬镳，踏上了两条不同的进化之路；由此出现了在某些方面对立或互补的两种特征，而无论是对立还是互补，它们永远维系着一种共生的关系。当动物顺着不无曲折的道路，面朝一种在需要之时能越发被自由消费的能量进化之时，植物却选择了扎根原地，静静地积攒能量。我们不打算过于纠结这第二点。需要说明的是，在一个类似于动植物划分的新划分中，植物必将成为最大的受益者。最原始的植物细胞不得不独自固定碳和氮，但就在拥有超强氮固定功能的微生植物出现之后，它几乎就可完全放弃这个功能，甚至在碳固定的功能上提升几个层次。固定空气中氮元素的微生物，以及那些将氨化合物转化为氮化合物，再转化成硝酸盐的微生物，在最原始趋向的分裂中，它把整个植物世界内部的关系也分化成了植物相对动物那样的关系。如果能为这些微生植物建立一个特殊的王国，那就可以说，在这片领域内的微生动物及植物中，我们可以看见所有在最初被包含于一种相互关联状态的生命的分解，它源自生命在这个星球上找到的可支配的物质。那么，说这是一种“劳动分工”是否比较恰当？正如我们之前所说，这四个字并不是进化的真实概念。存在劳动分工的地方，必然存在联合且聚合的努力。然而，我们所说的进化从来都是以分散而非联合的形式获得成功。它从不走向聚合，反而走向分叉的努力。在我们看来，那些存于特定事物之间的互补而融洽的关系，并非是在进化过程中因对适应环境的需求而产生的；相反，它只在一开始的时候才是最完整的。它始于原始的一致性，始于进化过程的事实——最初的时候，它们相互依存，完美互补——像一捆线束被分散开来，对应着它们的同步发展。

然后，那些被归入分裂趋向的元素其重要性也各不相同，换句话说，它们的进化能力各不相同。可以说，我们方才在有机物的世界中区分出了三个不同的王国。第一个只包含尚处于初级阶段的微生物，而动物和植物则朝着令人羡慕的命运飞去。事实上，这就是划分趋向之后的普遍现象。在发展中的各种趋向当中，有的会无限延展下去，有的则或快或慢地走向各自的极限。后者并不直接来源于原始趋向，而是来自它的分支元素；它们是一些还将持续进化的真正基础趋向所制造和遗留下来的残余物。现在，我们认为这些真正基础的趋向承载着能够将其识别的标志。

这标志就像一个仍可看见的轨迹，标注出了代表基本方向的原始趋向中所蕴含的东西。一个趋向之中的元素并不是紧挨在一起的相互排斥的物体，它们更像是精神状态，虽然开始的时候总是孤零零的，但它们中的个体总会相互分享，于是最终它会包含它的主体的全部特质。没有什么是真正的生命表象。相反的，当我们在进化的一条线路上看见了本应发展于其他线路上的潜伏于原始记忆中的能力（*recollection*），我们就必须指出在我们面前的是从同一个原始趋向中分离出来的元素。在这种观点的指导下，植物和动物展现出的是生命发展的两条主要分支。虽然植物因固定和无感知而被区分于动物之外，但移动力和感知力却仍然沉睡于它体内，作为原始记忆的能力，随时可能觉醒。但是，除了这些通常都处于沉睡状态中的能力，还有一些其他活动中的，并不阻碍基本趋向本身发展的能力。我们可以制定这么一个法则：当一个趋向在它发展的道路上出现分歧的时候，每一个由此产生的细分趋向将会尽力去保留并发展原始趋向中的每一个与它现在的细分工作不相冲突的特质。这非常精确地解释了我们在上一章中探讨的问题，换言之，即在各自独立的进化线路上出现了相同的复杂机制。这种存在于动植物之间的深层次的相似也许并不存在其他的原因：生殖繁衍也许只对植物而言才是奢侈行为，对动物来说它可是必要行为，而将植物推到这一步的冲动肯定正是将动物推到这一步的冲动，这种最本初的原始冲动要先于这两个物种的分化。可以说，植物朝着复杂化发展的趋向也是一样。这种趋向是动物世界的根本，一直受到对越发广泛越发见效行为的需求的困扰。而对处于固定性与无感知的植物来说，它们呈现出这种趋向的唯一原因就是在最初承受了同样的冲动。最近的研究显示，当“突变”来临之时，植物所进行的改变是随机的；但我们相信，动物必定是在一条确定性高得多的线路上进化的。然而，我们不会在生命的原始双线条问题上做深入的探讨。让我们走进动物的进化历程吧，这才是我们更关心的东西。

我们说过，构成动物性的能力可以利用一种释放机制来将尽可能多地贮存起来的潜在能量转化为“爆炸”行为。最初的时候这种爆炸是偶然的，并没有预先确定好的方向。阿米巴原虫就是同时朝所有方向伸出它的假足。但是，随着我们在动物界的发展，可以看出身体形式其本身指明了一些非常明确的方向，而能量就是顺着它们传输的。大量神经元素将这些方向标注了出来。现在，神经元素逐渐从尚未分化的有机组织中显现了出来。因此，我们可以推测，在神经元素出现的时候，在它及它的附属物里，就已经拥有了能够将逐渐积累起来的能量突然释放的机制。毫无疑问，任何一个活体细胞都在一刻不停地释放着能量，以维持生理的平衡。而从一开始就陷于麻木的植物细胞，则全神贯注地从事起了这种维持工作，似乎它把这种在最初只是方法之一的手段一路坚持了下来。然而，在动物里，所有一切都指向了运动，这意味着一切都指向东奔西走的利用能量。是的，每一个动物细胞都会在维持生命的时候释放出足够分量——通常是全部——的能量；但作为整体的有机物会试图去吸引尽可能多的能量，让其进入动力运动生效的部位。所以，在有神经系统以及与之互补的感觉器官和动力储存器的地方，事情就应这样，即身体的其他部位仿佛是在为它们做准备，并在需要的时刻把能量传递给它们，迫使它们以某种形式爆炸出来（这是它的根本功能）。

实际上，在高等动物之间扮演食物角色的东西是极端复杂的。它首先要为器官提供修复功能，然后提供动物所必需的热量，让其能在外界温度变化的时候，尽可能独立地释放它们。因此，是它维持并支撑着有机物，神经系统就存于后者当中，神经元素也必须靠其存活。而一旦有机物不再向神经元素——尤其是它们掌控下的肌肉——传输它们所要释放的某种能量，那它们就完全无法存活。甚至可以这么推测，总的来说，这就是食物的根本及最终的目的。这并不意味着食物的绝大部分被用到了这个作用里。也许要花费大量的支出才能确保精力恢复，在扣除收集能量时的耗费之后，它将会消耗完的总量也许非常之小：这个总量依然是精力以及为了恢复精力而消耗能量的原因。所以动物需要的是食物中的能量。

似乎有许多事实指出，神经及肌肉元素与其他有机部分处于这样一个关系当中。先看看在各生命体中，不同元素之间的营养物质分布。这些物质能分为两类，一类是四价的，也称类蛋白，另一类是三价的，包括碳水化合物和脂肪。类蛋白具有很好的可塑性，注定会被用作组织修复——然后，归功于它们所含的碳，它们偶尔还能提供能量。但供给能量的功能在第二类营养物质中有着更为独特的发展：它们并不是构成细胞的一部分，而是直接置于细胞当中；它们以潜在化学能的形式运输能量，并把它们直接转化成运动或热能。简而言之，类蛋白的首要功能就是修复机体，而另一类则是提供能量。自然地，类蛋白并无其他什么特别使命，因为机体的任意部位都需要维护。但其他物质并非如此。碳水化合物的分布极为不均，但对我们而言，这种分布上的不均匀具有最高级的启发意义。

以葡萄糖作为传输形式，以血液作为传输媒介，这些物质化作肝糖原存在于构成组织的各类细胞中。我们知道，肝脏的一个主要功能便是将血液中的葡萄糖含量维持在一个稳定的状态，而办到这一点的就是肝细胞中的肝糖原。那么，在这葡萄糖循环和肝糖原积累中，我们可以很轻易地发现，有机物的一切努力都是为了向肌肉元素和神经组织提供潜在的能量。有机物以两个不同的方式运作，结果都殊途同归。第一个方式中，它将储备好的大量能量提供给了肌肉细胞：相比其他组织，肌肉中蕴含的糖原总量是非常之多的。相反，在神经组织里，储量则非常小（神经系统的功能仅为释放储备在肌肉中的潜在能量，它从不在同一时刻去做过多的事情）；然而，值得注意的是，这些储备会在被释放出去的时候由血液补充回来，以此保证神经能够立刻重获潜能。所以我们说肌肉和神经组织都是很幸运的，前者贮存着大量的能量，后者总会在需求之时获得其意愿范围内的补充。

说得更具体一些，这种潜在的能量是来自需要肝糖原的“知觉—动力”系统，就像是有机物的其余部分仅仅是为了给神经系统以及它控制下的肌肉输送能量一样。是的，当我们把神经系统乃至“知觉 - 动力”系统所扮演的角色视作有机生命的调节器时，很有可能会出现一个问题，在神经系统与身体其他部分交流的这种良好职能之中，它是否真的就是身体所服侍的主人呢？可一旦我们能考虑到潜在能量——哪怕仅在静止的状态下——在组织中的分配，我们就会偏向这样的假说；而一旦我们想到了能量释放和贮存的条件，我们就将完全认同这一种说法。假设“知觉 - 动力”系统和其他系统一样，同属一个等级，存在于整个有机物当中的它会静待潜在化学能的超标，否则不会执行任何的运作。相当于说，正是肝糖原的产物在调节神经和肌肉的消耗。相反，如果“感觉 - 运动”系统真是主人，那它运作的持续时间和覆盖范围将会——至少在一定范围内——独立于它所保有的肝糖原储备，甚至独立于整个有机物所保有的肝糖原储备。它将运作起来，同时其他组织会尽可能地为其提供潜在的能量。这恰好就是事实的样子，正如莫拉特和都佛的实验所显示的那样[①]。肝糖原的功能依赖于控制它的敏感神经，而敏感神经的运作又从属于某物对运动肌的刺激——这么说来，肌肉在不计成本的运动中消耗掉了糖原，也耗尽了血液里的葡萄糖，最后让不得不朝耗尽糖原的血液中补充储备糖原的肝脏开始生产新的糖原。如此一看，一切都是从“知觉 - 动力”系统开始；一切都汇聚于这个系统；而我们也可以直截了当地说，有机物的其余部分都是在为这个系统服务。

我们再来思考一下长期绝食会带来的后果。在那些被饿死的动物中值得我们去注意的是，虽然它们的大脑几乎完好，但身体的其他器官却多多少少地减重了，同时细胞也承受了深度的异变[②]。这看上去似乎是身体的其他组织曾竭尽所能地维持神经系统的完好，仅把自身当作全神经系统的一种手段。

总结一下：长话短说，只要我们同意依据“知觉 - 动力”系统去理解大脑—脊髓神经系统以及在它其中的知觉器官和它所掌控的肌肉组织，我们就可以说，高级有机物于本质上就是在消化、呼吸、循环、分泌（诸如此类）系统上加装了一套“知觉 - 动力”系统；上述的几种系统其功能在于修复、清洁和保护后者，创造出持久的内在能量，以转化为动力

---

① 详见1892年《生理学档案》（*Archives de physiologie*）。

② 德·马纳塞涅，《完全失眠症影响的实验观察》，[出自《生物学档案》（*Arch. Ital. de biologie*）1894年第21卷322页起。最近，在一个因绝食35天而死于营养不良的人身上做了类似的观察。可在1898年的《年度生物学》第338页塔拉克维奇和斯查尼的论文摘要上查阅该案例的详情]。

运动[①]。的确，越是完善的神经系统，就越是需要能够维持它发展的各种功能，最后其自身也越发精准。鉴于神经活动来自快要将其淹没的原生质群，它不得不在它周围聚集各类可以支持它的活动。它们的发展必须基于其他活动，这再一次依赖到了其他活动，并无限地以此类推。有机物就是在如此错综复杂的运转中越发高级，一路通往无限。对这些有机物中的某一个进行研究，让我们觉得自己是在兜着同一个圈子，因为一切仿佛都陷入了一个死循环。但这圆圈必定有一个中心，这中心正是延展在知觉器官和动力组织之间的神经元素的系统。

我们在这里就不过多探讨这一点了，因为它在我之前的作品中已经有过深入且详尽的说明。我们只需回想一下，神经系统的发展受到了可供生命选择的两个方向的影响，前者既对运动更加精准的适应，后者则是更大的自由程度。乍一看这两个趋向相互对立，实际上它们也的确这样；然而，一条哪怕处于最低级形式的神经链也能成功地将此二者协调起来。另一方面，它标注出了一条介于外围各点——知觉和动力——之间的清晰路线。由此，它将一个原本散漫在原生质群中的活动汇聚成型。但是，在另一方面，组成它的元素有可能是断断续续的；无论怎么说，就算它们交杂在一起，都会呈现出功能性上的不连续，因为它们中的每一个都会在一个类似交叉路口的地方终止，让神经流得以选择它的方向。从最卑微的无核原虫，到鬼斧神工的昆虫，再到最具智能的脊椎动物，这个进程最主要体现出的就是神经系统的进程，它会在每一个阶段连接起这个进程所需的一切新型机理构造和复杂机制。正如我们在本书开始时预示的那样，生命为物质注

---

① 居维叶曾说："实际上，神经系统就是动物的全部；其他系统仅仅是为其服务。"[摘自巴黎《自然历史博物馆》(*Arch. du Museum d'histoire naturelle*)，1812 年，第 73–84 页]。当然，必须对这个公式加以大量的限制——例如，允许包含神经系统在内的降级和退化现象的存在。不仅这样，神经系统必须既包括知觉器官又包括运动器官，它在其中扮演调节器的角色。详情请见 *Cf.* 福斯特在 1885 年于爱丁堡为《大英百科全书》编写的"生物学"词条。

入了某种不确定性。这些不确定性——例如不可预见性——是生命在进化的道路上创造出来的形式。同样，不确定性越多，自由度就越高，这些形式成为了活动的载体。在一套神经系统中，神经元就是以这样的方式首尾相连，在它们的各个末端会有各式各样的岔路，这些岔路自身会呈现出各式各样的问题，故神经系统就是不确定性的大杂烩。我们相信，耗费在创造这类器官上的生命冲动的主要能量，只需一瞥有机世界便可被轻易发现。只是，对生命冲动本身做出一些解释还是非常必要的。

我们绝不能忘记，贯穿整个有机世界的力量是有限的，它总是寻找机会超越自己，且在执行任务的时候老是力不从心。激进派目的论的错误和幼稚正是由于对这一点的错误解读。它将整个生命世界的样子表述为一个架构，一个类似于人类行为的架构。一切布局都是为了让机械的功能达到理想状态。每一个物种，都有它存在的理由、扮演的角色、所处的地位；然后万物合一，走进一场音乐会，表面上的不妥之音其实是为了发出最深刻的和声。简而言之，自由中发生的一切都如同人类只能所造就的一切，兴许成就微不足道，但至少成果和付出的关系总是如此恰如其分。

但生命进化中从未有过此类的实例。耕耘和收获不成正比。在有机物世界里从下往上，我们的确是发现了一种伟大的努力；但往往英雄气短，有时被反力量抵消，有时候误入歧途，目的被形式蛊惑，实相被镜像催眠。哪怕在它最完美的作品里，它战胜了外界的阻力，也战胜了内在的自己，但这实则是得益于它所具备的物质实体。这一点，我们自身都能够感觉。我们的自由，在运动中得到了证实，创造出了愈发增长的习惯，若无一种持续的努力能使其不断进步，这种习惯便会被扼杀：让它无懈可击的是“无意识的行动”。思想之河道冻结了意识之川流。词句和观点，由此而敌对。

文字刺杀了灵魂。最狂热的激情一旦具化为行动，自然就沦为对私利或虚荣的冰冷算计，它们极易披上其他的外衣，若我们不知道死者会在一定时间内保持生命的特征，那我们将困惑不已，怀疑起自己的真诚，否定了爱和善良。

造成这不和谐的深层原因潜伏在已然无法弥补的节奏差别之中。生命普遍地自行变化着；生命的特殊表现形式被迫接受了这种变化，还总是慢它一拍。生命的移动永远走在前面；它们想要用自己去标志时间。普遍进化要走的并非一条大直道；每一个物种的进化都是迂回前行。正如当风掠过时被卷起的沙尘，被生命飓风推动的生命也在围绕自己旋转。由此它们相对稳定、看似静止，让我们把它们视作东西而非进程，也忘记了它们那恒久不变的形式不过是一个进展的外在表象罢了。然而，当一切浓缩为稍纵即逝的影像时，承载生命的无形呼吸将在我们的眼前具象起来。有时，当我们身处母爱的某些表现中时，这种启发突如而来，它摄人心扉，在动物中也是一样，甚至当植物在关照自己的种子时也是这样。这种蕴藏着生命奥义的爱也许能向我们传递生命的秘密。它向我们展示了生命的代代相承。它让我们得以一窥，生命本身就是一条大道，生命本质则是传送生命的进程。

普遍生命和其中表现形式之间的对立充满了数不尽的相同特征。也许能说，生命趋向的是最大程度的行动，然而每个物种却更愿付出最小程度的努力。考虑到其真正本质——即各物种之间的过渡，生命是一项不断发展的行动。但被生命穿过的每一个物种都只会顾虑其自身的便利。这让它们更倾向于只需付出极少劳动便可获得的成果。它专注于将要采取的行动，从而陷入了局部的沉睡，忽略了生命的其余部分。这么说来，生命为创造新形势而采取的行为，以及让这种形式成型的行动，是两种截然不同、往往对立的运动。前者紧随后者，只是必须偏离其自己的方向，反之则无法继续。就像一个正在跳过障碍的人，他必须把视线从障碍物上挪开且一直盯着自己。

就其定义而言，生命形式就是得以让生命存活的形式。无论你对有机物适应环境是做何解释，理由肯定是很充分的，因为反正这物种存活了下来。就这个角度来看，古生物学和动物学描述出的每一种传承下来的物种都是生命造就的成果。然而，一旦我们将每一个物种都对应到进程——它将物种丢弃在半路，并未带领它们通往早被设置好的目标——上时，我们得到的将是一副截然不同的景象。通常，这进程都偏离了航线；同样普遍的是，它并没有持续太久；原本的无垠大道变成了终点站。从这个全新的观点去看，似乎失败才是常态，成功反而是例外，而且总有瑕疵。我们将会看到，在动物转变其目标的四个方向中，有两条是死胡同，而另外两条上的努力往往和成果不成比例。

资料文档很难重现这一历史的细节，但我们仍可勾勒出它的主线。我们已经说过，动物和植物肯定在很早以前就从共有的族系中分离了出来、植物陷入了静止的沉睡；动物相反，觉醒程度越来越高，为了征服神经系统而不断前行。也许，动物世界的努力创造出了拥有一定活动能力的简单有机物，它们尚未定型的形状能让它们踏向无数不可知的未来。这些动物就类似于我们今天看到的蠕虫，但也有一些区别：能与之进行对比的当代蠕虫，只是拥有无限可塑性的空洞而固定的实例，孕育着未来的无限可能，是棘皮动物、软体动物、节肢动物和脊椎动物的共同祖先。

在它们的前方埋伏着一个危险，这个障碍也许曾阻断过动物生命的上升。一旦我们回收远古时期的动物，就会忍不住被它们的一种特征所震慑，它们似乎被囚禁在固态的套子里，而这套子常常妨碍它们的运动，有时还让运动功能完全丧失。相比当代，那时的软体动物无一例外的长有外壳。节肢动物也普遍背着硬硬的甲壳，它们中的大多数都属于甲壳动物。更古老的鱼类则被极为坚硬的骨质鳞片覆盖[①]。要探寻这普遍事实的原因，我们

---

① 要查看这些不同的观点，请参见高德伊的《古生物哲学论文》（*Essai de paléontologie philosophique*）中第 14–16 页和第 78–79 页。

必须深入一个趋向，那就是软体有机物为了自我保护而努力使自己变得不容易被对方吃掉。每个物种都会在演变为该物种的路上选择尽量简单的方式。这就像一些原始的有机物，它们放弃了从无机矿物中生成有机物，转而从植物身上摄取现成的物质，它们用这种方式踏上了动物生命的道路。同样的事情还发生在动物世界里，许多动物都得依靠吃掉其他动物来维持生命。对动物来说——动物意味着可以动——它们可以利用其移动能力去搜捕那些防御力较低的动物，像吃植物那样吃掉它们。于是，能动的物种越多，被吃掉的风险就越高。由此，动物在通往越来越高级、越来越具移动力的道路上遭遇了一次突然的停滞。棘皮动物坚硬的钙质皮肤、软体动物的外壳、节肢动物的甲壳以及远古鱼类的骨质胸甲，可能都来源于动物物种的同一种努力：在敌对物种面前保护自己。然而，保护动物的胸甲却降低了它们的移动力，有时还把它们固定在了原地。若说植物是以把自己裹进纤维薄膜的方式放弃了感知力，那动物就是因为把自己关在了一座堡垒或盔甲中而陷入了局部的沉睡。棘皮动物，甚至一些软体动物至今都处于这种麻木状态中。兴许，节肢动物和脊椎动物也都随时生活在它的阴影之中。然而，它们躲过了一劫，这种幸运的环境要归功于高级生命形式的扩展。

事实上，在两个方向中，我们都能看到生命运动的冲动在重获主动权。鱼类脱下坚硬的胸甲，换上了鳞片。而在更早之前，昆虫就已经出现了，它们同样丢弃了曾守卫着祖先的盔甲。更高的敏捷度成为了它们新的护身法宝，这让它们既能逃离敌人的追捕，又能发动更为有效的进攻，还能选择遭遇战的地点和时间。在人类的武器发展史中，我们能找到相似的进程。最初的动机只是为了寻找掩护；接着，稍有进步了，人们开始追求更强的敏捷，以供逃跑；最重要的是学会进攻——进攻是最好的防守。于是，古希腊重甲步兵被古罗马兵团取代；全副武装的骑士不得不让路给轻装上阵的步兵；而在一个更为广阔的天地里，生命的进化道路都正如人类社会和个体命运的发展，最伟大的成功不外乎战胜最严峻的风险。

那么，移动力的增进显然是为了动物的利益考虑。正如我们曾说的，普遍状态下的对环境的适应，物种的任何演变都是为了其自身的独特利益服务。这为变异给出了直接的原因，但通常这只是最表象的原因。而深层次的原因，正是把生命推入这个世界的冲动。是它让生命演变出动物和植物，是它给予动物灵活机动的形式，是它在动物世界遭受麻木威胁的时候，确保——至少在某一个层面上——它们能唤醒自己，继续前进。

在脊椎动物和节肢动物各自进化的两条道路上，发展（排除因寄生或其他原因而造成的退化）最首要的部分就是“感知—动力”系统。它寻求着移动性和灵活性；同样被寻求的还有运动的多样性——经过多次实验性的尝试，且在最初的时候也并非没有一条通往物质过剩和强大力量的趋向。但它却是在诸多分叉的方向上进行着探寻。只需对节肢动物和脊椎动物的神经系统看上一眼，我们就能找到不同。节肢动物的身体由一系列或长或短的环节构成；这让它们的机动能力被分配给了诸多——有时甚至数不胜数——附肢，它们中的每一节都拥有独特的功能。而在脊椎动物身上，行动能力被浓缩到了仅仅两附肢体上，且它们的实际功能并不严格受限于它们的外观形式①。这种独立性在人类身上体现得最为完整，我们的手可以用来从事任何工作。

这至少在我们眼中是这样。但在我们所见的背后，也许还存有一些推论——两股力量，存于生命内在，于一开始的时候相互交融，却又注定了会在成长的旅途中分道扬镳。

要定义这两股力量，我们必须全面考虑节肢动物和脊椎动物的进化，它们分别标志着各自的顶点。这个点又是如何被找到的呢？这里，几何学

① 关于这个课题，详见纱勒的《个体论》（*The Individual*）中第 118-125 页。纽约，1900 年。

意义的精确性会再次让我们误入歧途。我们不能通过简单的标志性符号去判断同一条进化线路上的物种谁更高级。这儿有各式各样的特征，必须在各种特殊案例中进行对比和衡量，才能得知哪些是基本特征、哪些是偶然特征，以及它们要发展到何种程度才能够被纳入考虑范围。

毫无疑问的，成果是判断优胜的最普遍标准。就某个层面而言，这两个词语表达的是一个意思。在生物体的意识之中，成功必须有一种能够在各种环境中生存发展，穿越无数困难和阻碍，然后占据尽可能多的广阔天地的品质。一个敢于将整片大地都宣称为自己领地的物种才是真正的领主，由此也是较高等级的物种。例如人类种族，它代表着脊椎动物进化的顶峰。在节肢动物中，昆虫——尤其是膜翅目昆虫——也是如此。有句话是这么说的，人类是地上之主，蚂蚁是地下之主。

另一方面，一些出现稍晚的物种大多是退化后的物种；但是，我们必须考虑到某种造成退化的特殊原因。按道理说，这些物种理应比之前更为高级，因为它本该站上进化中更高等级的舞台。如今人类应该算是脊椎动物中登台最晚的物种[①]；而在昆虫物种中，没有谁比膜翅目昆虫来得更晚——除非它属于鳞翅目，这个物种多半是退化的产物，寄生在开花植物上。

那么，我们以不同的方式取得了相同的结论。节肢动物的进化在昆虫——尤其是膜翅目——身上到达了顶点，而在脊椎动物处于相同地位的则是人类。那么，由于昆虫世界里无孔不入的本能——它在膜翅目昆虫中有着奇迹般的发展，远超过其他类型的昆虫——我们可以认为，在排除指

---

① 雷勒·昆顿对该观点提出了质疑，他认为食肉动物和反刍动物，以及部分鸟类都出现在人类之后［详见昆顿的《有机界之海》（*L'Eau de mer milieu organique*）第 435 页］。这里我们可以说，虽然我们的普遍结论和昆顿先生的截然不同，但也并非就是完全矛盾；因为一旦进化真是我们所说的那样，那脊椎动物肯定曾为了让自己生存在最有利的活动环境下——实际上，生命在一开始的时候就选择了这个环境——而做出了努力。

向植物生命形式的退化之后，动物世界的全部进化就发生在两条相互对立的道路上，一条通往本能，另一条通往智能。

植物的麻木、本能和智能——在动植物共有的根本冲动中，这些元素是同步发展的，而在这个过程中——虽然无法预见其形式，但它们在其中被表现得越来越明显——它们随着各自的成长而逐渐分离。一个始于亚里士多德，且已经严重扭曲了自然哲学的重大错误认为，在植物、本能和理性生命中存在的是同属于一条趋向当中的三个相继出现的发展等级，但实际上它们是随着成长而分离的三个全然不同的方向。不是说它们之间存在巨大的差距——或者说通俗点：等级——而是说，它们根本就不是一个类型。

在这一点上多花点心思是非常必要的。我们已经看过植物和动物是怎样相互独立，又怎样相辅相成的。现在我们必须展示的是，智能和本能也是既相对又相生的。但还是让我们先解释一下，我们是凭什么去普遍判断孰优孰劣的。现实中的它们根本就是不同的家伙：它们并没有相互传承，我们也不能把它们划入不同的等级。

正是因为在太初之时相互渗透的智能和本能保留了一些它们的共性。我们从未看见过存在于纯粹的智能或本能。我们说过，潜伏在植物体内的感知力和移动力处的可被唤醒的休眠状态；而动物则一直生活在坠入植物生命形式的阴影之中。这两个趋向，从一开始就彻底地交融在了一起，之间从未有过完全的隔断：它们无止境地相互萦绕在对方那里。不同的只是所占据的比例。没有哪种智能当中找不到本能的踪影，更没有哪种本能不被智能所围绕。正是这个智能外套造成了诸多误解。表面看去，本能多多少少有点智能的感觉，所以有人觉得本能和智能是一回事，它们之间的唯一差别就是复杂和完美程度，更直观的是，其中之一相对另一个更具表现力。事实上，此二者相互依存的唯一原因就是因为它们能够互补，而它们得以互补的唯一原因就是因为它们不同，本能中的本能反应能力刚好对应着智能中的智能思考能力。

我们一定要详谈这一点。它是最重要的一点。

让我们在开场的时候先说一下，我们将要到达的彼岸将是世所不容的；因为我们要给本能中的本能反应和智能中的智能思考下定义，但所有具象的本能中都混进了智能，正如所有真实的智能中都渗入了本能。不仅如此，无论智能还是本能，都没有把自身引入僵化的定义：它们是趋向，而非实物。同样不能忘记的是，我们在这一章中认为智能和本能是被生命顺着自身发展轨迹一路安插的表现。现在，生命通过一个有机物显露出来，在我们的观点中，这生命是要以某种特定的努力从物质世界中获取某种特定的东西。如果我们感受到的是本能努力和智能努力之间的差异化，如果我们能看透这两种模式在精神层面的活动，那毫无疑问其最显著的区别就是两种对待非活性物质的截然不同的手段。这种对它们相当狭隘的看法其实也有个好处，它为我们在区别二者的时候提供了客观的依据。然而，它又只能给我们一个中间位置，普遍智能和普遍本能则围着它上下摇摆。出于这个原因，读者看见的将会像一个表格，其中，智能和本能的各种表象要比它们原本呈现出的样子更为鲜明，而因为它们各自的不明确性和相互渗透性而存在于它们之间的过渡则被忽略了。我们没必要在这非常朦胧的物质中力求清晰。让两者的表象更显柔和，并修正图标中几何意义太强的东西——简而言之，就是用生命的灵活去替代图标的僵硬——总是能让事后的工作更加简单。

人类出现在地球上的标志时间究竟是哪一天呢？是第一批武器、第一批工具被打造出来的时期。布歇·德·佩特斯在奎格农－磨坊采石场的发现所引起的著名争议，至今都没有被人忘记。问题的关键在于，他发现的究竟是真正的短斧还是因意外而被破坏的打火石。我们假设就是短斧，那摆在我们眼前的就是出现的智能了，说具体一点就是人类智能，这一点无人怀疑。现在让我们看看有关动物智能的趣事：除了很多被解释成模仿一类的行为之外，对于它们的某些行为我们会毫不犹豫地称其为智能：其中最典型的就是制造意识的萌发，无论是它们自己制造了一件工具，还是为了达到目的而去使用人类的工具。猿和大象是智商仅次于人类的动物，它们有时可以使用人类制造的工具。位于它们之下很近位置的是能够辨别人造物品的动物：例如狐狸，人类的陷阱在它眼中真的就是一个陷阱。不用说，具备逻辑推理能力的动物都具备智能；然而，把过往的经历灵活运用在当下经历方向上的推理，已经算得上是发明的第一步了。一旦这种意识具象成了某种“人”造的物件，那发明也就完成了。朝向这个成就的动物智能更像是朝向一种观念。虽然在通常情况下，它并不能真正的造出并使用工具，但却可以借助自然赋予的本能所上演的极端变化而为此做好准备。而对于人类智能，我们尚未充分认识到它的机械发明能力从一开始就是它的基本特征，直至今天，我们的社会生活也在围绕人造品和工具运用，那洒满进化之路的发明同时还标记着它的方向。要认识到这一点并不容易，因为我们花费了远多于改变工具的时间来改变自己。我们个人乃至社会习惯的持续时间也远超过让这些习惯得以成形的环境的持续时间，所以一项发明的最终影响要真正为人们所注意，肯定是在它已经失去了新奇感之后。一个世纪以前发明的蒸汽引擎，到了今天才让我们感受到它对我们的冲击有多大。然而，它在工业界造成的革命却彻彻底底地打破了原有的社会关系。新的想法不断涌现、新的感受破茧成蝶。站在宏观的角度，远观千年以来，那些过去时代的模糊轮廓、那些战争和革命，都显得无足轻重，无论它们是否为人所铭记。然而，蒸汽机和与之一道出现的发明却像历史上的青铜和切削石器一样，标注出了一个时代[1]。如果我们能够放下所有的傲慢，如果我们能够严格把握历史告诉的人类和智能那从未改变的特质，那

① 保罗·拉贡曾着重强调过伟大发明对人类进化产生的重大影响［详见其所著《科学史探查》（*De l'histoire considérée science*），重点在第168–247页］。

当我们在界定自己物种的时候就不该说“智人”，而该说“制造人”。简而言之，智能的最初特征似乎就是一种能够制造物品，尤其是用工具来进行制造的机制，也是一种能够改变造物的能力。

那么，一只不具备智能的动物是否也能制造工具或机器呢？当然，只是它们的工具成为了使用者身体的一部分；而且，动物还拥有一种与这工具相关联的使用本能。是的，我们不能因此而认为一切本能都包含于一个能够使用天生机制的自然能力中。如此的定义并不是罗曼尼斯所说的“次级”本能；而不止一个“主要”本能并未包含在其中。但这个定义，正如我们暂时对智能的定义一样，至少能确定各式各样的本能在理想状况下能够企及的范围。是的，我们常说绝大部分的本能都只是器官运作的延续或对器官运作的完成。本能活动从何而来？这自然的能力又将止于何方？我们不得而知。在幼虫结茧、破茧成蝶的过程中，蜕变往往需要具备主动性的幼虫做出适当的行为，在动物本能和生命材质的器官运作之间并无明显的分界。我们也很乐意说，要么是本能器官化了即将投入使用的材质，要么就是器官化的进程紧随在必须使用器官的本能之后。昆虫最神奇的本能也就仅仅是将自己的特殊结构发展成运动：的确，社会生命在个体中进行了劳动分工，从而给不同的个体赋予了不同的本能，在不同的结构中我们也能够看出相对应的区别：蚂蚁、蜜蜂、黄蜂和一些伪脉翅目昆虫的多态性众所周知。由此，如果我们只考虑这类智能和本能均大获全胜的案例，我们就会发现两者之间的最根本的不同：本能最擅长的是对有机组织的运用甚至构建；智能最擅长的是对无机物件的制造和使用。

这两种行为模式的优势和劣势都非常明显。本能发掘出自身的可操作器具：这些能够自我构建和修复的器具和所有自然的造物一样，总有一套极端复杂的细节架构，却又指向一个非常简洁的使用功能，它会在受到需要的时候毫无困难地立即投入运作，其完美程度往往使人震撼。随之而来的是，这种器具还保留着几乎不能变更的结构，因为结构的改变会引发物种的改变。因此，本能必须特殊化，它并非什么高深的东西，只是为了达到物种目标而对物种器具的利用。相反，由智能构造的器具则并非完美的器具。它需要花费努力，要操控它还挺麻烦。但由于它是用无机物制成，故可以随意变换其形式，也可以服务于任何目的，将生物从不断涌现的新困难中解放出来，并赐予它无限的力量。虽然它处理突发状况的能力不如自然器具，但随着紧迫度的下降，它的优势也越来越明显。最重要的是，它是为制造它的生物量身定做的；因为它让制造者获得了一个新的功能，我们可以说它扩展了制造者的器官，它就是天然器官在人造品上的延生。对于每一个需要它去满足的需求来说，它又创造出了新的需求；如此一来，它并没有把动物封闭在一个只能无意识移动的圈子里，而是为活动新开了一片广阔天地，随着它在其中越来越深入，它创造出的自由也越来越多。然而，智能相对本能的这种优势只有在后期才能得以显现，那时的智能已经把结构上升到了一定的高度，不断创造着极具建设性的器具。起初，人造器具和自然器具之间的优劣取得了很好的平衡，以至于很难预测究竟谁会把生命带入一个更加宏伟的帝国。

我们可以推测，它们始于相互包容，最早的精神活动能在同一时刻包含两者，如果我们回溯得足够遥远，就会发现一些比当今昆虫本能更接近于智能的本能，以及一些比当今脊椎动物的智能更接近于本能的智能；在那个初级阶段，智能和本能都还无法控制物质，沦为了物质的囚徒。如果生命内在的力量是一股无限之力，那很可能它会在同一时刻让本能和智能在同一有机物上共同发展。但似乎一切都指出这力量是有限的，它在刚刚得以呈现之时就耗尽了自己。它很难在同一时刻深刻地走入不同的方向：它只能选择其中一个。那么，它面对着两个能作用于物质世界的选择：要么直接创造出一个有机器具，要么间接地通过有机部分——而非将其化作自然器具——去制作一个无机的物质工具。由此，智能和本能随着各自的发展越发分离，却又从未完全隔断过。另一方面，昆虫身上有一种优秀本能，正好闪耀着智能的微光，那就是它们对筑巢地点、时间和材料的选择：例如蜜蜂，个别情况下它们会在露天筑巢，此时它们会发明一些全新而富于智能的蜂巢结构以适应新环境的要求。但是，在另一方面，智能对本能的需求甚至超过了本能对智能的需求；要为天然物质塑形原本就关系到一种高等级的有机物——这等级之高是动物不可企及的——而这有机物本身就是基于本能发展来的。所以，当自然索性让节肢动物朝本能方向发展的同时，我们在几乎所有的脊椎动物身上都观察到了智能的——与其说发展扩张，不如说——努力争取。但构成脊椎动物精神行为基础的仍是本能。不过，其上的智能仍随时准备着取代本能。智能在组建器具上尚未取得成功；但至少它正努力地尝试着，尽可能多地执行它试图取代的本能的功能。智能的大获全胜只发生在人类身上；人类的自然属性难与敌人和饥寒抗衡，而这正好反衬出智能的成功。一旦我们努力去衡量它的意义，这不足之处便显露出等同于史前文献的价值；它是智能和本能最后的诀别。但毫无疑问的是，自然曾在这两项精神行为模式——一个能确保立马见效，另一个充满风险，如果无法取得独立那就成了劳神费力，而一旦取得成功就将拥有无限的可能——中摇摆不定；这里，再一次印证了那句话：最大的回报需要面对最大的风险。由此看来，本能和智能是针对同一问题的两套不同的适用方案。

因此，本能和智能产生了深刻的内部结构差异。在这儿，我们只讨论与我们的研究相关的方面。可以这么说：本能和智能相当于两门截然不同的知识。但我们首先还是要解释一下何为普遍语境下的意识。

曾有人问本能上的意识能达到何种程度。我们认为本能中的意识也分为大量的等级，互相之间差异极大；有时本能也多少具有意识，而另外一些时候本能又是无意识的。我们即将看到的是植物也具有本能，虽然这本能多半没有感知能力。即便是动物，也难以具备不无意识——至少在其运动时——的复杂本能。但我们在这儿不得不指出一个不常被人察觉的区别，那就是在这两种无意识之间，一个是意识缺席，一个是意识抵消。两者都等于零，但一个零的表示的是压根儿没有，另一个零的表示的是正负相抵。一个向下坠落的石头的无意识就是前者：石头根本不知道自己在往下掉。在本能无意识的极端案例中，本能的无意识是否也属于这一类呢？当我们机械地做出习惯动作，当梦游症患者自发地行动的时候，此刻的无意识多半是绝对的；但这完全是因为行为本身的执行压过了它的表现。这些行为的执行和理念融为一体，使得意识无法立足于二者之间。表现被行为停止了。可以证明这一点的是，一旦行为的完成受到阻碍，意识随即就会出现。存在的意识被实现，然后填充表现的行为被抵消掉了。阻碍并没有带来什么建设性的东西，它仅仅造成了一个空缺，把停下表现的行为给移除掉了。行为在带来表现时的匮乏正是我们这里所说的意识。

倘若我们更仔细地对其观察，就会发现意识是环绕在可能行为或潜在行为周边的光芒，而此类行为又围绕生物做出实际的行动。它等同于犹豫或抉择。在充满各种同等的可能行为，却又没有发生任何实际行动的地方(例如尚未得出结果的沉思)，意识将会强化。而在仅有一种可能行为的地方（例如梦游症或更集广义的自发性行为)，意识就被弱化为零。一旦我们发现在一连串规则行为中，它的最后一个已经在第一个中得到了预示，那意识和知识就多少存在，另外，意识还会在遇到阻碍的时候从中闪现出来。从这个观点来看，一个生物的意识也许该被视作潜在行为和实际行动之间的数值差异。它衡量出了表现和行动之间的间隔。

可以借此而推论，智能往往会指向意识，而本能往往会指向无意识。因为，当被使用的器具是被自然有机化的，也是由自然物质结成的，且使用的结果也被包含于自然的意志之中，那所留下的选择也就微乎其微了；表现中的固有意识因此相互抵消，无论何时它想要通过行为释放自己，这种与表现相同的行为将构成它的抵消之力。在意识出现的地方，本能都不会像在影响它的障碍物中那样发出光芒；正是本能的缺陷，这种存在于行为和目的之间的距离，成就了意识，于是这里的意识就是一个意外。根本上讲，意识强调的只是本能的起点，一整套自发运动就是从这个点上涌现而来。相反，缺陷正是智能的通常状态。在困境中苦干是智能的唯一本质。智能最初的功能就是制造非器官化的工具，因此就算面对着重重困难，它仍不得不选择自己的工作地点和时间，以及用于制作的形式和材料。而且，它永远不会完全地自我满足，因为每满足一个需求，新的需求就会诞生。简而言之，当本能和智能都关系到知识的时候，本能中的知识是被执行和无意识的，智能中的知识则是被思考和有意识的。然而，与其说这是类型上的区别，不是说是程度上的区别。如果我们关心的仅仅是意识，那从心理学的角度出发，我们根本看不出两者的真正差别。

为了获取根本上的差异，我们必须跳出照亮此二者的或明或亮的光线，直接走进两个由本能和智能分别主导的具有深度差异的物体。

当一只马蝇在马腿或马肩上产卵的时候，它似乎知道它的幼虫必须在马胃中成长，也知道这匹马会在舔自己的时候把幼虫带入消化道。而当一只有毒的黄蜂叮向受害者的神经中枢，使其在不被杀死的前提下丧失移动力的时候，它就像一名熟练的昆虫系外科医生。但是，我们又该如何评论那种经常被人提到的小甲虫，西塔里斯甲虫呢？这种虫子会把卵产在条蜂属蜜蜂挖下的地道入口里。它的幼虫会在经历漫长等待之后，趁雄蜂出门之后搭上它的身体，附着在它的身上，一直持续到“交配飞行”的时候，抓住机会从雄蜂身体转移到雌蜂身体，静待它产卵。接着，它跳上浸在蜂蜜中的蜂卵，把它作为食物，在几天之内将其吃光，把卵壳作为外套，开始经历它的第一次蜕变。浮于蜂蜜之上，它形成了器官，并把蜂蜜作为营养补给，成为了一只甲虫，一只完美的昆虫。所有的一切似乎都在指出，西塔里斯甲虫的幼虫自出生开始就知道雄蜂会首先出现在洞口；同时还知道交配时的飞舞会让它得到转移至雌蜂身上的机会，而雌蜂又会把它带到存放着能为蜕变提供养料的蜂蜜的地方；而在蜕变之前，它还可以吃条蜂卵，这除了能让它在这段时间得到食物、爬到蜂蜜上层之外，还可以消灭掉来自卵里的竞争对手。所有这些，都在说明西塔里斯甲虫仿佛知道它的幼虫清楚这些一样。这些知识——如果这里存在知识——是不言而喻的。这知识并没有向内反映在意识当中，而是向外反映在实际行为中。另外，这些昆虫的习性还牵涉了一个概念，它针对于在特定时空点上的特定事物的存在或被产出，持有这种概念的昆虫无须学习就已经懂得。

那么，如果我们以相同的视角看待智能，我们会发现它同样无须学习便可知道很多事情。但这两个案例中的知识有那么一点点不同。在这里，我们必须小心，千万要避开那些针对固有概念的古老哲学争论。所以，我们仅将讨论局限在各方都能认同的观点上，即小孩能很快学会的东西，动物究其一生都无法习得；这么看来，智能也和本能一样同属固有能力，所以它也是一种先天性能力。但是这种固有智能，虽然具备理解机制，却并没有一个直接理解的对象。新生儿初次找寻母亲的乳头，显示出它对自己前所未见的东西具有一定的理解（毫无疑问，这是无意识的），我们认为，在这个案例中，它的先天知识具有一个特定的理解对象，所以这种知识属于本能而非智能。所以智能并非某些客体的先天性知识。然而，如果智能无法自然而然地知道事情，那它也就没什么先天性了。那么，被万物忽视的智能能不能去理解万物呢？除了物，还有关系。离智能相差甚远的新生儿既不知道特定的物件也不理解任一物件的属性；但在稍微长大一点之后，他就会听到某个实物的名字，这让他立即理解了这个称谓所指代的意思，自然也就领会了名称与实物之间的关系，相同的情况还包括由动词表述的普遍关系，这种关系能够迅速在脑中生成，就算说话时脱离它，人们也能够理解这句话的意思，例如原始语言就根本没有动词。因此，智能生来就会利用各种关系，诸如相似关系、内外关系、因果关系等，所有包含主语、定语、谓语的短语全都潜藏着这样的关系，无论这短语是被直接表述出来的还是在心里理解到的。也许有人会问，智力是否具有针对这些特殊关系的先天知识呢？去判定它们是很多不可简化的关系，亦或它们可以被归纳入更普遍的关系，这是逻辑学家的工作。但是，无论我们用什么方法去分析思维，最后总会通往一个或多个大体范围，而由于先天就能利用它们，所以意识占据了有关这些范围的先天知识。因此，我们可以说，在本能和智能中，无论是什么先天知识，前者都基于物而后者都基于关系。

哲学家区分出了我们知识的物质和形式。物质是感知机制提供的处于基础状态的东西。形式是为了搭建出系统知识而建立在这些物质之间的所有关系。这种形式能否脱离物质称为知识呢？假设这种知识不像我们拥有的习惯那样被占据得如此稳固的话，那答案毫无疑问是肯定的。所谓的习惯，与其说是状态不如说是方向：只要我们愿意，就可以说它是注意力的一种天然指向。指导老师会教授分数的学生会在懂得分子和分母之前先画出分数线；这么一来，他便会得知这两个东西存在某种普遍联系，哪怕他并不清楚这到底是什么；他知道了覆盖物质的形式。在我们的体验被植入的领域中，会在体验出现之前发生同样的事情。就让我们使用约定俗成的词汇，给智能和本能做出一个更为精确的界定吧：处于先天范畴的智能是针对形式的知识；本能则是对物质的知识。

从第二个观点——即用知识而非行动——来看，存于生命中的固有力量再一次以一种有限动力的形象出现在了我们面前，其中交织着两种不同甚至相反的认知模式。前者能利用自己的身体立马搞定特定的客体。它会这么说：“这个玩意儿还就是这个玩意儿”。后者并不专门针对某事；它仅是一种为不同客体、不同部分、不同特征建立关系的自然能力——简而言之，它是从前提推出结论、是用已知探索未知。它不认为“这就是”，而是说“如果这样，那会怎样”。由此，本能的知识可以用哲学家口中的“范畴”来进行展现，而智能的知识则必须用假设的方式来呈现。乍一看，在一开始的时候实用的还是前者。而一旦它的知识覆盖了万物，那它将永远实用下去。但它却只针对某种特定的客体，实际上，它只针对这客体的某一部分。但至少它熟知这一部分的知识；虽不会直接彰显在外，但却暗涌于已然完成的行动中。而智能刚好相反，它的天赋知识是外在而空白的；但它却因此而得到了一门技艺，就是为那些即将对号入座的万物搭建一个足以容纳它们的框架。仿佛推动生命发展的那股有限之力，曾不得不在自然即天赋知识中对自己的限制方式做出选择——一个是知识的延展，一个是知识的内涵。前者当中，知识被打包起来，装得满满的，但随即就会被指定到一个特定客体上；而在第二个情况下，它不再受到其客体的牵制，因为它原本就空空如也，成为了一个脱离物质的形式。这两种趋向，从最初的水乳交融到最后不得不分道扬镳。它们开始寻觅各自在世上的宿命，然后摇身一变成为了本能和智能。

如此一来，我们从知识而非行为的角度将这两种相互对立的知识模式区分了出来。但知识和行为在这里只是一种相同机制的两个不同特征。事实上，我们很容易就能看出，第二个定义只是第一个定义的新说法。

说到头，本能是使用天然器官工具的机制，它必须包含天赋知识（无论是潜在的还是无意识的），其中蕴含着相关器具和所针对客体的信息。所以我们说本能是对一个事物的天赋知识。而智能是构造非器官工具——即人造品——的机制。若有朝一日，大自然不再赐予生物适用的器官，那它很可能就会为了适应环境而发展出自己的“人造”工具。由此可见，智能的基础功能就是在任何环境下化繁为简，找到能解决问题的最佳答案。正是这样，智能扎根在其所面对之环境和利用环境之方案之间的关系上。那么，存于智能中的天赋就是建立关系的趋向，而这种趋向天生就包含了一些特定的最普遍关系，它能把每一种具体的智能行为切割成更加细分的关系。因此，在行为直指制造的地方，必定有基于关系的知识。然而，这种全然作为一种形式而存在的智能知识拥有一个本能的物质知识不敢仰望的优势。正因这形式内部是一片空白，所以它可能挨个装进任何它想要的东西，哪怕那些东西毫无作用。所以，形式知识不会受到“是否有用”的牵制，虽然截至目前它都是以其实用价值展露于世。具备智能的家伙，内心都承载着超越其自然属性的力量。

然而，它的自我超越程度并未达到它的期望，同样，也没有达到它自认为能够达到的地步。智能的纯形式特征剥夺了它用以扎根最感兴趣之物上的船锚。相反的是，拥有精妙实体的本能却无法对它的客体做出进一步的把握；它不会思考。至此，我们走到了当下课题的关键节点。我们将要指出的本能和智能的区别，正是这一整段分析的底蕴所在。我们如此来说：有的事物可让智能独立探寻，但光靠它一个永无法找到。这些事物可由本能独立找到；但它却永不会将其探寻。

在这里，我们有必要考虑到一些关于智能机制的初步细节。我们说过智能的作用就是建立关系。让我们把这种关系的性质定义得更精确一些吧。就这一点上，只要智能被看做一种纯粹的思辨机制，那我们要么会过于模糊，要么会过于随意。于是我们要将范围缩小到用于理解那些绝对、不可简化、不可解事物的普遍框架中。这种理解力一定是和它的形式一道从天国坠入凡间，因为我们中的任何人天生就带有它的面貌。当然，这种形式可以被定义，但也就仅此而已；我们无法追问它究竟为何会成为这般模样。由此就可以说智能的作用从根本上就是统一的，它每一次运作的每一个目的都是在不同现象上搭建这个统一。但还是要先说一点，“统一”是个含糊不清的词汇，它的意思远不如“关系”甚至“思维”清晰，除此之外它也没有表达更多。不仅如此，或许还有人问，相比统一，智能不更多是在分割吗？最终，如果智能如其所愿地进行着统一，或仅由于需要统一而寻觅着统一，那我们的所有知识就成为了针对意识——它与知识完全是两码事——的某些特殊需求的东西：若智能被塑造成不同的形状，那知识也会随之不同。智能不再依托于任何东西，而万物却都依赖于它；如此一来，把理解力抬得过高的我们，终结于把它赋予我们的知识置于过低的位置。当智能变得绝对，知识就成为了关系——相反，我们把人类智能对应到了行为的需要。设定好了行为，就可以推论出相关智能的形式。因此，这种形式既非不可简化的，也非不可解的。而且，由于其不是独立的，我们就不能说知识是基于其上，知识不再是智能的产物，而成为了现实的组成部分。

哲学家会回应说行为发生在秩序世界，这种秩序本身就是思维，而当我们用预先假设出的行为来解释智能的时候，这个问题变得理所当然。其实，若我们本章的观点是我们的最终观点，那哲学家的说法就是正确的。而一旦这样，我们就被斯宾塞的错觉给愚弄了。斯宾塞相信智能是对物质普遍特征带给我们的印象的完整解释：说的好像包含于物质的秩序不是智能本身一样！我们将把这个问题放到下一章，当中就会阐述该问题所囊括的范围，以及哲学史如何追溯智能和物质的真正起源的。目前，吸引我们关注的问题是一种心理学秩序。我们正在追问的是，我们的智能在物质世界里究竟占用了多少比例。要回答这个问题，我们也无须对自己的哲学观念做出选择：我们完全可以站在常识的角度来看。

那么，就让我们从行为讲起，并把智能的目标对准制造。这种制造完全是基于无机物质的，从这个角度来看，就算被用于制造的物质是有机物，它也把它当成无机物来使用，从来就不考虑其上的生命。而针对无机物本身的制造就只需处理一些固态物质；流体自然逃脱了被用于制造的命运。因此，如果智能的趋向就是制造，我们就有可能会发现，现实中的一切流体和生物中一切明显的活物一道逃脱了被用于制造的命运。我们的智能，一旦逃离自然的掌控，便将无机固体作为其首要的客体。

在我们回顾智能作用的时候，我们会发现智能永不安于现状，除非它正好在对无机物——说得更准确一点无机固体——产生作用。而物质世界的最普遍属性是什么呢？那便是延展：我们看到的是层层叠加的客体，而在客体内部又是层层叠加的部分。毫无疑问，这个观点对我们很是实用，因为从我们之后的操作来看，要将每一个客体都视作可分开的部分然后随意切割，得来的部分在我们眼中仍然是可以分割的，如此越分越细、无穷无尽。但就对于我们目前的操作来看，最重要的一点是要暂时把手上的真正客体或已经从中解构出的真实元素看成许许多多的单位。这种按照我们的意愿把物质不断细分——爱怎么分就怎么分——的可能性其实已经包含在了我们所谓的物质延展的持续性上；但这种持续性，正如我们所看到的，它仅仅是我们的一种能力，物质因这种能力而允许我们选择一种非持续性的模式，这些非持续性正好可以从这些物质当中找到。实际上，那些以实相出现在我们眼前并吸引我们注意力的永远都是那些曾被选中的非持续性模式，这完全是因为它掌控着我们的行为。所以说，非持续性是为它自己利益而考虑；它在其内部可以思考；通过我们意识的积极行动，我们由它形成了理念；而与此同时，智能持续性的表现则是消极的，若以真实实相的角度，它只能被视为潜在可能的东西。是智能的非持续性独立形成了清晰理念。

另一方面，受我们作用的客体不用说都是移动的客体，但我们真要知道的重点是这些移动客体将要去往何方以及它们在当前道路上正处于何处。换言之，我们的首要兴趣在于它们的行为方向或未来位置，而不是它们从这里到那里所经历的过程，过程本就是运动自身。在我们的行为——这种被系统化的运动中，固存于意识中的是运动的终点或手段，它被作为一个整体呈现出来——一句话，就是它要实现的静态计划。只有当整体因途中的意外而前进、滞后、打断时，那些在行为中正儿八经移动着的事物才会勾起我们的兴趣。我们的智能从移动中脱身而出，因为移动无法为它带来任何东西。若智能意味着纯粹的理论，那它就应该发生在运动之中，因为运动即是真实本身，而静态却总是表象或相对。然而，智能却意味着某些截然不同的东西。除非它想跟自己过不去，否则总是选择另外一条道路；它总是从静态开始，就像这才是终极实相：当它试图形成一个运动理念的时候，它是通过从各种静态的糅合中构建出运动来办到这一点的。若我们将这运动联系到恰当的目的之上，那此种操作便能轻易地证明出自己的正确；但它在思辨领域却存在着不合理和危险性（它指向一个死胡同，带来人为的哲学陷阱），这一点我们稍后再讲。自然状态下的智能简直是在瞄准一个极为实用的结果。当它用糅合在一起的静态取代运动的时候，它并没有摆出一副要重构运动的样子，哪怕它真这么做了。它仅仅是以一种相对应的实践来将其替换。哲学家错就错在这里，他们把思考行动之源的方法引入了思辨领域。我们这一点放到更久之后再说。我们现在只需阐明一点，那就是我们的智能是凭借其自然本性的特征而被稳固性和不变性吸引的。智能只通过静态性而形成一个清晰的理念。

那么，制造存在于在物质中将一个客体切割成型。其中最重要的就是这种形式的获得。我们总是选择最为方便的物质；但是，为了将其选出——意思是说，为了在茫茫万物中将其搜寻出来——我们必须（至少理论上是这样）在各种物质身上尝试造出该客体的形式。换句话说，一种针对于制造的智能，永不会止步于为事物塑形或将它视为最终结果，相反的是，它们会把视线放到所有物质上，并设想它们都能够造出合适的形式。柏拉图将优秀的辩论家比作技艺纯熟的厨师，能根据自然标注出关节，在不伤及动物骨骼的前提下将其肢解。一种老是如此的智能看似还真是一种指向思辨的智能。但是行为——尤其是制造——需要相反的精神趋向：它让我们将包括自然物在内的一切事物的实际形式都看做人为或暂时的；它让我们的思维将那标注出其内在结构的外在线条从客体——哪怕是有机的生命——中移除；简而言之，它是让我们认为它的物质对它的形式毫不在意。由此，整个物质以一张巨大的布匹的模样呈现在我们面前，我们可以根据需要将其裁剪，也可以根据喜好将其缝合。我顺便说一下，正是因为这个能力，我们才敢断言空间，这句话的意思是，一种同质化的空白媒介，既无限又能被无限细分，这让它完全不在意被分割的方式。诸如此类的媒介永远不会被观察到；它只会被设想到。能够被观察到的，是被实体和其真实元素之间的界限上色、加固和分割后的延展。但当我们就这个物质来考虑自身能力——跟随意愿进行分解和重组的能力——之时，我们在一个同质化空间的形式中，于真实的延展之后，投放出了所有可能的分解和重组。这个空间于是首先成为了我们对事物的可能行为的计划，虽然事物实际上具备一种自然趋向——我们之后再对其做出解释——能进入到这样一种框架中。这是由意识采取的角度。也许动物是一无所知，哪怕它们和我们一样感受到了延展的事物。这个观点把人类智能的趋向引向了制造。但我们现在可不能被这观点束缚。这么说就已足够：依任何规律进行的分解或被重组进任何系统，此二者无限的力量为智能赋予特征。

我们到这里已经列举出了人类智能的数个基础特征。但我们至今都还在对个体进行考量，尚未涉足社会生命。实际上，人就是生活在社会中的生物。如果人类智能当真针对的是制造，那我们就必须补充一点：这种智能肯定还关联着其他的智能。设想出一种成员之间无须符号便可交流的社会是非常之难的。昆虫社会也具备着某种意义上的语言，和人类一样，这种语言能够满足公共生活的需要。唯有语言能让协同行动实现。但蚂蚁对协同行动的要求与人类对协同行动的要求根本就是两码事。昆虫社会中往往存在多型现象，劳动角色的分配是天生使然，每一个个体都因其身体的结构而注定了它要行使的职能。任何情况下，这种社会都是基于本能的，因此，任何行为或制造都多多少少会受制于它的器官构造。比如蚂蚁，确有一种语言，但构成它的符号数量极为有限，而当中的每一个，都自这个物种诞生以来就一直只针对一个特定的客体或行为：这些符号和它们所表达的意思紧密黏合在了一起。而相反，在人类社会中，无论制造还是行为都没有一个固定的样子，同时，每一个个体都必须学习那些东西，因为他没有生来就长成那样的身体结构。所以就需要一门语言，让已经知道的人把信息传递给尚不知道的人。符号让自己传递于不同客体之间的这种趋向是人类语言所独有的。留心一下刚学会说话的小孩儿，你就能看出这一点。

他会立即且自然而然地把他所学词汇的意思扩展开来，利用那些纯属意外的联系或最为遥远的类比把符号和客体拆分开来，转移到其他任何你能想象到的东西上去。“这一切总能指代那一切”，这是小孩儿语言的潜规则。这个趋向错误地混淆于概括功能。动物自己就在概括；不仅如此，一个符号——哪怕是本能符号——总是在某种程度上表示着一个类别。但让人类语言变得独特的并非概括性而是移动性。本能的符号是固定的，智能的符号是移动的。

那么，让词汇得以在各事物之间传递的移动性，同时还让它们从事物扩展到了观念。当然，语言从未将反射机制赋予给一个完全具象化且不可重置的智能。一个能够反射的智力在最初的时候就拥有可供支配的额外能量，此外还具备特定而实用的努力。这是一种在概念上超越了自我的感知意识。但这种概念最终还要付诸实际。如果没有语言，智能也许会一直被捆绑在那些它所感兴趣的物质之上，如同身处梦游之中，在忘我的状态下被催眠似的工作。语言为智能的解放做出了巨大的贡献。那些生而可以在各事物间传递的词汇实际上在一开始就是可以自由转换的。由此，它们不仅仅能在被观察到的事物之间传递，还可以从被观察到的事物延伸到对该事物的回忆，从清晰的回忆延伸到一个稍纵即逝的画面，而最终从这个画面延伸至构成这个画面的行为图像，即观念。由此，它向智能——截至目前都还是由内而外——揭示出了一整个内在的世界——对自己职责的沉思。最终，语言赋予了它唯一需要的机会。得益于词汇是外在事物的事实，这让智能得以触手可及；同时它又是无形的，基于这一点智能可以深入其自身运转的最深处。它最初要做的事就是制造工具，但这种制造只有在运用到特定方法的时候才有可能，这种方法并不是根据它们的客体量身打造，而是超越于它并由此给智能提供补给——这意味着完全中立的运作。自从审视自己所为的智能发现自己是一个观念创造者起，它就希望为每一个客体创造观念，哪怕这些客体与实际行为之间并不存在直接的联系。这就是我们为何说有的事物可让智能独自探寻。实际上，智能常独自用理论来麻烦自己；它的理论乐于拥抱世间万物——不仅仅是它天生就能掌控的无生命物质，甚至还包括生命和思维。

我们可以轻易地猜出它所使用的手段和工具——即它处理这些问题时所使用的方法。起初，它是依据物质的形式而被设计出来。让它得以拓展操作领域的语言，其出现的目的是给事物命名，仅此而已：只是因为词汇可以移动，因为它流转于各个事物之间，所以智能迟早都会将它拿下，正因其不基于任何事物，才好将它用于并非实物的客体上；这些客体一直在黑暗中等待着词汇的到来，以进入光明的世界。而通过将这种客体推上台前，词汇又把它转化成了一种物体。于是，就算智能不再对它本身的客体进行操作，但却仍保持着在操作中养成的习惯：它采用的形式的确是无机物的形式。它就是为此类工作而生。只要有这样的工作，它就可以获得满足。而这就是智能说它只能抵达明确性和清晰性时所要表达的意思。

因此，为了能清晰而明确地考量自己，它必须在非持续性的形式下观察自己。事实上，各概念是相互外在的，就像空间中的各种客体一样；同样，它们也有和这种客体相同的稳定性，它们就是基于其才得以成型。把它们放到一起，就构成了一个“易于理解的世界”，它把固态世界融入到了它的基础特征中，只是它的要素更加轻薄透明，相比实体物件的形象，智能可以更轻易地对其进行处理：实际上，所谓实体物件的形象不是物体的概念本身，而是智能对物体所做出的行为的表象。因此，概念不是形象而是象征符号，我们的逻辑学一套在运用象征符号时必须遵循的规则。随着这些符号从对固体的观察中脱颖而出，随着整合这些符号的规则除了表述固体间最普遍关系之外一事无成，我们的逻辑在一门把物体的固定性作为研究对象的学科中获得了胜利，这就是几何学。逻辑和几何相生相伴，关于这一点我们在稍后就会看到。自然逻辑正是出于特定自然几何的延展，而固体最能被直接观察到的普遍特征又暗示出了自然几何。反之，自然逻辑又引发除了科学意义上的几何，然后发展除了越来越深入的相关固体外在属性的知识。几何和逻辑都严格地适用于物质；它们在物质中就像在家里一样，而且还可以完全独立地运作。但是，一旦脱离这个领域，纯粹的推理就需要受到常识的监督，后者是个全然不同的东西。

由此，智能的所有基础力量都趋向于把物质转变成行为的工具，从词源学的意义上说，就是转变为器官。它并不满足于造就有机物的生命，很乐意给予它们一些无机的附属物，通过生物在工业上的能力把它转变为各种各样的器具。这就是为什么智能总是沉迷于专注静态物质。生命总是朝外看，把自己置身于自己之外，主要采用无机物属性的方式，以将它们付诸实现。因此，当它转向生命体并面对有机物时，会感到迷惑不解。它只能尽力去做自己能够做到的事情：将有机物分解为无机物，因为它无法在不颠倒其自然方向并自我扭曲的前提下思考持续性、真实移动性、相互渗透性——用一句话说，就是生命这个创造性进化。

让我们再来看看持续性。能够被我们智能所掌握的生命的一个方面——实际上是我们的感觉所能理解的那个方面，这种感觉是我们智能的扩展——就是能够引发出我们行为的那个方面。于是，为了改变一个客体，我们必须将其看做可分割的和断续性的。从肯定科学的角度来看，当有机组织被分解为细胞之后，一种无与伦比的过程也就完成了。反过来，对细胞的研究还表明，越是深入地打量细胞，越是发现有机物的复杂。科学越是进步，它就越能看到成分混杂的元素的数量在不断增加，这些元素相互独立地簇拥在一起，构成了生物。科学也因此更接近生命了吗？与之相反，当科学进一步研究联合在一起的各个部分的细节时，难道就没有发现，生物中真正的生命似乎在随着其研究而不断减少吗？在科学家之间确实存在着一种趋势，他们将有机物的实质看做持续性的，并将细胞看做一种人为划分开来的实体。但是，即使这种观点最终会占据上风，它也只能通过更深入的研究，将我们引向某种分析生物的方式上来，并因此将我们引向一种新的断续性——即便这种断续性与生命真正的持续性之间的距离似乎不是很远。事实上，这种持续性不能用智能来思考，因为它追随的是它的自然运动。智能即刻暗示了元素的多样性和所有元素之间的相互渗透性，因此在我们的工业领域以及我们所从事的智能领域中，这两种条件很难协调一致。

就像我们在空间中是彼此分离的一样，我们被固定在了时间之中。智能并不是用于思考进化的，从这个词的合适意义上来讲——也就是说，改变的持续性是一种纯粹的移动性。我们不应该过多的纠结这个观点，我们会在一个专门的章节中对其进行讨论。我们只需要知道智能将变化展现为一系列的状态，每一个这样的状态与其自身都具有形同的本质，因此又是不变的。我们是否能注意到这些状态中有谁发生了内部改变吗？我们立即将其中之一分解成另一系列的状态，在把这些状态重新联合在一起之后，我们会认为这构成了某种内部的改变。每一个这样的新状态都必须是恒定的，或者如果我们被迫去注意其内部的变化，那么这些变化就会再次被分解成一系列新鲜的恒定状态，以此类推，以至无穷。在这种情况下，思考就存在于重组之中，而且我们在重组的时候，自然会使用各种既定的元素，因而就会使用静止的元素。因此，即使我们可能会尽自己的最大努力，通过做加法去模仿变化的移动性，但是正当我们以为自己握得很紧的时候，变化自身仍然也会从我们的指缝中溜走。

正因为智能总是试图利用既定之物进行重组，所以才会让历史瞬间里的那些新奇东西逃脱。它不承认不可预见的东西，同时拒绝了所有的创造。正是那种确定的前件引发了一种确定的结果，它是可以演算出来的，只有这一点获得了我们智能的认可。只有存在一种确定的结局才会引发确定的方式去获得这种结局，这一点也为我们的智能所理解。在这两种情况中，我们都不得不去利用已知的东西，这种已知的东西也是由一些已知的东西结合起来的，简言之，重复利用旧的东西。在此之中我们的智能无拘无束；

而且，无论客体是什么样的，我们的智能都会对其进行抽象、分离、消除，以致在必要的时候，用一种极为相似的对等物去替换这个客体本身。但是，每一个瞬间都是一种全新的赠予，新东西不停涌现，下一秒出现的形式（即便它的产生会被看做一种被其原因所确定了的结果）永远都不可预见——因为这独一无二的原因会被视做结果的一部分，它与结果同在，而且与结果相互确定——所有这一切都会由外而内被我们的内心所感受所预测，但我们不能思考它，意思是说，不能根据纯粹的理解力来表达它。难怪，我们必须记住我们的智能打算做什么。智能寻寻觅觅，找到了这种因果关系，将其表现在了我们的制造能力上，其中，我们继续用同样的部分去重组同样的整体，重复同样的运动以获得同样的结果。智能掌握得最深入的终局论是工业的终局论，在这种终局论当中，我们致力于实现一种既定的模式，换言之，即重组旧有或已知元素的模式。至于那种被称之为发明的东西，却是与工业模式相分离的点，我们的智能并不能完全把握它的涌现式的发展，即它的不可分割性；也不能把握它的炽烈的激情，也就是它的创造性。通常来讲，发明也就是把不可预见的新东西分解为旧有的或者已知的元素，按一种不同的秩序对其进行排列。智能不能承认完整的新奇，也不能承认真实的变化；也就是说，在此智能会再次让生命的本质从指缝中溜走，仿佛它并不希望思考这样一种客体。

我们所有的分析都把我们引向了这一结论。但是，我们几乎不必对智能的运转机制进行详细的阐述；只需考虑结果就足够了。在我们看到，智能处理非生命客体的技术是多么纯熟，但是一旦让它接触到生命体，却显得笨手笨脚。无论智能是想要处理实体的生命还是意识的生命，它都会继续使用一种严格、生硬而且野蛮的手段，尽管这些手段并不是为了这个用途而设计的。卫生学或者教育学的历史在这种事情上教会了我们很多东西。当我们想到这些基本而急迫且持续不断的需求时，我们就不得不保存我们的肉体，提升我们的灵魂；当我们想到这个领域赐予我们每一个人的特殊能力时，我们就不得不在我们自己和他人身上不停地做实验；当我们想到那些因为医疗事故或者教育失误而对我们造成的明显伤害时，这不仅是对这种错误的暴露，也是对它们的惩罚，我们都会惊讶于错误的愚蠢，尤其会惊讶于错误的难以根除。我们可以在这种天生的倔强中轻易地发现它们的起源，这样我们就可以用这种倔强，像对待无生命的物体一样对待生命体，并且用轮廓分明的固态形式去思考所有的现实，无论它会如何流动。只有面对这种断续性的、静止的和没有生命的客体时，我们才能无拘无束。理解生命天生的无能，这便是智能的特征。

与之相反，本能却是基于生命形式而被塑造成形。智能机械地处理一切事情，而本能却会有机地处理这一切。沉睡在本能中的感知意识一旦醒来，一旦本能被包裹成知识而非展开成行为，一旦我们提出的问题能被本能所回答，那本能就会向我们透露出生命最核心的机密。因为本能只能凭借生命组织物质的方式去完成这项工作——因此，我们不能说有机物在哪里结束，本能又从哪里开始。当小鸡用喙啄开蛋壳，这其实就是本能行为，但是它只是完成了自己胚胎生命中所固有的那种运动。相反，在它自己胚胎生命的过程中（尤其是当胚胎以类似幼虫的形式自由生存时），那很多这种其所完成的行为必须被解释为本能。因此，最基本的原始本能其实就是生命过程。与之相伴的潜在感知意识通常只能在行为开始的时候得以体现，而这个过程中的余下部分将会自行继续下去。这种潜在的感知意识只需将自己扩展开来，然后完全潜入其自身的最深处，成为生命中的一种生殖力量即可。

当我们在一个生命体中看到了成千上万的细胞为了同一个目标而共同工作、共同分配任务、为自己同时也为其他细胞而活、自我维护、自我喂养、自我再生、并在应对危险时做出恰当的防御反应的时候，我们怎能不想到如此多的本能呢？但是，这些却都是细胞天生的功能，都是细胞生命力的基本元素。从另一方面来说，当我们看到蜜蜂的蜂巢居然是一个如此严格组织的系统，没有一个个体能够在离开其他个体之后独自生存哪怕只一段时间，即便为这些离开的个体提供食物和居所，它们也无法存活；当我们看到这些的时候，我们还当真要承认，蜂巢其实是一个单一的有机物(这可不是比喻)，在这个有机物中，每只蜜蜂都是一个细胞，通过一种看不见的联系，与其他蜜蜂联合在一起。赐予蜜蜂生命的本能与赐予细胞生命的力量之间并没有什么明显的区别，换句话说，前者是后者力量的延伸。在像这样的极端例子中，本能与有机物的工作之间是相一致的。

当然，同一种本能在完善程度上存在着差别。例如，在野蜂和蜜蜂之间，这种差距就很大。我们需要穿过大量的中间蜂种才能完成从野蜂到蜜蜂之间的过渡，这关系到社会生活中的很多复杂性。但是，那些多少具有同源关系的组织，其组织学意义上的元素功能也存在着同样的差异。在这两种情况下，就同一个问题存在着多种变化形式。但是，问题的持久性非常明显，而变化形式只会调整自己去适应环境的多样性。

于是，在两种情况之下，动物的本能和细胞的生命特质，都展示了同样的知识和同样的愚昧。一切都在进行着，细胞似乎知道了一些在其他细胞中与自己有关的东西；动物似乎也知道了一些在其他动物中能够被它利用的东西——即其他所有尚处于阴影之中的东西。只要与一种物种联系在了一起，生命就仿佛从自己的其余工作中被切割了下来，只剩下了与那个新生物种相关的一两点内容了。此时的生命正如感知意识那样运转，如记忆那样运转，这难道不是明显的事吗？我在自己身后投下了所有的过去，却毫不自知；我们的记忆只将一些零散的回忆注入当下，它们以某种方式补完了我们当前的形式。因此，在某个特定点上，一个物种所拥有的另一个物种的本能知识，是扎根于生命的一致性的，套用一位古代哲学家的话说，就是“对自身的整体共感[①]。如果不将它们与这些回忆——看似被遗

① *sympathy*，在之前的中译本中被译作‘同情’；但正如柏格森将在下文中指出的那样，应从词源学的角度去理解该词；*sym* 本意是共通、相同，*pathy* 源自拉丁语 *pathia*，来自希腊语的 *pathos*，意思是‘感受’”。

忘，却会在需求的紧迫压力下突然迸发——相联系，想要检测出这些显然产生于非常环境中的特殊的动物本能和植物本能就是不可能的任务。

毫无疑问，科学解释已经承认了很多的二级本能，以及很多不同种类的主要本能。但是，科学能否用其现有的解释方法，成功将本能完整地分析一遍，还是很难说的事情。原因是，本能和智能是同一原理在两种不同方向上的发展，一个保存在自己的内部，一个踏出自我之外，专注于外部的非生命物质。这种渐进的分歧证明了两者之间存在一种基本不兼容性，并且指向一个事实：智能重新吸收本能是不可能的。本能中的那种天赋东西不能通过智能来表达，因此也不能用智能来进行分析。

一个天生的盲人，他刚好居住在另一群天生的盲人中间；这个人绝对无法相信的是，当他试图去触摸一个遥远物体之前，不需要先触摸到他与这个物体之间的其他物体。但是，视觉完成了这一奇迹。在某种程度上讲，盲人的感觉是对的，因为视觉是通过光波对视网膜的刺激而产生，它不是什么别的东西，就是一种视网膜的触觉。这确实是科学的解释，因为科学的功能就是根据触觉表达所有知觉。但是，我们已经在别处展示了知觉的哲学解释（如果它还能被称为解释的话）必须是另一种解释。现在，本能也是一种远距离的知识。本能与智能之间的关系与视觉和触觉之间的关系一样。科学除了能够根据智能来对本能进行表达之外别无他法；但是，在表达本能的时候，智能却只能仿造出本能的赝品，而不是深入本能之中。

想要确定这一点，你可以读读对进化生物学这一独特理论的研究。这些理论可以缩减为两大类，但是这两个种类总是会被混在一起。第一种跟随新达尔文学说的原理，认为本能是自然选择保留下来的偶然差别的集合：如此这般的有用习性，凭借基因的偶尔因素而被个体顺理成章地采用了进来，已经从一个基因转移到另一个基因，同时静待时机，用同样的方法把新的改良措施注入其中。第二种是将本能看做堕落的智能：物种发现某个习性有用，原本想要把它变成一种习惯，但是遗传传递却将这种行为变成了一种本能。在这两种类型的理论中，前者的优点在于引入了遗传传递，故没有引起严重的反对；这个理论认为所谓偶然的改良措施本身就起源于本能之中，而不是个体去获得的。但是，从另一方面来讲，这种理论却绝对无法办将大多数昆虫的本能解释为高级的本能。当然，这些本能并不是一次性就达到了如今的复杂程度，它们有可能是进化而来；但是，在类似于新达尔文学说的一个假说中，本能的进化却能够按照新本能的逐步添加来完成，而这些新本能在某种程度上能够凭借巧妙的偶然，与旧有本能相适应。很明显，在大多数的例子中，本能不能通过简单的堆积来自我完善：其实，如果不想破坏整体的话，每一种新本能都需要针对整体进行自我重塑。只凭机会，这种重塑是如何完成的呢？我同意，基因偶然的改良可能会被遗传传递下去，然后以某种方式等待新的偶然改良的到来，让它变得更具复杂性。我也同意，自然选择可以消除所有那些不适于生存的太过复杂的本能形式。为了使本能的生命得以进化，就必定会产生刚好适于生存的复杂性。那么，只有在某些情况下，当新元素的添加给所有的旧元素带来环环相扣的改变之时，这种复杂性才会产生。没有人会相信机会能够完成这样的奇迹：我们会以某种形式恳求智能的帮助。我们应该假设，凭借一种或多或少带有主动意识的努力，生物才能发展出更高的本能。但是，随后我们应该不得不承认，一种后天习得的习惯也能被遗传，而且这种习性很有规律，足以保证进化。折中来说，这种情况难以预测。即使我们能够将动物的本能说成是智能习得的、通过遗传传递而获得的习惯，但是我们还是没有讲清楚这种解释如何能够扩展到植物界，在植物界，永远都不会是智能在努力，即便我们偶尔把它们看做有意识的。但是，当我们目睹藤蔓植物如此精准地使用它们的藤蔓之时；当我们目睹兰花是如何巧妙地联合起来，借助策略让昆虫帮助它们完成受精之时，我们如何不去想，这本能是不是多得有点过头？

这并不是说新达尔文学说的理论必须被全盘否定，也不是说要全盘否定新拉马克学说。第一种学说主张进化是发生在基因之间，而不是个体之间，这种说法也许是正确的；第二种学说主张在本能起源的地方存在着一种努力（即使这种努力与智能的努力大不相同），这也是正确的。但是，前者将本能的进化看做一种偶然进化可能就错了，而后者将本能的努力看做一种个体的努力也错了。一个物种改良其本能时的努力，以及改良其自身时的努力都只能是一种更为深层次的东西，既不依赖于环境，也不依赖于个体。虽说运气也是实力的重要组成部分，但它决非全凭偶然；它也不单独依赖于个体的主动性，即使个体在其中存有合作。

现在我们比较一下不同种类的膜翅目昆虫在同一本能上的不同形式。它给我们的印象并不总是一种因为元素的彼此叠加从而造成的复杂性的增加，也不是在一个阶梯上的步步向上。至少在很多情况下，我们都会想到一个圆形的环境，这些不同变种便是从这个圆上的不同点出发的，但所有的点都指向一个相同的中心，每一个变种都在朝那个方向做出努力，但是每一个变种的前进都在自己的能力范围以内，都在这个中心为其照亮的范围之内。换言之，每个位置的本能都是完整的，只不过被或多或少地简化了而已，而最为重要的是，本能通过不同的方式被简化了。另一方面来讲，在某些情况下，我们也确实得到了一种类似爬楼梯的印象，仿佛同一种本能已经在一条指向同一个方向的道路上让自己变得越发复杂，而那些顺着本能的线条一列排开的物种并不总是同源同族。因此在近几年中，针对不同蜂种在社会本能方面的对比研究证明：无螯针蜂的本能尚处于野蜂的基本和蜜蜂的完美之间；但是蜜蜂和无螯针蜂之间依然没有亲属关系。最有可能的就是，这些不同社会的复杂性程度与叠加元素的数量没有任何关系。好像我们面对的是一首曲子，它作为一个整体，首先被转化成了一定数量的音符，在这些音符上仍然存在着整体的旋律，而这旋律被演奏成了不同的变奏曲，有的非常简单，有的却需要一定的技巧。至于这首最初的曲子，既消失无踪，又无处不在。如果我们试着要根据某种理念来表述它，都只能无功而返：从源头上来看，它必然已成为了一种感觉，而非思维。某种黄蜂的麻痹本能也给了我们同样的印象。我们知道，具有麻痹本能的各种膜翅类昆虫都会把卵产在蜘蛛、甲虫，或者毛虫体内，这些昆虫首先会接受黄蜂纯熟的外科手术，然后静止不动地瘫上几天，为黄蜂幼虫提供新鲜的食物。这种昆虫会叮咬受害者的神经中枢，摧毁其行动的能力，但是却不杀死它们。这些不同种类的膜翅类昆虫真可谓是具体猎物具体分析，考虑到了不同种类的猎物之间的差别。攻击玫瑰甲虫幼虫的土蜂，只会在甲虫身上叮一个点，但是在这个点上集中且只集中了甲虫的运动神经节：叮咬猎物的其他神经节可能会导致其死亡和腐坏，这是万万不可的。黄翅掘土黄蜂将蟋蟀选作猎物，它熟知蟋蟀的三个神经中枢，分别控制蟋蟀的三对腿——至少看起来它是知道的。掘土黄蜂的第一口叮咬会选择脖子下方，然后是前胸，最后是胸腹交接处。毛刺砂泥蜂会在毛虫的九个神经中枢点上连续叮咬九次，然后抓住毛虫的头，用其下颚将其咬住，以麻痹毛虫而不致其死亡。所以，蜂种麻痹猎物的主旋律就是“瘫痪而不致死”；至于变奏，则需要视猎物的身体结构而定。毫无疑问，这种麻痹手术并不是百发百中。最近的研究表明，毛刺砂泥蜂有时会杀死毛虫，有时也会麻痹不完全。但是，因为本能和智能一样，都有出错的时候，因为本能也会出现个体差异，所以就不能说毛刺砂泥蜂的本能是从尝试性的智能试验中获得的。即使假设随着时间的推进，泥蜂已经通过尝试性实验，渐渐学会了识别猎物的神经中枢，也学会了必须在头部进行一些特殊的处理，使得猎物麻痹而不致死亡，针对此，我们又怎能将这如此特殊的元素和如此精确的知识想象成通过遗传代代相承呢？如果在我们当前的所有试验中，出现过一次此类传递的确凿实例，那自然就不会有人来置疑这种后天特征的遗传性了。实际上，一种后天培养出来的习性，即便通过遗传传了下去，它所展现出来的效果也是既不规则又不准确。

但是，所有的困难都源于我们自己，是我们非要用智能去表达膜翅目昆虫的知识。正是出于这样一种愿望，我们才将毛刺砂泥蜂比作昆虫学家，昆虫学家非常了解毛虫——它将自己定位为局外人，不会从中获得一种特殊的或者关乎生命的利益。我们认为，毛刺砂泥蜂必须逐一地学习毛虫身上神经中枢的位置，就像昆虫学家一样——至少须在尝试过这些叮咬效果之后，才能获得关于这些位置的实用知识。但是，一旦我们假设毛刺砂泥蜂和其猎物之间存在着一种共感，它由内而外地透露了毛虫的弱点，那我们就不再需要上述的观点了。这种对弱点的感知可能与外部的自主觉察毫无关系，但若把毛刺砂泥蜂和毛虫视为整体的存在，那它俩就不再是两种有机物，而该被看做两种行为模式。这便是两者之间的具体关系。当然，科学理论不会对此有所考虑。它决不会将行为置于有机物之前，也不会将共感置于知觉和知识之前。然而，此时又是这样，要么就是哲学一无所见，要么就是它的角色在科学止步的地方隆重登场。

无论是将本能看做一种“复合反射”，还是一种已经变成了自动行为的智能所形成的习惯，还是经由选择积累而后固定下来的偶然优势的总和，无论哪种情况，科学都主张要么将本能完全分解为智能行为，要么将其归纳入层层叠加以建立起的机制——就像被我们的智能所建立起来的那种一样。此处我确实同意科学发挥了作用。在缺乏对本能的真正分析这一情况下，科学以智能的语境写下了一册本能的译本。但是，科学自己邀请哲学以另一个方式来检测物体，这难道不是显而易见的吗？如果我们的生物学依然使用亚里士多德的理论，如果生物学将所有生物都看做呈直线发展，如果它向我们展示了朝着智能进化、一路上穿梭于感觉与本能之中的整体生命的话，那我们，我们这种智能生命，就应该把目光转回到较早也较低劣的生命机制里，在不破坏它们形式的前提下把它们装入我们理解力里的模具当中。但是，生物学的一个明确结果已经表明，进化是沿着有分歧的道路进行的。正是在其中两条线路——两条主线——的极点上，我们找到了几近纯粹的智能和本能。那么，为什么本能应该被分解为智能元素呢？

甚至，为什么要归纳入完全的智能术语呢？在这里想到智能，或者绝对的智能，就是回归到了亚里士多德的自然理论中，这难道还不够明显吗？毫无疑问，即使回到亚里士多德的自然理论中，也好过在本能面前做短暂的停留，这感觉像是逗留在一个隐逸秘密的门口。但是，即使本能并不属于智能范畴，它也并没有坐落在意识的极限之外。在情绪感觉的现象中，在非反射性的共感和独感[①]——即使是以一种非常模糊的形式，且与智能的相互渗透过于深厚——之中，我们体验着只会发生于主动意识中的昆虫的本能行为。为了将最初相互渗透的元素发展到终点，进化确实付出了努力，但却最终将它们分离了开来。更确切地说，智能首先是一种将空间中的一点与其他各点联系起来的能力，是一种将物质客体彼此联系起来的能力；它应用万物，却始终置身于万物之外；而且，因为某种深刻的原因，智能只能觉察到“肩并着肩”绵延而出的结果。无论是何种力量导致毛虫神经系统的诞生，其在我们和我们的智能的眼中不过是一种神经和神经中枢的并置。是的，我们由此得知了这种力量的外部效果。毫无疑问，毛刺砂泥蜂识别到了这种力量中极小的一部分——只与它相关的那一部分；但是，它至少能够从内部识别，这种识别的过程与知识的形成过程截然不同——凭借着一种直觉（生命内在的直觉而非外在表现出的直觉），这也许就像是我们所说的天赋共感。

很重要的一点就是：有关本能的各种科学理论一直都处于徘徊状态，有的将其看做智能，有的则将其看做可以用智能去理解的简单东西。或者我可以这么说，这种科学理论要么将本能比作智能的“退步”，要么就将本能削减为一种纯粹的机制。这两种解释体系都会在批判对方的时候获得胜利，第一种体系表明，本能不可能是纯粹的反射；另一个体系表明，本能是一种与智能不同的东西，即使落入无意识状态也是这样。这就意味着它

---

① *antipathy*，现代英语中为“反感”之意，此处对应共感，是在本性中相抵触的方面。

们是两种象征体系，在某些方面都能被接受，在另一些方面也都不足以说明它们的客体，此外，还意味着什么呢？具体的解释不再是科学上的解释，而是形而上学的解释，这种解释必须沿着另一条道路寻找，不是沿着智能的方向，而是“共感”的方向。

本能就是共感。如果共感能够扩展其客体，并仔细考虑其自身，那么它便会将生命运作的钥匙交给我们——就像接受过训练的发达智能会将我们引向物质。因为智能和本能所走的是两个对立的方向，智能指向非生命物质，而本能指向生命。智能借助于科学（智能的工作）将会给我们传递越来越完整的物理操作的秘密，带给我们一种有关生命的非生命翻译，智能在生命周遭活动，从外部提取了尽可能多的有关生命的观点，将生命拉向自己，而不是让自己进入到生命之中。但是直觉将我们引向了生命的本质——这里所说的直觉指的是站在客观立场上，且拥有自我意识能力的本能，它能够将这种意识反射到其客体之上，并将其无限扩张。

此类的努力并非不可能存在，人类拥有的审美能力和正常的知觉能力就能证明它的存在。我们的眼睛能够觉察到的生物特征都是装配好了的特征。生命意图就是顺着生命路线的简单运动，将生命路线捆绑在一起然后赐予它意义，这种意义是我们的肉眼无法看到的。画家试图重获的正是这些意图，他借助某种共感将自己放回客体之中，借助某种直觉的努力，打破模特与他之间的空间障碍。实际上这种审美直觉和外部知觉一样，只能获得个体。但是，我们能够转而构思一种与艺术同方向的调查，这种艺术将普遍生命作为其客体，就像物理科学一样，追随外部知觉所指引的方向，将个体事实延长到普遍规律。毫无疑问，这种哲学获得的有关客体的知识，将永远不能与科学获得的有关客体的知识相提并论。智能仍然是发光的核子，在这些核子周围，本能只形成了一道模糊的星云，甚至会被放大或者纯化为直觉。但是，在缺乏只为纯粹的智能所保留的所谓知识的情况下，直觉让我们得以掌握智能无法带给我们的东西，展现出其补足智能的方式。

一方面，直觉将会利用智能的机制本身，去展现智能模具有多么不合适；另一方面，凭借其自身的运转，直觉会带给我们一些模糊的暗示，告诉我们必须用什么来代替智能的模具。因此，直觉会让智能认识到，生命既不能被纳入众多，也不能被归于单一；无论是机械的因果关系还是终结论都无法为生命进程提供一个够资格的译本。那么，通过我们和其他生物之间建立起共感交流，并扩大它带给我们的感知意识，直觉将我们引向了生命本身的领域之中，这个领域相互渗透，进行着永无止境的创造。但是，即使直觉因此而超越了智能，但推动直觉上升到其该有的水平的那股动力却是来自智能。没有智能，直觉就会保持本能原有的形式，被固定在对它没有实际效益的特殊客体上，并且被这个客体转向外部落入到动力运动当中。

知识理论该对这两种能力（智能和直觉）做何解释？因为没有在它们之间做出足够清晰的区分，所以知识理论陷入到了解不开的难题之中，创造出理念的幻象，并与问题的幻象十指紧扣。这些问题我们都会在稍后的部分进行讨论。我们应该看到，就这一点来看，它的问题是与形而上学的问题共存的，而且这两种问题都依赖于经验。一方面，如果智能中确实充满了物质，本能中确实充满了生命，我们就必须将它们挤压在一起，以便从它们之中获得双重本质；形而上学也因此取决于知识理论。但是，在另一方面，如果感知意识由此分裂成了直觉和智能，那是因为意识在追随生命之流的同时也需要将自己应用在物质之上，这是一种需要。因此，感知意识的双重形式应归于真实的双重形式，而知识理论则必须建立在形而上学的基础之上。事实上，这两条思路是彼此相通的；它们形成了一个圆形，在这个圆中，除了凭借经验对进化进行研究再无其他中心。感知意识穿梭于物质，在物质中迷失了自我，最后又在物质中找回了自我，进行自我划分和自我重组，因此，我们应该形成一种观念，即这两个术语之间是相互对立的，而且还可能同出一源。但在另一方面，通过仔细思考这两种元素的对立性和其起源的同一性，也许我们应该更加清晰地说明进化自身的意义。

这就是本书下一章的主题。但是，我们刚刚注意到的事实已经向我们表明这样一个观念：生命既与感知意识相联系，也与某种类似于感知意识的东西有联系。

纵观整个动物世界，感知意识似乎与生物选择的力量成正比。它点亮了围绕在行为周边的潜能区域，填充了已完成和可能完成的行为之间的间隙。从外部看来，我们可以将感知意识看做一种对行为的简单援助、一盏由行为点燃的灯、一个在真实行为和可能行为之间摩擦出来的转瞬即逝的火花。但同样我们必须指出，如果感知意识是原因而非结果，那物体的发展也应该是这样。我们可以假设，即使是在发育最不完善的动物之中，感知意识不偏不倚地覆盖了一大片广阔的领域，但它却被某种钳子死死夹住：神经中枢的每一次前进，都会因为让有机物能在更多行为中做出选择，从而引发出能够包裹真实的潜能，由此放松了钳子，使得感知意识可以更加自由地通行。第二种假说和第一种假说一样，感知意识仍然是行为的工具；但是，说行为是感知意识的工具也许更为确切，因为被囚禁的感知意识获得自由的唯一方式便是以行为去复杂化行为，用行为去对抗行为。那么，我们应该怎样在这两种假说中做出抉择呢？如果第一种假说是正确的，感知意识必须无时无刻不明确地表现出大脑的状态；那么精神状态和大脑状态之间就呈严格的平行对应（只要是在智能所及的范围之内）。第二种假说刚好相反，认为大脑和感知意识确实是共生共存，但却并不是平行关系：大脑越复杂，有机物的行为就有更多的选择，感知意识就越能够超出其物理载体。因此，如果知觉是相同的，那人和狗对于同一场景的记忆将面临同样形式的改变；但在人和狗对这一场景的记忆本身肯定是非常不同的。在狗的大脑中，记忆仍然是知觉的战俘；只有当相似的知觉重现了同一个场景，记忆才会被带回感知意识之中，接着，它会通过一种对当前知觉的认知——不是思考而是执行——呈现出来，而不是通过一种对记忆本身的实际重现。与之相反，人类的大脑却能够随意召唤出这种记忆，无时无刻不独立于当前的知觉之外。它不会局限于重演过去的生活；它只会通过想象将其显现出来。大脑的“本地化修改”机制与记忆息息相关，它在人与狗身上是相同的，两种记忆在心理学上的差异并不是产生于两种大脑机制之间在细节上的特定差异，而是源于大脑整体之间的差异。两者之间更为复杂的那个大脑，通过设置更大数量的机制用于对抗另一方，已经让感知意识从整体和全部的限制中自我释放出来，达到独立。事情就是以这种方式发生的，我们必定会选择这两种假说中的第二种假说，这就是我在上一本书中，通过研究最能体现感知意识状态和大脑状态之间关系的现象，研究正常认知和病态认知——尤其是失语症形式的病态认知——所要想证明的。如果事实不能证明这一观点，那么纯粹的推理也能将其说明。我们已经提到过认为大脑状态和精神状态之间存在对等的假说，其先决条件是多么地自相矛盾，两种互不相同的象征手法又是何等地混淆不清。

从这一点来看，就算生命的进化不能被归纳到任何实际的概念中，但它依然接受了一种更为清晰的意思。仿佛一股感知意识的洪流——和所有的感知意识一样，它负载着大量相互交织的不同潜能——已经渗入到了物质之间。它已经将物质有机化，但是它的运动却立即受到了无休止的妨碍和分割。一方面，感知意识确实不得不进入睡眠状态，就像蚕茧中的蛹一样，休养生息，准备着它的翅膀；而在另一方面，感知意识中所包含的多种趋向已经分散在多个系列的有机物中，此外，这些趋向还在运动中获得了外在的表述，在表现中获得了内在的表述。在这些进化进程中，有的生物睡得越来越沉，而其他的生物却越来越清醒，而部分生物的冬眠也满足了其他生物的活动需要。生命，就是发射到物质中的感知意识，将其注意力固定在它自身的运动上，或者它所经过的物质上；而且，它已经由此转向了直觉或智能的方向。在第一眼看来，直觉似乎比智能略胜一筹，因为在直觉中，生命和感知意识仍然各自为阵。但是，看看生物的进化我们就会知道：直觉不会走得太远。从直觉上来看，感知意识发现自己受到了外壳的严格限制，这样直觉便不得不缩减为本能，换言之，它将只包含生命中让它感兴趣的一小部分；而且只能将这一小部分包含在黑暗之中，可触而不可见。在这方面，视野很快就被关闭了。与之相反，感知意识在将自己塑形为智能时，即首先将自己的注意力集中在物质上时，似乎自行将自己客观化了；但是，就是因为它让自己适应了来自外部的客体，它才能成功地在这些客体中间移动，避开这些客体为它设置的障碍，由此为自己打开一片广阔的天地。此外，一旦感知意识获得了自由，它就能自行转向内部，唤醒仍然处于沉睡之中的潜在直觉。

从这一点来看，不仅发现感知意识呈现出了进化的运动原理，同时还发现，在有感知意识的生物之中，人类占据的是个非常有利的位置。人类和动物之间的区别不再是一个程度问题，而是一个种类问题。我们会在下一章中展示这一结论是如何得出的。现在，让我们展示一下前文中的分析是如何表明这一点的。

值得注意的是，发明结果与发明本身绝对不成正比。我们已经说过，智能是基于物质而成形，它首先指向的便是建造。但是，它是为了建造而建造，还是说它是有意为之？建造包括对物质的塑形、柔化、弯曲，将其转变为一种工具，以便操控它。造福于人类的正是这种操控，它甚至比发明本身所创造出的物质结果更具意义。即使我们从现成的物体中获得了一种临时优势，即使这种优势是所有发明家所追寻的，但是与发明在各方向上所引发出的新观念和新感觉相比，这种优势便显得微不足道了，仿佛这种结果的本质部分就是将我们提升至高于自身的位置，以便拓展我们的视野。结果和原因之间是如此的不均衡，以至于很难将原因看做效果的生产者。原因释放结果，同时也的确安排好了结果的方向。一切仿佛是这样的：智能掌握物质的主要意图就是让一些东西穿过被物质压抑着的事物。

当我们将人类的大脑和动物的大脑作比较时，就会获得同样的印象。

最初的不同似乎只是尺寸和复杂性的不同。但是，若用功能来进行评定，就必定会发现一些别的东西。在动物的大脑中，大脑所建立的动力机制——即那些自动养成的习惯——除了达成这些习惯所标注出的、贮存于这些机制中的运动之外，别无其他目的。但人类大脑的动力习惯可能会产生第二种结果，它与第一种结果不成比列：它能够牵制住其他的动力习惯，并由此克服自动行为，释放感知意识。我们知道语言在人类大脑中所占据的广阔区域。与词汇相对应的大脑机制所占据的区域尤为广阔，这样它们便可以控制其他的机制，包括与物体自身相对应的机制，甚至可以用来让不同的机制之间相互制约。与此同时，感知意识被贮存起来，然后获得了释放，它被拽入并淹没于行为的达成中。

因此，这种差别肯定要比我们从肤浅检测中得出的差别更为精确。这是吸引注意力的机制和转移注意力的机制之间的差别。就像纽克曼设计的蒸汽引擎一样，最初的蒸汽引擎要求额外聘用一个人专门负责开关阀门，要么让蒸汽进入汽缸之内，要么往汽缸中喷射冷水雾，让蒸汽凝结。据说有个男孩被聘来负责这项工作，工作非常辛苦，于是他就想出了一个办法，将阀门的手柄用铁丝绑在引擎的横梁上。然后，机器就能自己打开或者关闭阀门；完全自行完成。现在，如果有一个观察者将第二种机器与第一种机器作比较，不用去考虑负责看管两台机器的男孩；他会发现这两台机器仅仅是在复杂程度上有些许不同。这确实就是我们只看机器时所能觉察到的东西。但是如果我们看一眼两个男孩，我们就会发现，其中一个为了开关阀门而忙得满头大汗，而另一个却可以随意离开机器到一边去玩耍，从这一点来看，两台机器之间的差别非常彻底，第一台机器将注意力看做一个俘虏，而第二台机器则将它看做自由之身。我们认为，同样的差别也能在动物的大脑和人类的大脑间找到。

那么现在，如果我们希望用终局论来表达这一点，我们就应该说，感知意识为了解放自己，已经被迫将有机物分解为两种互补的部分——一部分是植物，一部分是动物——然后在本能和智能两个方向上寻找出路。感知意识在本能方向上没有找到出路，而想要获得其智能的一面，感知意识就必须从动物飞跃到人类。因此，归根结底，人类可能被看做我们星球上所有生命有机物存在的理由。但是这可能只是一种表达方式。在现实中，只存在“存在趋势”和“相反趋势”；因此，生命就是这样进行整体进化的。我们必须严密掌控这两种趋势之间的队形。也许我们能够由此为它们找到一个共同的源头。毫无疑问，通过这一点我们可以渗透到形而上学里最为晦涩难懂的领域。然而，因为我们必须追随的两个方向已经被清晰地标注出来了，一个方向是智能，另一个方向是本能和直觉，得知这一点的我们再也不怕迷路了。一篇有关生命进化的调查表明，知识的概念和形而上学是相互包容的。一旦看清了两者，这种形而上学和这种评论便会轮流对整体的进化进行一定的阐述。

3. 关于生命的机制——自然秩序及智能形式

生命问题与知识问题之间的关系——哲学方法——建议方法的表面恶性循环——对立方法的真实恶性循环

物质与智能同出一源——物质所固有的几何学——智能的几何趋向——集几何与推理——几何与归纳——物理法则

基于对无序观念的分析，描绘出一种知识理论——秩序的两面性：种属的问题与法则的问题——“无序”概念，智能在两种秩序间的徘徊

创造和进化——物质的理想起源——生命的源头和功能——生命进程以及进化运动中的根本性和偶然性——人类——肉体生命和精神生命

在第一章的讨论中，我们对无机和有机之间的界限进行了追查，但是我们也指出，将无机物细分入多项个体的行为关乎到我们的感官和智能，而被我们视为不可分割之整体的物质肯定就是一种延绵的改变，而不是某个东西。认识到这一点，我们便做好了准备，要在静止和运动之间取得一种平衡。

而另一方面我们也已经在第二章中阐释过，我们能够在本能和智能之间找到同样的对立关系，其中一方最终成为了生命的确定因素，而另一方则掌握了对物质的构建。但是我们同样也说过，本能和智能是在同一背景中所显现出来的，这背景目前还没有一个确切的名字，我们称之为普遍意识力，它伴随芸芸众生一道延展。这样一来，我们便揭露出了一种可能性，即通过剥离包围在外的普遍意识，从而一探智能的起源。

于是我们开始了尝试，将智能的起源定位于物质起源的同一时刻——倘若我们智能的主线标注出了我们基于物质的行为的普遍形式，同时，物质的细节依从于我们行为的需要，那么此二者在根本上就是相互关联的。智能性与物质性已经被建立了起来，具体来说，其主要的建立方法为相互融合。它们都源于一种更为宽广、更为高级的存在形式。我们必须回溯到那里，才能看清它们的发展。

最初的尝试可能会比形而上学者所做出过最为大胆的推断还要勇敢。但是仅仅这样还远远不够，我们需要超越心理学的范畴、超越宇宙学的范畴、超越传统形而上学的范畴，因为心理学、宇宙学和形而上学都将智能限定在了那些对其非常重要的既定事物中，而不是现在我们所提出的这些在其形式和物质中所产生的东西里。这种事物在现实中要更为普遍一些，我们接下来就会谈到这一点。但我们还是先来看看它是如何与众不同的。

从心理学开始，我们并不认为它会在动物的发展过程中产生出智能这种东西。比较心理学告诉我们，一个动物越是具有智能，它就越可能会对能够利用事物的行为产生反应，从而变得更为接近人类。但是它的这些行为已经自然而然地拥有了人类行为的主要特征，它们也已经像我们一样，认识到了这个物质世界的主要方向，也依赖于被同样关系捆绑在一起的同样客体，所以，尽管并未形成所谓的真正观念，但是动物的智能同样也是在观念性的氛围中前进的。它们无时无刻不专注于自己所做出的行为和自己必须采取的态度，并因此而使自己倾向于外在，毫无疑问，它们只能执行观念，而非思考观念，但是这种顺从从整体上来看，仍然还是符合人类智能的总体规划的[①]。如果要用动物智能去解读人类智能，最简单的方法就是浏览一遍从人类胚胎到成年的发展。我们已经展示了越发具备智能的生物是如何朝着某个特定的方向不断进化的。而一旦我们承认了这个方向，智能就是既定的了。

在一个类似于斯宾塞的宇宙进化论中，智能是一种自不待言的事物，与此同时，物质也是如此。我们所看到的都是物质受到规律的控制，物体与物体之间以及事实和事实之间都是被一些不变的关系所联系在一起，感知意识打上了这些关系和规律的烙印，因此接受了自然的普遍架构，进而将其自身塑造成了智能。但在我们接纳客体和事实的时候，怎能忘记此时的智能是被假设出的呢？首先，让我们无视那些对物质属性的种种假设，可以很明显的看出，一个物体的物质性不会止步于我们所触及的那个点：一个物体，产生影响即是存在；就它的引力而言，可以施加到太阳、行星，甚至整个宇宙之上。物理学越是发达，就越能消除各物体乃至各微粒的个体性，科学想象就是从分解后者开始的：这些物体和微粒都趋向于融入一种普遍的相互作用中去。我们的认知更多地赋予了我们自己对于事物的最终行为的计划，而非对于事物本身的计划。我们在事物身上所发现的轮廓

① 我们已经在《物质与记忆》（*Matièreetmémoire*）一书的第二章和第三章，也就是第78-80页和第169-186页对此问题进行过阐释。

只不过表明了我们能够在这些事物中得到并修改的东西。我们所看到的那些贯穿事物的轨迹也都只是我们所行走的道路而已。感知意识已做好准备要在无机物上施展行为，在其程度和比例之中——意思是说，智能形成的程度和比例——轮廓和道路揭示了它们自己。值得怀疑的是，基于不同蓝图产生出来的动物——比如软体动物和昆虫——是不是以同一种手段去分切物质的。实际上，它们本无必要去细分物质。在继续研究昆虫给予我们的这种启示的时候，我们没有必要去理解所有的事物，只需将不同的属性区分开来就已足够。相反，即便是最简陋的智能，也已经在致力于利用物质去作用于物质了。就一方面而言，如果物质将自己细分进主动和被动的物体中，或者更为简单地分散进同时存在且完全不同的碎片中的话，那么智能就将认为这种情况下所产生的结果就是物质其本身，且其以一次扩张紧接着另一次扩张的方式，分裂的次数越多，它能扩展的空间也就越大，毫无疑问，空间其自身具有空间性上的倾向，但是它的各个部分还尚且处在一种相互包容和渗透的状态中。于是，将其自身变为智能的运动，也就是将其自身变为各种不同的概念的运动，使得事物将自己碎裂为互相独立的许多物体，这种运动与形成意识的运动是相同的。感知意识越被智能化，物质就越是空间化。进化论在空间中设想出一种按照我们的行为所遵循的轮廓切割出来的物质，这相当于事先为自己设置好一种现成的智能，基于这一点，进化论者宣传自己说出了智能的起源。

尽管更为敏感、更富自我意识，但是在其对思想的种类进行先验推论的时候，形而上学所做的也是同样的工作。它压缩智能，将其减少以符合自己的标准，严格地将其限制在一个太过简单，甚至可以被视为无物的原则之中：从这个原则中我们能将自己之前曾经放在它里面的东西完整地取出来。这样，我们就会毫无疑问地表现出智能的一致性，对智能下定义，制定出它的准则，但是我们却并不能追溯到它的起源。类似于费希特思想的东西，尽管因为其对于事物的真实规律有更大的尊重，且比斯宾塞的更为富有哲理，但是这种理论却很难带领我们走得更远。费希特是在一种浓缩的状态中进行思考的，然后再将其扩张至现实之中，而斯宾塞却是从外在的真实开始着手的，然后再将其浓缩为智能。但是，在上述的案例中，智能必须在其出现的一开始就被接受——不管是浓缩的还是扩张的，不管是在一种直接幻象中所捕获的还是被自然界中某种类似于镜像效果的反映所捕获的。

大多数哲学家们在这一点上所达成的这种一致性都源自一个事实，即他们一致承认了宇宙的统一性，而且一致将其用一种抽象而且几何学的形式表现出来。在有机和无机之间，他们确实没有发现而且也不会发现任何裂缝。有一些人从无机开始，认为其和其自身的融合产生出了生命。而其他的则是将生命放在第一位，然后用一种熟练的渐弱手法把它引向物质，但是此二者实际上只存在着属性等级上的不同——第一种假说中的复杂等级，第二种假说中的强度等级。一旦接纳了这种原则，智能就会变得像现实一般宽广。因为不管事物中的几何性究竟怎样，对于人类智能而言，它们都是可以被完全获知的，而如果几何学与其他学科之间存在着完美的连续，那么这些学科当然也就是智能的学科，易于被智能所掌握。大多数体系的先决条件都是如此。对比一下那些看起来没有什么共同之处和共同标准的学说——就如费希特和斯宾塞的学说——对比一下被我们偶然置于同一位置的这两个名字，任何人都能一目了然。

于是，在这些推论的根基上存在着两种相互关联补充的理念，一个认为自然是合一的整体，另一个认为智能的功能是从全局上把握自然。认知机制被认作与整体经验一同延展的，这一点毫无疑问。我们已经知道这一点，只是很少能够将其利用起来。事实上，这些观点的区别在于对结果的评估。对于某些来讲，智能囊括的就是现实其本身，而对于另外一些而言，这就只是一个幻象。但是，不管是幻象也好还是现实也罢，智能所捕获的所有东西都被认为是通过努力所能得到的全部。

于是，哲学过于偏重于个体意识的力量。不管是教条主义还是批评主义，不管它是承认我们知识的相对性还是宣称知识是建立于绝对之中，一门哲学通常都是一位哲学家的成果，它是对整体的个体看法。要么全盘接受，要么彻底否定。

唯一能让他们的理论变得完整乃至完美的哲学，是一门更为含蓄的哲学，那就是我们的哲学。如我们所言，人类智能根本就不是柏拉图在山洞寓言中所教授给我们的那些东西。它的功能也不是审视那些从我们头上呼啸而过的阴影，更不是自己转过身来凝视闪闪发光的太阳。它还有其他的一些事情要做。就像耕牛一样，全身都捆绑着东西，从事繁重的工作，我们能感觉到自己全身肌肉和关节的运动，还有犁头的重量和土地的阻力。做出行动，知道自己正在做出行动，触碰现实，乃至生活在这现实，但生活范围又仅局限于工作范围之内，仅仅关系到那道正被开垦出的田沟，这就是人类智能的功能。若非沐浴在有益的液体之中，我们又如何能够对体力劳动下的生活产生兴趣呢？在这片让我们沉浸其中的生命之海，我们始终都在不断吸收东西，然后发现自己的存在——至少是引导这种存在的智能——就是通过局部的聚合而在此成型的。哲学智能被视为一种重新融入整体的努力。智能，被其原理重新吸收，可能会因此再次回到自己的起源中去。但是这一切无法被一次性完成，它需要逐渐积累的过程。它就在于促使各种印象相互交流、相互连接，最终扩展我们的人性，乃至超越人性。

但是这种方法却是和在意识中最根深蒂固的习惯作对，它体现出的是一种恶性循环。肯定有人会说，你想要超越智能的做法是不会成功的：你如何能在没有智能的情况下做到这一点？你感知意识中所有清晰的内容都是智能。你处在自己的思想之中，你无法摆脱它。你若愿意，便可说智能能够不断进步，它能够对越来越多的事物拥有越来越清醒的了解，但你千万不要涉及智能的生成，因为当你这么去做的时候，你所要依靠的就正是你的智能。

然后，让我们将注意力放在距离外在性最远、同时对智能性干涉最少的东西上去。让我们在自身经验的深度中，寻找生命中我们自身感觉最为融洽的瞬间。接下来，我们一头扎回纯粹的绵延之中，在这个绵延中，不断移动的过去与一个绝对全新的当前一起无休止地扩大。可是，与此同时，我们感觉到自己意志的弹簧几乎已经被拉伸到了极限。我们必须采用让自身的个性卷曲起来的方式，把正在流逝的所有过去搜集到一处，然后一心将它紧紧地压缩进当前（这种当前是由它的进入创造的）之中。我们很少能对这种延伸保持镇定的心态：在这些时候我们的行为才是真正自由的。而即便是此时，我们也不能完整地拥有自己。我们对于绵延的感觉——准确地说应该是让我们自己与其保持一致——具有不同的程度。可是，这种感觉越深刻，而且一致性越完善，通过超越智能而代替我们吸收智能的生命就越多。因为智能的自然功能就是将相似的东西联系在一起，而只有事实才能够被重复的观点完全适用于智能观念。因此，我们的智能毫无疑问地赶在它们消逝之前抓住了真正绵延中的真正瞬间；我们通过再造新的意识形式（这种新的意识形式是从一系列取自其外部的观点中得来的，而所有的这些观点都尽可能地与一些我们已知的东西相似）来做到这一点。在这种情况下，我们可以说，意识的形式暗示性地包括了智能性。但是意识的形式却超出了智能的范围，它事实上是无法和智能相比较的，只是独自存在，而且永远都是新的。

现在让我们将弹簧放松，让我们中断尽可能地将过去挤进当前的工作吧。一到放松的过程结束，记忆也好，意志也罢，都将不复存在——这实际上是在说，我们永远都不会落入这种绝对的被动之中，我们也就不再需要让自己绝对自由了。但是，在此种限制中，我们还是瞥见到了一种由不断重新开始的当前所组成的存在——它缺乏真正的绵延，只有不断开始和结束的一个个瞬间。事物的存在也具有同样的属性吗？并不完全是，因为我们通过分析将其分解为各种初级振动，其中最短的振动具有非常短暂的绵延，这种绵延几近消失，但却并非不存在。然而，我们可以假设物理存在偏向于这第二种方向，而精神存在偏向于第一种方向。

因此，一方面是“精神性”，另一方面是有着智能性的“物质性”，在这两者之后，存在着两种方向完全相反的过程，而我们通过逆反的方法，亦或是通过简单中断的方法，从第一个过程通往第二个过程，倘若逆转和中断在这种情况下一定要被看成两个同义的素语，正如我们在之后的篇章中会阐释的那样。那么，当我们从扩张的角度，而不仅仅是从绵延角度来考虑事物的时候，这种假设就能够得到确认。

当我们让自己越多地意识到我们在纯粹的绵延中所取得的进步时，我们就越能感受到不同部位的相互渗透，我们的整个个性都将其自身浓缩于一个点（或是一处尖锐的边锋）上，压在未来之上，并不断地植入其中。在这种状态下，生命和行动才是自由的。但是，若我们放任自己去做梦，而不是行动，那会怎样呢？那样的话，自我就会立即消散，而我们的过去——直到那个时候还被集中在其传送给我们的不可见的冲动中——会碎裂为成千上万个相互独立的回忆。它们放弃了相互渗透，因而达到了固定的程度。我们的个性也因此沿着这个空间方向堕落。它不断地围绕着知觉。我们不再就此详述已经于别处研究过的问题。我们只需想到，扩张具有不同的程度，所有的知觉都在以某种方式进行扩张，而未被扩张的知觉——被人为地放到了空间中——只不过是意识的观点，这种意识的观点是由一种无意识的形而上学观点，而非心理学上的观察引起的。

即便我们放任自己向前迈进，也很可能只是向着延伸的方向迈出了一步而已。可假如有那么一瞬间，物质存在于这个走向远处的运动中，那么物理学就仅仅是心理学的逆转了。我们现在能够明白为什么当物质显现出更清晰的观念时，意识能够感到舒坦，能够自如地在空间中四处游走了。当一个模糊的想法在最后逗留时——也就是说，正在进行它自身可能的延伸时，这个空间就已经着魔了。意识在事物中找到空间，但如果它有足够强烈的想象，将它自身自然运动的逆转推到尽头，它也就能在没有那些事物的情况下找到空间。从另一方面讲，我们就能够解释为什么当物质被意识看见时，更多突出的是它的物质性了。首先，物质帮助意识沿着它自身的偏向往前走；它产生冲动。可是，一旦冲动被感知到，意识就继续它的进程了。它构成纯粹的空间的想法只是极限的框架，而这个运动就会在极限的框架处结束。其次，意识一旦拥有了空间的形式，就把它当成一个网眼密布的、能够随意被制作或者撕破的网来使用，而那个网，背离了物质的层面，根据我们行动的要求将它分成若干份。这样一来，我们几何学中的空间和事物的空间性就借助（本质上是一样的，可却朝着相反方向运动的）两个东西的互相作用和反作用相互生成。空间并不是像我们想象中那样与我们的本质无关，物质也不是我们的感官和理解力所呈现的那样完全在空间中延伸。

我们曾在别处论及过第一点。对于第二点，我们也仅限于指出：完整的空间性在它们的相互关联中包括了完整的独立部分，也就是说，处在一个完全对等的独立状态中。那么，就没有任何一个质点不会对其他质点起作用了。当我们观察到一件事真的在发生时，我们就会说（正如法拉第那样）：所有的粒子相互渗透，它们中的每一个都填充着这个世界。在这样的前提下，粒子（或者更广泛地说，是质点）就仅仅成为意识的一种看法，一种当我们继续做更多的工作（完全与我们的动作技能相关）时会有的看法，而通过做这种工作，我们将物质细分成各个部分。然而，无可争辩的是，物质允许它自身被这样细分，另外，假如它们碎成相互独立的几部分，我们就建立了一门能够代表真实的科学。同时无可争辩的还有，即便世界上没有完全孤立的系统，科学也能够找到一种方法，将宇宙切割成相对相互独立的系统，并且这样做还不会犯明显的错误。这种办法就是：物质让其自身延伸到空间，而同时并没有绝对地被延伸，另外，将物质看为可以分解进孤立系统中的东西，赋予它相当明确的元素，这种元素相对其他部分来说有所改变，可其自身（那是“不可替换的”，我们也可以说，不被“转换”）并未改变。总之，在将物质赋予纯粹空间的特质的过程中，我们也将自己转移到某个运动的终点，而这个运动是被物质指示了方向的，除此之外，办法还能是什么呢？

康德的先验美学论（*Transcendental Aesthetic*）一劳永逸地建立这样的观点：扩张并不是一种与其他物质属性相同的物质属性。我们不能对热量、颜色、重量的概念进行无限的讨论：要想知道重量或热量的形式（*modality*），我们就必须依赖于经验。而空间的概念则并非如此。即使假设视觉和触觉已经从经验上证明了空间（康德并没有对此提出质疑），空间的概念也依然存在着一个显著的问题：我们的意识只凭自己的力量去思考空间，并从中切割出一种形式（*a priori*），指出它的种种特质，我们将形式定义为：经验，尽管我们并没有始终与之保持联系，但是它依然穿过我们推理的无限复杂性仅仅跟随着我们，并总能证明这些推理是有道理的。事实就是如此。康德已经将它清晰地表现了出来。但是我们认为，对于这个事实的解释，一定要在某个与康德所走道路不同的方向上寻找。

正如康德向我们展现的那样，智能沉浸于一种空间性的环境中。智能和这种环境之间的关系就如同生命体和它所呼吸的空气之间的关系一样。我们的观念在穿过这种环境之后才会到达我们的头脑。它们事先受到几何学影响，所以我们的思想只能再度发现被我们的感知放到物质中的数学属性。因此，我们就能确切地看到，物质对我们的推理表现出让步，但是这种物质，不论它是否拥有智能，都是我们自身的产物。而对于其“自身”的真实性，我们一无所知，并且永远都无法知道什么，因为我们仅仅是通过感知形式，将其进行了折射。这样一来，一旦我们声称已经证实了其中的某些东西，立刻就会出现某种相反的证据，这种证据同样的可被论证，同样具有合理性。相反的理论产生了间接的知识，而对于这种知识的分析就直接证明了空间的理想性。这也是康德批判主义的主导理念。这个理念反驳了一种知识上的“经验主义者”理论。而在我们看来，最权威的，却是被这个理念否定的东西。但是，被这个理念肯定的东西，就给了我们解决问题的方法吗？

根据康德的描述，空间是一种作为我们感知领域里已经成型了的理念而被给定的东西——它是一种真正意义上的解决方法（*deus ex machina*），但是我们却无法观察到它是如何产生的，也无法得知它为什么就是如此，而非其他样子。“自在之物”（*Things-in-themselves*）同样也被给定了，康德认为我们无法了解其中的任何东西：即便是针对“有问题的东西”，他又能通过何种正当的手段确定它们的存在呢？如果这种无法被获知的现实向我们的感知领域投射了一种能与之严格相符的“感知的多样性”（*sensuous manifold*），那么，就那个事实而言，难道它不就在我们已知部分的范围内吗？而当我们开始对这种吻合性进行检查的时候，难道（至少在一点上）不会设想事物和我们意识之间一种预先设定的和谐吗？这种和谐是一种无根据的假说，康德希望回避它，这是正确的。实际上，正是因为空间性不具备显著的级别差异，他才不得不将空间作为一种给定的东西——由此引出了“意识上的多样性”如何适应这种空间的问题。基于同样的原因，康德将物质变成了相互独立的部分——这样就产生了自相矛盾，而从这之中我们可以清楚地发现，这两个对立的理论都认为：事物与几何学空间之间具备完美的一致性，但是，一旦我们不再仅对纯粹的空间事物进行延伸，这种完美的一致性就会中止。最终，我们得出的结论就是，对于知识的理论，存在着三种不同的选择，也只有这三种：要么是由事物所决定的意识，要么是由意识所决定的事物，或者是我们在意识和事物之间达成的一个神秘的协定。

但是事实上，还存在着第四种选择，而康德似乎并未想到它——第一个原因是因为他认为意识不会超出智能的范围，第二个原因（这个原因从根本上来讲和第一个差得不多）是因为他并未将绵延归为一种绝对存在，而是作为前提，将时间放到了与空间相等的高度。这种选择首先将智能视为意识的一种特殊功能，它从根本上转向非生命事物；其次，不管物质决定智能的形式，还是智能会影响物质的形式，或是物质和智能被它们之间的一种（我们所不知道的、事先就已经存在的）和谐关系糅合在一起，智能和物质都积极地让自己与其他形式彼此适应，最后变成一个共同的形式。此外，这个适应过程是相当自然地产生的，因为它是相同运动的相同逆转，而这种相同的运动立刻就创造了意识的智能性和事物的物质性。

就此而言，我们对物质的理解与对科学的理解一道进入了我们的视野，无疑相似却又不相关。我们的觉察力，其功能支撑我们的行为，它通常作用于明显被分割开来的物质，且总是从属于实际需求，需要反复地修正。而追求数理形式的科学则过分强调物质的空间性；它的规则通常来说都是非常精准的，且需求不时地修正。意识必须将所有事物包含在内，并且把每一个事物都分别关联到另一个事物身上；但因为那个特殊的原因，实际上我们不得不逐个地考虑所存在的问题，因此我们所寻找的解决问题的办法暂时不得不根据问题本身产生的解决办法来进行：这样，科学作为一个整体与一种特殊的秩序相关联，在这种秩序里，问题碰巧会发生。在这个意义上，在这种程度上，科学必须被视作一种惯例。这虽然可以说是一种惯例，却不能说是完全正确的。一般而言，只要证实科学不越界，只在自身的非生命领域进行研究，那它就是基于现实本身的。

如此看来，科学知识因此上升到了一个更高的层面。这样，知识理论便成为一种极难研究的对象，只有智能才能将其理解。经仔细的分析之后还是很难对思想进行分类，我们必须形成思想。至于空间，我们必须依靠一种独一的意识努力，跟随前进的进程，或甚至是跟随一种从超空间性退化到空间性的回归进程。当我们把自己的自我意识变成了最高等级，然后让它一点点下降之时，我们就得到了一种延伸的感觉：我们把自己延伸进了一种回忆，这种回忆相互独立、彼此牵制，替代了它那不可分割的蠢蠢欲动之张力。但这仅仅只是开始。我们用来描绘运动的感知意识，向我们展示了其发展方向，并且向我们揭示了其可能的发展趋势以及可能走到的结果；但感知意识本身其实持续不了这么久。那么，从另一方面说，一旦我们考虑物质——乍一看它是与空间重叠的——便会发现我们越是对其集中注意，就有我们所说的越来越多的这种部分挨个进入到彼此之中，它们中的每一个都会经历整套步骤，这会不停息地体现在它们之中。这样，尽管物质自身延伸到空间的发展方向上，却并没有完全得到它；由此我们可以得出这样的结论：意识可以以其初期状态存在于活动发展的过程中。因此，尽管我们不能找到其中的关联，仿佛还是握住了链条的两端。这种关联会永远躲避我们吗？我们必须记住，正如我们所说的那样，哲学还未完全意识到其本身。物理学只需把物质推到空间性的方向上，便会明白自己所处的角色；但尾随物理学脚步、妄图在相同的道路上行至更远的形而上学是否明白自己的角色呢？相反，形而上学应该填平被物理学拉下的斜面，让物质回归本源，逐步建立起一种可以说是“颠倒的心理学”的宇宙哲学吗？从这个观点上来说，在唯物论者和几何学者眼中的绝对将会变成一种对真实绝对的中断或推翻；至于“绝对”这个词，请用心理学术语去解释。

每当我们想到这令人赞叹的数学秩序——与之所涉及的客体之间的完美协议，用数字和图形体现出的内在逻辑——的时候，我们确定自己总能得出相同的结论，无论我们针对同一客体的推理是多么的不同和复杂，我们都不愿在它们的特质中看到一种明确的否定系统。但我们决不能忘记，发现这种秩序且对之充满兴趣的智能，被安排在了和通往其客体的物质性及空间性相同的运动线路上。通过分析发现，我们对客体研究得越深，就会发现其秩序是越为复杂。因为真实与智能朝向一个相同的方向，所以这种秩序与这种复杂性对智能来说必然是一种真实的存在。

当一位诗人给我朗诵他所写的诗句时，我想其所想，感其所感，体会他将心情融入文字时的简单状态，便能参与他的快乐。我与他的灵感产生了共感，紧随其后的是我一系列不可分割的持续行为，正如他的灵感本身。现在的我只需沉浸在他的声音里，放松自己的精神，释放内心的焦虑。因此我什么都不必做；也是时候抽离一些东西了。我自己前进的程度与这连续的声音的个性程度呈正比；当诗句被拆分为一个个的单字，这些字又会以一个个音节的形式被我认知。如果我在这个方向上继续前行：这些字母会变得散漫，看起来像是手拉着手，正沿着某张奇妙的纸页舞蹈着。接下来我便会感慨它们的相互交织，这真是了不起的队列秩序，这种把字母插入音节、音节插入单词、单词插入句子的准确性。我越是深入这种消极的放松方式，它就会带来越多的延展和复杂；复杂性越是增强，在元素之间持续镇定地起支配作用的秩序就越令人钦佩。但是，这种复杂性及延展并不代表任何绝对的东西；它们表达的是一种愿望的缺陷。并且，从另一个角度来说，秩序需与复杂性共同发展，因为秩序只是复杂性的一个方面。象征性地说，在一个不可分割的整体里，我们觉察到的部分越多，那么这些部分之间的关系必然也会变多，因为真正整体的同样的不可分割性在不断增长的标志性元素之上悬停，而意图也正好分散进这样的元素中。一个此类的对照可以让我们在一定程度上了解到，绝对真实的相同抑制、某种起源运动的相同倒置，是如何即刻于空间中创造出一种延展，以及一种包括数理的秩序的。当然，两者之间存有区别，单词与字母是人类用真实努力创造出来的，而空间则如同减法的余数，是自然产生的。但是，在这两个案例中，各部分的无限复杂性以及它们之间的完美配合，是在同一时刻由一种倒置带来，换言之，便是真实存在的缩减。

我们所有的智能运作都倾向于几何学，目标是让所有动作都能完全达到其本身的目的。但是，几何学必然又是居于这些运作之前的（因为这些运作最终不会构造空间，相反也不能完全将其占有），很明显这是一种潜在的几何学，固存于我们对空间的理解之中，是我们智能的主要源泉，并主导着它的运作。一旦考虑到智能的这两项主要功能——推理机制与归纳机制——我们就会支持这种观点。

我们先来谈谈推理。顺着一个运动，我在空间中追寻着一个影像，这个运动同时也造就出了它的特征：它们在这运动里是显而易见存在着的；我觉得，从空间上我能看见其定义与结果的关系，还能进行有关其结果的预想。我的相关经验给我的所有可实施建议在某种程度上只是先验的部分构成；因而它们的定义是不完善的，观念所进入到的推理也参与到了这不完善当中，无论结论与假设之间的联系是多么的紧密。然而，当我在粗略地研究一个三角形的构成时，我很确切地知道，如果这底部的两个角度是相同的，那三角形的边也是一样的，这个图形就能够自由翻转，决不会产生任何改变。这是在我学习几何学之前就知道了的事情。因此，在几何学之前就已经存在一种清晰度与明显度超越其他推理的自然几何学。这些其他的推理都基于质而非量。那么，它们似乎成型于最初的模板，借助事实给予的力量，让我们可以透过质看见含糊的量的概念。事实上，我们可能会注意到，那些有关处境和量的问题是首先出现在我们行为面前的问题，在以行为去解决的过程中，智能将它们具象化了——这甚至发生在反射智能出现之前。相对于文明人，原始人更擅长测量距离、寻找方向、回忆曾经走过的复杂路线、以一条直线道路回到他的出发点。如果说动物不能进行准确的推理，如果原始人不能在脑海中形成清晰的概念，他也就不能形成一种齐次的空间概念。如果不以相同的行为引入一种将自己降化为逻辑的实质几何学，你就不能了解这个空间。所有哲学家在认识物体的问题上所存在的厌恶都来源于此，智能的逻辑运作呈现在他们眼前的是一种绝对的精神努力。但是，如果我们通过精神获悉了导出所有新创造的进程，通过建立它们之间的关系获悉了不可一概而论的结论，那我们就必须谈及一个穿行于必要趋势中各关系里的、穿行于事先就包含结论的前提里的观念，它所面朝的是物质性的反方向。从智能的这个观点上来讲，所呈现出的努力是顺其自然的。同时，从智能的这个观点上来看，在几何学从空间中自动显露出的过程，以及逻辑从几何学中脱颖而出的过程中存在着一种预期理由——相反，如果空间是意识放松运动的终极目标，那在没有给出逻辑和几何学的情况下，空间也不会出现；逻辑和几何学都是沿着以纯空间性直觉为目标的运动中前进的。

心理学以及伦理学的推理范围的牵强性还没有引起足够的重视。从一个已被事实证明的命题上来说，这里所指的可证实的结果只能通过一种特殊的方式、在某种特定程度上形成。很快，这种诉求就被用于常识，也就是说，用于对现实的持续体验中，以便改变推论的结果并使它们适应生命过程的蜿蜒。可以说在伦理学中成功的推理只是隐喻性的，只有在伦理学可以转换为物理学的情况下，才可以假定其可以转换为空间符号。这种隐喻的推理不会走得太远，就像一条曲线与其切线重叠的地方不会太长。当一些奇怪的、自相矛盾的事情发生时，我们就一定会受到这种推理的牵强性的影响吗？这是一种纯粹的意识运作，只有借助意识的力量才能完成。这看起来就如同在家一般自在，自由行走在意识中，主导着意识，其实不然，它会突然在其极限的终点戛然而止。相反地，在几何学、天文学、物理学等研究外在事物的学科中，推理是无所不能的！为了得出这一原理，在这些科学中的观察及体验毫无疑问是必须的，也就是说，去探寻那些重要事物的深层面；但是，严格来说，我们可能会立即就侥幸地达到目标；然而，只要我们掌握了这样的理论，我们可能会从中获取最终会得到经验证实的结果。推理是由物质属性所支配的，由物质易变的相互联系所塑造的，实际上是由位于物质之下的空间所毫无保留地给定的，我们是否会因此得出这样的总结？只要推理取决于空间或者与空间化了的时间，我们就只能任其自然发展。将辐条置入推理车轮中的正是绵延。

除非有空间的直觉在其身后，不然推理就不起作用。但我们可以说这同样适用于归纳。想要从相同的条件中得出相同事实的重复，不一定非要从几何学角度去思考，甚至完全不用思考。动物的感知意识已经做到了这一点，事实上，的确与所有感知意识无关，生命体本身就是这样构造的，所以它们能从连续的情形中抽离出来，并从中找到吸引它们的相似之处，这样通过适当的反应来回应刺激。可这不是来自身体的机械之期望和反应之要求，我们将它正确地归纳为，是一次智力上的操作。这样的归纳维系在相信必然有因有果、以及同样的结果总是追随着同样的原因的思想上。因此，如果我们检测这两种信念，就可以发现上述情况。它从一开始就暗示了事实是被分解成群组的，这种现象可以被实际地看做独立开的孤立东西。如果我在一个火炉上用水壶烧水，那么支持它的操作和物体，就和大量的其他物体和操作一起踊跃了上来；最后，我会发现我们的整个太阳系都与这个空间内的某个点息息相关。可是在一种特殊的测量里，对于我正在追逐的空间尽头来说，我要承认那一组水—壶—炉子就是一个独立的微观世界。那是我的第一个确证。现在，假如我说这个微观世界将会一直以同样的方式运作，那么热度就是必要的，它将在某一段时间的尽头引起水的沸腾，我承认为了这个系统能够完善，这需要系统中的元素达到某种既定数量；它机械地完善自身，我不能随意地以自己的思想来使其如我所愿。有了炉子、水壶和水，有了一定的绵延间的间隙，那昨天的经验将告诉我，烧水这个行为是完善系统需要的唯一东西；它会在明天将其完善，不管明天是什么时候。在这种信念的最底层是什么呢？要注意根据这种情况，这个信念多少还是确定的，可当微观世界被认为只包括了数量时，它就是被当成绝对的必需物而强加在意识之上。如果给出两个数字，我不能随意地选择他们的不同。如果三角形的两边和夹角被给出来，那么第三边就自顾地呈现，而三角形也自动地完善了自己。我能够——时间和地点都不重要——找到夹着同一个角的相同的两边：很显然这样形成的新的三角形就可以叠加在第一个上面，结果同样的第三边就来完善这个系统。随后，如果我在纯粹空间上的推论结果很完美，那么我为什么不想想，在其他情况下，为何越是靠近这个极端的例子，我的确就越深信呢？事实上，也许它不是将其他所有例子都囊括并且给它们着色的极端的例子呢？因为它们或多或少是透明的，有着或多或少明显的几何学规律显著色彩。事实上，当我说火炉上的水今天会像昨天那样沸腾，和这是一个绝对的规律时，我模糊地感到我的想象正在将昨天的炉子放在今天的炉子上，水壶放在今天的水壶上，水放在今天的水中，绵延加在今天的绵延上，而且好像其他的东西也一定会同时发生，这就与两个三角形重叠在一起，它们的两条边重合在一起，那么第三条边也重合在一起是同样的原因。可是，我的想象之所以这样，只是因为它没有看到重要的两点。今天的系统实际上重叠在昨天的系统之上，后者一定在等着前者，时间一定是处于停滞状态，所有的事都是同时发生：发生在几何学之中，但只发生在几何学中。因此归纳就首先暗示着，在物理学家的世界里，就像在几何学家的世界中一样，时间是没有意义的。可它同时暗示着品质能够像数量那样被相互重叠在一起。假如，在想象中，我将今天的炉子和火放在昨天的炉子和火之上，我发现实际上形式还是一样的；这样就够了，因为面和边都重合在一起。可什么是两种品质的重合呢，它们又怎样为了确保它们是完全相同的而一个重合在另一个上面呢？然而，我延伸到了事实的第二种逻辑，而这一切都可以运用到第一种逻辑中。物理学家们后来通过尽可能地将品质的不同缩小到数量的不同上，从而把这个操作变得合情合理；可是在所有的科学之前，我倾向于把品质比作机制，就像我在品质的背后观察，就像通过一个透明的东西、一个几何学的机制。这种透明性越完整，那么我就会更加认为，在同样的条件下就一定会有一个相同事实的重复。我们的归纳是确定的，对于我们的眼睛，在确切的程度上，将质的不同融进将它们划分开的空间的同质中，因此几何学是我们归纳的理想范畴，也是我们演绎的理想范畴。运动的尽头是空间性沿着它的进程铺展它的归纳功能和演绎功能，事实上，这就是智力的全部。

它在意识里创造它们。可它也在事物之中创造了“逻辑”，我们的归纳借助于推理，在事物中发现了这种逻辑。这种逻辑——我们的行为依靠的地方，我们的智力意识到自身的地方——对于我们来说是很奇妙的。不仅同样的普遍原因总是造成同样的普遍结果，而且我们的科学在可视的原因和结果之下发现了无穷的极微小的变化，这些变化越来越紧密地相互穿插，我们就分析得越深入：在这个分析的尽头，物质对于我们来说成为了几何学本身。当然，智力在此处正确地赞美了增强的逻辑和增强的复杂性；那一个和另外一个一定有一个明确的事实，因为它把自身看做明确的。可当我们将整个事实看成是朝向连续不断的反应的未分开的前进时，事物就改变了它们的方位。然后，对于我们来说，当一部分中断和倒置产生在一个整体中时，物质元素的复杂性和使它们结合在一起的数学逻辑定会自动地增强。此外，当智力本身被同种的进程从意识中削减下来，它就调和进这种逻辑和复杂性中，并且赞赏它们，因为它在它们之间意识到了自己。可它自身值得欣赏的东西，真的值得引发思考的东西，是那种已经更新的创造，这种创造是完全未分开的事实，是在前进中实现的；因为它自身没有数学逻辑的运用，不管我们将它想得多么详尽，都能给世界带来一点新颖，但是这种创造的能量一旦被释放出来（或是它存在，因为我们自身意识到了它，至少当我们自如地行动时意识到了它），就只能从它自身传递出来，去放松紧张感，就只能放松紧张感进行延伸，就只能为了那些元素的著名的数学逻辑和（将它们联系到显示创造性动作的中断中的）僵硬的决定论而延伸：事实上，僵硬的决定论和数学逻辑都是有着这种中断的事物。

自然世界表达的特殊的法则仅仅是这种决定的趋势。分开来说，它们之中没有一种有着客观的事实；每一种都是对事物带着某种偏见的调查者的作品，它孤立了一些可变因素，运用的是一些传统的测量单位。然而，物质固有一种与逻辑近似的数学性，一种客观的逻辑，在这种逻辑中，我们的科学方法是与它的进程成比例的。假如物质是从不广泛的放松到广泛的放松，由此，如果物质是自由到需要的放松，那么它就不完全与纯粹的同类空间相一致，然而，它由朝向空间的运动构成，因此正走在面朝几何学的道路上。数学形式的定律决不会完全运用到它身上，这点不假。因为那样，它就得是纯粹的空间，且要走出绵延之外。

我们不能过分强硬地认为在物理定律的数学形式中有人工的成分，最终在我们对事物的科学性认知中也没有人工的成分。我们的测量标准很传统，这样说，是与自然的意图无关：我们可以想象自然能够把热量的形式与同样体积的水银的膨胀联系起来，或者与保持着恒久容量的同样体积的大气压强联系起来吗？可我们还可以想象得深入一些。从一般方式上说，测量是一整套人类的操作，这暗示着我们一定次数上真正地或者想象中地将两个物体重叠在了一起。自然并没有梦想着这样的重叠。它没有测量，也没有数。然而，物理学要数、要测量，还要将它们相互间的“数量上的”变化与既定定律联系起来，而它也成功了。它的成功无法言传，如果构成物质性的运动不是被我们延长到它的最后——也就是说，延长到同类空间——的运动，最终将会让我们跟随着他们相互作用的依次变化项目进行数数、测量。为了实现这个运动的延伸，我们的智能只能自己尽情走动，因为它很自然地跑进了空间和几何学中，智力和几何学本质上是一样的，也是以相同的方式产生的。

我们不能把话说死了，一口咬定物理法则的数学形式中有人造的痕迹，也不能因此断定我们有关物体的科学知识中也存在人造的痕迹。我们的量度标准是约定俗成的，所以，我们可以这么说，这与自然的意图没有一点关系：我们是否能够假设自然已经将水银热度的所有形式与同等质量的水银膨胀联系在一起了呢？又或者能够将同等质量的空气压力改变与水银热度的所有形式联系在一起了呢？但是我们可以更进一步。从广义上来说，度量完全是一种人类活动，这就暗含了我们真正地，或者在理论上数次将两件物品彼此叠加在一起。自然根本想不到这样的叠加。它不度量，也不计数。但是物理学要计数、要度量、还要将“数量上”的变量彼此联系起来，以获得种种法则，而且它也成功了。因为，如果构成物质性的运动并不是这样一种运动：将我们延伸到运动的终点，也就是延伸到同性质的空间，让我们能够计数、度量，并将其分为应变量的变量条件，那么物理学在度量上的成功也许就有点无法解释了。为了引发这种运动延伸的效果，我们的智能只能听之任之，因为它是在自然地奔向空间和数学，智能和物质性的性质相同，而且也是按照同样的方式生成的。

如果数学规则是一种肯定的事物，如果物质中原本就存在着一些能与我们的砝码相对应的法则，那么我们的科学在物质性上取得的成功就是一个奇迹。找到大自然的标准，并确切隔离出一倍大自然选出来的每一个可变因数，以便确定它们之间的关系，要做到这些我们能有多少的成功概率呢？但是，如果物质本身并没有具备适应我们共事的必要条件，那么科学在数学形式上的成功同样也是无法解释的。因此，就只剩下一种似是而非的假设了，即数学规则并不是肯定性的事物，它是一种指向某种中断(*interruption*)趋向的形式，而且物质性就存在于这样一种中断中。那么，我们就应该理解为什么我们的科学是有条件的，与它所选择的变量有关，与成功提出问题的规则有关；以及为什么即便如此它还是成功了。作为一个整体，它可能完全已经是另外一个样子，但是它还是会成功。之所以这样，就是因为在自然的基础上，并不存在数学法则的确定系统，还因为数学大体上只代表了物质倾斜的那个方向。把一个拥有铅质脚的软木娃娃摆放成任意姿势，让它平躺下，让它倒立，抑或将它抛到空中：它最终都会自动站立起来。物质也是如此：我们可以将其带到任何一个终点，用任意一种方法来掌握，它总是会落入我们的某个数学公式中，因为它担负着几何学的重量。

但是，哲学可能会拒绝去找到一个出于这种考虑的知识理论。哲学会厌恶这样一些考虑，因为数学规则作为规则，必定会带有一些肯定性的东西出现在它面前。即使我们断言这种规则会因为其相反规则的中断而自动生成，而且它就是这种中断，这也是徒劳无功的。即便如此，这个观念依然存在：也许根本就没有什么规则，而且作为一种对无序的克服，数学中事物的规则拥有着一种肯定性的现实。在检测这一点时，我们应该看到这个无序观念在与知识理论相关的问题上扮演着重要角色。它并不是非常清晰，那也就是为什么它没有引起我们的注意。然而，知识理论就应该从对这个观念的批判开始，因为，如果最重要的是去了解现实为何并且怎么让自己服从于一个规则，那就是因为可能会存在或者我们可以想象所有种类的规则的缺失。唯实论者和唯心论者都认为他们所思考的就是这种规则的缺失——现实主义者说，规则性其实是“客观的”规律强加在自然的一种实际无序上的东西；唯心论者则假设了一种“感觉多样性”，也就是存在于我们理解力的影响之下的相互协调的东西，由此，它自身是无序的。那么，从规则的缺失这个层面上来讲，我们就应该首先分析无序这一观念。哲学从日常生活中借来了这样观念。当我们在平时说起无序时，我们肯定会想到一些东西。但是，我们会想到什么呢？

在本书下一章中，我们就会看到，想要确定一个否定性观念的内容有多困难，它会引起什么样的错觉，以及因为我们没有消除这些错觉，哲学又落入了怎么样一种无望的困境之中。困难和错觉的产生通常情况下都是因为我们将一种本质上暂定的表达方式看做一种最终的表达方式，因为我们将原本用于实践的过程用在了推断的领域中。如果我在图书馆书架上随机挑选一本书，我们在看上一眼，然后将其放到书架上时会说：“这不是诗歌。”这真的是我在翻开书页时所看到的东西吗？显然不是。我没有看到，也决不会看到“没有诗歌”。我看到的是散文。但是，因为我想要的是诗歌，我将我所找到的东西用我想要寻找的那个应变量去表达，我不会说“这是散文”，而是选择说“这不是诗歌”。同样地，如果我想要看的是散文，而且表达我的期望和注意力的语言所专注的是散文这一概念，而不是其他的概念，那么如果我在书架上找到的是诗歌（我的觉察力展现给我的是诗歌），那我就会说“这不是散文”，以此来表达我觉察到的数据。所以，如果儒尔丹听到了我说的话，他肯定会从我的两句话中推测出散文和诗歌是为书籍储备的两种语言形式，而且这两种已知的形式已经覆盖了一种既不是诗歌也不是散文的语言。说起这种既不是诗歌也不是散文的东西，他可能会认为自己正在思考的就是这种东西：不管怎样，它只能是一个伪概念。我们进一步：如果儒尔丹去请教他的哲学教授，散文形式和诗歌形式是怎样被添加在那种两者都不是的东西上的，如果他想要那位教授架构一种理论，说明这两种形式是怎样被强加在这种无形物质之上的，那么这个伪概念就可能会创造出一种伪问题。他的问题是荒谬的，而且其荒谬之处在于他将两者的同时否定假设为散文和诗歌的隐性特质，忘记了对其中一个的否定就是对另一个的肯定。

现在，假设存在两种规则，而且这两种规则是同一属类中两个相互对立的规则。同时还假设在我们寻找两种规则之一，每当我们找到另一种规则时，无序的概念出现在我们的大脑中。因此，无序的概念在生活的当前时间中便拥有了一个清晰的含义：为了方便语言的表达，无序会将大脑中的失望（当大脑找到的是一种与它的期望完全不同的规则，此刻它完全不关心这个规则，换句话说，这个规则并不是为了它的期望而存在，那么我们的大脑就会失望）客观化。但是我们却不能在理论上使用这个观念。因此，如果我们仍然声称要将它介绍给哲学，我们就不可避免地会忽略其真正意义。它表明某种规则的缺失，但是这是为了另一个规则的存在（我们并不关心这个规则）；因为这个概念轮流运用于这两个规则，而且因为这个概念在这两个规则之间不停地来回，所以我们只能在中途将其拦截下来，或者甚至是在它来回的时候，就像抓住两个羽毛拍之间的羽毛球，并且将它看做不代表两个规则之一的缺失，而是代表两个规则的同时缺失—— 一种既不会被觉察又不会被构思的东西，而只是一个简单的语言单位。因此，这就引起了一个问题：规则是怎样强加在无序之上的，形式是怎样强加在物质之上的？在分析如此精细的无序概念时，我们应该看到它没有代表任何东西，同时，由它引发的问题也会消失。

我们确实必须通过区分两种我们经常混淆的规则，甚至是将这两者对立起来开始分析。因为这种混淆已经造就了知识问题的原则性难题，所以再次赘言两种规则之间区分的标志便毫无意义了。

从大体上来看，现实是有规则的，这种规则恰好能够满足我们思维的程度。因此规则是主体与客体之间的某种协定。它是意识在物体中再次的自我发现。但是我们说过，意识能够朝着两条相反的路径前进。有时，意识会跟随其自然的方向：因此便出现了以张力、不断创造、自由活动为形式的进程。有时意识会反转自然的方向，而当这种反转进行到底时，就会导致延展，而且导致各种要素之间必然的相互决定，这些元素通过与其他元素的关联而被具体化，简言之，这种反转将会导致几何机制的产生。现在，无论经验对我们来说是采取的第一种方向还是第二种方向，无论哪种情况我们都会说存在着规则，因为在这两种进程中，意识都会再次自我发现。因此，它们之间的混淆也就是天生的了。为了避免这种混淆，我们就应该给这两种规则命名，但是这并不容易，因为它们采用的形式具有多样性和变化性。第二种规则在其极限的位置上可以被定义为几何学；说简单一点，每当我们在原因和结果之间找到一种必然的相互决定的关系时，此时我们所说的就是第二种规则。它引发了有关非生命性、被动性或者无意识性的概念。至于第一种规则，毫无疑问它会在终局论周围摇摆不定；但是我们还不能将其定义为终局论，因为它有时位于终局论之上，有时又位于终局论之下。在其最高级的形式中，它多于终局论，对于自由行为或者艺术作品来说，我们可以说它们展现了一种完美的规则，但是就概念而言，我们只能近似地表述它们，而且是在事情完成之后。生命作为一个整体，被看做一种创造性的进化，此时它就类似于此；如果我们将终局论理解为一个概念的实现，这个概念是事先构思好了的或者能够被事先构思好的，那么生命就超越了终局论。因此，终局论的范畴对于作为整体的生命来说就会太过狭窄。另一方面，如果我们将生命的具体表现分开来看时，这个概念又过于宽泛。即便如此，我们在此讨论的依然会是有关生命的东西，而且我们现在所有的研究都在极力证明生命是一种自愿行为。那么我们就可以说第一种规则是有生命的规则，或者有某种意志的规则，与第二种非生命的或者无意识的规则相对。常识会本能地对这两种规则进行区分，至少在极端的情况下；同样常识也会本能地将其结合在一起。我所说天文现象显示出了一种绝妙规则，意思就是它们能够通过数学来进行预测。我们在贝多芬的交响乐中也发现了同样绝妙的规则，这种规则就是天资，具有独创性，因此其本身是完全无法预测的。

但是第一种规则采用了如此明确的一种方式只是一个特例。通常，我们都会将我们非常感兴趣的第一种规则的特征与第二种规则的特征相混淆。这种情况肯定会发生，例如，如果我们能够将生命的进化看做一个整体，那么其运动的自发性和其过程的不可预见性都会引起我们的注意。但是，我们在日常体验中所遇到的却是某种确定的生物，某种具体的生命表现形式，它们几乎是在重复着那些已知的形式和事实；确实，我们在前代与后代之间的所有地方发现的结构的相似性——这种相似性能够让我们将任意数量的生命个体都纳入同一个组别中——在我们看来就是这个属类中的一种类型：无机属看我们似乎在以有机属为模板。因此，生命的规则（例如，它在我们经验中为我们提供的一些零碎片段）便呈现了与物理规则相同的特征，并表现了与物理规则相同的功能：这两者都引发了经验的自我重复，都让我们的意识能够做出类推。在现实中，这种特征在这两种情况中拥有着截然不同的起源，甚至它们的意义也是完全相对立的。在第二种情况下，这种特征的类型、它的概念范围，以及它的基础，都是几何学的必然性，依靠这种必然性，相同的成分产生了相同的组合。在第一种情况下，与第一种情况相反，这种特征涉及了某种东西的相互交织，即使无限复杂的基本原因也许完全不同，但是这种东西还是在尽力去获取同样的完整效果。在本书的第一章中，我们在展示在进化相互独立的路线上怎会偶然遇到一些相同结构时，强调了这最后一点。但是，不用回到第一章我们也能推测后代只是其祖先种类再生，这种再生与重复相同的力量结构（产生相同的组合）是两种完全不同的事情。当我们想到无数极微量的元素以及无数极微小原因都在同时作用于生物的起源，而它们之一的缺失和偏离会致使生物的生成前功尽弃时，我们意识的第一反应就是认为这支由众多小工人组成的军队有一个熟练的领班在监督，这个监工就是“生命原理”，这个原理一直都在纠正错误，修正由疏忽和注意力不集中所引发的后果，将事物放回其原本的位置：我们就是这样表达物理规则和生命规则之间的区别的，前者使相同组合的原因产生相同组合的结果，后者能够确保结果的稳定性，即使原因出现了一些摇晃。但是，这仅仅是个比喻而已；经过再三考虑，我们会发现根本就不存在领班，原因非常简单，因为根本就没有工人。物理化学的分析发现的原因和元素毫无疑问都是真实的原因和元素，只要我们将有机体的解体这一事实考虑进去；因此，它们的数量是有限的。但是当我们分析我们所谓的生命现象，或者我们所看到的有机创造的事实的时候，这种分析的角度是无比宽广的：由此我们可以推断，在这种分析中我们所看到的多样的原因和元素都只是意识的观点，意识一直都是试图模仿自然的操作方式，而这种模仿的操作方式只是一种不可分割的行为。因此，同样物种中个体之间的相似性，与由相同原因的相同组合造就的复杂效果之间的相似性，存在着完全不同的意思和完全不同的起源。但是，无论哪种情况都存在着相似性，因此也可能存在着概论。我们在实践中所感兴趣的也正是这些，因为我们的日常生活就是，也必须是对同样的事物与同样的情形的期待，从我们行为的角度看，这种共同特征自然应该将两种规则归置在一起，尽管两者之间存在着全然内在的差别，而且这种差别只能引起推断的兴趣。因此便产生了自然总体规则的概念，它无论在何处都是相同的，既盘旋于生命之上，又盘旋于物质之上。因此，我们用同样的单词、以同样的方式，指明和表现了在非生命体领域存在的法则，以及生命体领域存在的属类。

所以，我们将会发现，这种混淆就是大部分由知识问题引发的难题的起源，古人和现代人都遇到了这些难题。我们可以用同一个词来表明法则的概括性和属类的概括性，并将它们纳入同一种概念之中，几何学规则和生命规则也相应地混淆在了一起。根据不同的观点，法则的概括性能用属类的概括性来解释，或者属类的概括性能用法则的概括性来解释。第一个观点是古代思维的特征；第二个观点是现代哲学的特征。但是在古代哲学和现在哲学中，“概括性”的概念是一种模棱两可的概念，其字面意义和内涵意义包含着很多互不相同的客体和元素。两者都在同一个概念之下归类了两种规则，只有在它们赋予我们加诸物体的行为的能力方面，这两种规则才是相似的。我们凭借着一种相当外在的相似性将两种规则结合在一起，而这种相似性毫无疑问证明了以用于实践的单词去表现它们的做法是有道理的，但是这种相似性根本没有授予我们这种权力，使得我们在推断领域会将它们混淆为同一个定义。

实际上，古人并没有问为什么自然会屈服于法则，但是他们却询问过为什么它能够根据属类来呈现规则。属类的概念在生命的领域中与客观的现实之间的对应更加具体，它在此表述了一个无可挑剔的事实——遗传。确实，独特客体只存在于属类之中；现在，如果说有机生命从物质的总体中切割出来，那也就是说，是我们的觉察力将非生命体切割为一个个明确实体的。我们的觉察力的这种行为受到了对这种行为的兴趣，以及我们的身体所指出的最初反应的指引——正如我们在另外的书中所展现的一样，受到正视图获得存在的潜在属类的指引。那么，在这个过程中，属类和个体之间通过半人为的、与我们未来加诸在事物之上的行为相联系的操作相互决定。尽管如此，古人依然毫不犹豫将所有的属类都放在同一个等级上，将同样绝对的存在都赋予了这些属类。因此，现实便成为了属类的一个系统，而法则自身所必然造成的概括性正是属类的概括性（即，实际上也是生命规则所要表达的概括性）。在这一方面，将亚里士多德的落体理论和伽利略对这个理论提供的解释作个对比是很有趣的。亚里士多德只关心“高”和“低”的概念，“自身合适的位置”与“占据的位置”的区别，以及“自然运动”和“被迫运动”；对他来说，石头下落的物理法则表现了这个石头重新获得了所有石头的“自然位置”，也就是地球。在他看来，只要这个石头没有处于正常位置就不能算是石头；回落到地面这一行为是在自我完成，就像是一种生物的成长，由此完全实现石头属类的本质。如果这种物理法则的概念是准确的，那么这个法则就不再是由意识建立起来的一种纯粹的关联；将物质细分为实体也不再与我们的觉察能力有关；所有的这些实体应该与生命体拥有相同的个体性，而且物理宇宙的所有法则都会表现出真正的属类之间真实的亲缘关系。我们知道由此产生了何种物理，如何产生的，因为相信科学的独特性和终局性，古人便以为自己掌握了真实的整体性和绝对性，事实上，他们受到了局限，就生命而言，他们只是对物理进行了一种多少有些晦涩的解释。

但是，现代人也遭遇了同样的混淆，有一点不同的是，现代人将两者之间的关系进行了调换：法则不再被削弱为属类，但是属类却被削弱成了法则；而科学依然是被假设为一种绝无仅有的东西，成为了一种完全相对的科学，而不是像古人那样，将其看做一种绝对的整体。值得注意的是，在现代哲学中，属类的问题黯然失色。我们的知识理论几乎完全转向了法则问题：属类被尽力用于顶替规则。因为现代哲学背离了现代伟大的天文学和物理学发现。开普勒和伽利略的法则为现代哲学保留了所有知识理想和独特的类型。因此，法则就是事物之间或者事实之间的一种关系。更确切的是，数学形式的法则表明了某个量是一个或者多个被恰当选择的变量的应变量。因此，对变量的选择，将自然分配到客体和事实的行为，已经成为了某种可能的和约定俗成的事情。但是，即使承认这种选择，如果不是规定的，就是经验所暗示的，法则也仍然是一种关系，关系从本质上来讲就是一种比较；只有对于同时给自己展现几种术语的智能来说，关系才具有客观真实性。这种智能可能既不是你的也不是我的：因此，建立在规律之上的科学才能被称为客观的科学，经验预先包含了这种科学，而我们只需将其倾倒出来即可；但是即便如此，在此我们也确实必须进行某种比较，如果不是由某个特定的人进行的比较，那么这种比较便是客观的，而且由法则构成的经验，即有与其他术语相关的术语构成的法则，也确实是有比较构成的经验，这一点在我们接受它以前，就已经穿过了一层智能的大气。因此，与人类理解力完全相关的一种科学概念和经验概念便被隐含在了一种由法则组成的科学整体的概念中：康德也只是对这种概念进行了阐述。但是这种概念却是法则的概括性和属类的概括性之间的主观混淆的结果。即使智能是将术语彼此联系起来使之相互适应的必需品，我们还是可以设想，在某种情况下，术语自身可以独立存在。如果经验除了将术语联系起来之外，还会向我们展示独立存在的术语，如果有生命的属类是某种与法则系统颇为不同的东西，那么我们至少有一半的知识是建立在“物本体”（也就是现实）的基础上的。这种知识也许非常难以掌握，因为它不在建立其自己的客体，而且反过来不得不屈服于自己的客体；但是，无论这种知识将其客体切割得多么小，它都是为了深入绝对本身。我们可以更进一步：正如某些哲学家所说，如果我们能够确定另一半的知识是建立在一种反面规则的现实之上，而我们总是会用数学法则来表述这种现实，也就是说，我们总是会用一些暗含着比较的关系来表述这种现实，那么它便不再会如此彻底、如此明确地完全相对，但是，这种现实会被如此表述只是因为它是用空间性来衡量的，由此它也是用几何学来衡量的。话虽如此，两种规则的混淆也依然隐藏在现代人的相对主义背后的东西，正如它也是隐藏在古人独断论背后的东西一样。

为了指出这种混淆的根源，我们已经进行了足够多的阐述。这种混淆起源于：本质为创造的“生命”规则向我们展示的更多的是它的偶然性，即与物理和几何规则相仿的东西，而不是本质；和生命规则一样，物理和几何规则向我们展示的是概括性成为可能的各种重复，而且我们对这些重复非常感兴趣。毫无疑问，生命作为一个整体就是一种进化，也就是一种持续不断的转化。但是生命能够只有凭借生物才能继续前进，生物就是生命的保管人。无数的生物几乎都是相同的，它们都得在空间和时间中彼此重复，为了让它们创造出来的新物种成长和成熟。这就像是一本书，经过数千个副本的数千次印刷向着一个新版本迈进。然而，在这两种情况之间存在着这样的区别：相继出版的书籍都是完全相同的，同一个版本在同时印刷的时候也是完全相同的，而同一物种代表之间却从来不会完全相同，不管是在不同的空间点还是不同的时间点，都不完全相同。遗传并不只是特征的传递，它还会传递一些能够修正这些特征的冲动，而这种冲动就是生命力本身。那就是为什么我们会说重复是我们进行概括的基础，从物理规则角度来看，重复是一种本质性的东西，但是从生命规则的角度来看，是一种偶发性的东西。物理规则是“无意识的”，而归于生命规则，我不想说它是自发的，而想将其比拟为“有意志的”规则。

现在，只要我们已经清晰的区分了“有意志的”规则和“无意识的”规则，那么存在于无序概念上的模棱两可就会被驱散，而且，随着它的消散，知识问题的主要难题也就迎刃而解了。

知识理论的主要问题是了解科学是怎样成为可能的，也就是，为什么实际上事物中存在着规则，而不是无序。存在的这种规则就是事实。但是，另一方面来说，无序似乎也是一种正常现象，虽然我们更多看到的是有序，而很少看到无序。规则的存在因此也成了一个需要解释清楚的谜题，无论怎样，都是一个需要解决的问题。更简单地说，当我们建立了规则，我们就会将其看做可能性，如果不是实物中的可能性，至少也是我们意识所看到的可能性：对于不需要我们评定为可能性的物体，我们就不需要去解释。如果规则对我们来说并不是对某物的征服，或者对某物（那些被认为是"缺失规则"的事物）的添加，那么古人的唯实论就不会谈到一种"物质"，而理念也会自动叠加在这种物质上，同时现代的唯心论也不会假设一种理解力在本质中组织起来的"感觉多样性"。所以，毫无疑问所有的规则都具有可能性，而且也被想象为可能性。但是与可能性相关的究竟是什么呢？

我们认为，答案是毫无疑问的。规则相对于反面规则来说，具有可能性，而且看起来也是这样，就像散文相对于诗歌来说具有可能性，而且诗歌相对于散文来说也具有可能性。但是，正如所有不是散文的言语都是诗歌，而且必然会被想象为诗歌，因此，任何不具备两种规则之一的事物状态都是另一种规则，而且必然会被想象为另一种规则。但是，也许会这样：我们并没有意识到我们实际上正在思考的东西，而只是透过情感装填的迷雾去觉察真正呈现给我们意识的概念。任何人只要想一下我们在日常生活中对无序这一概念的使用，便会相信这一点。当我进入一个房间并说它"混乱（*in disorder*）"的时候，我是什么意思呢？每一件物品的位置都能用睡在这个房间里的人的无意识运动来解释，或者用一些更为充分的理由来解释，无论哪一种，都已经引起了每件家具、衣服等物品都出现在其当下的位置上：从规则这个词的第二种含义来看，房间的规则是很完美的。但是我所期望的是第一种含义中的规则，即一个有板有眼的人有意识地置于自己生活中的那种规则，那种有意志的规则，而不是无意识的规则：因此，我将这种规则的缺失称为"混乱无序"。说到底，在缺乏两种规则之一的情况下，无论是被觉察到的存在还是被构思出来的存在，一切都是真实的，都是另一种规则的呈现。但是我对第一种规则毫不关心，我感兴趣的只有第二种规则，而且我将第二种规则的呈现表述为第一种规则的一种应变量，并将其称为无序。反过来，当我们确定我们正在想象一种混乱时，也就是一种物理世界不再遵循其法则的事物状态时，我们在想什么呢？我们想象那种反复地出现和消失的事实。首先，我们按照我们的了解想到了物理宇宙，在这个宇宙中，原因和结果之间存在着一种很好的均衡状态；然后，经过一系列任意判决，我们对这个宇宙进行增加、删减和压制，以获得一种我们所说的无序。我们实际上已经用意志代替了自然机制；我们已经用大量的初级意志代替了“无意识规则”，其程度相当于我们想象现象的出现或者消失。毫无疑问，所有这些微小的意志如果想要建立一种“有意志规则”，它们就必定要朝着更高意志的方向前进。但是，经过仔细观察，我们发现这就是它们所做的事情：我们自己的意志仍然存在，它轮流在每一个这样变化无常的意志中客观化自己，然后小心行事，既不会将同样的东西联系在一起，也不会允许原因和结果达到一种均衡状态——实际上，它是将一个简单的意图定位在了整个的初级意志之上。因此，还是那句话，两种规则之一的缺失就是另一种规则的呈现。在分析非常类似于无序概念的概率这一概念时，我们发现了相同的要素。当整个机械运转使得转盘停留在一个数字上，让我赢得了奖品，此时的原因就像是一个非常关心我利益的好心守护神，或者，当风的机械力量将屋顶上的瓦片掀起并砸到我头上，也就是说像一个坏心的守护神，密谋着想要与我作对：我在两种情况中都找到了一种机制，而我原本应该在此处找到一种意图。这就是在说起概率时我想要表述的东西。在一个混乱的世界中，现象彼此之间任意连接，对于这样一种世界，我应该再说一次，它属于概率的范畴，也就是说，在我想要找到一种机制时，最终发现的确是意志，或者甚至是判决。因此，这也就解释了为什么意识在试图定义概率时总会异常地摇摆不定。无论是充分原因还是终局原因，都无法应用于这种对定义的探索之中。意识在终局原因缺失的概念和充分原因缺失的概念之间往复摇摆，不能停下来，每一个这样的定义都会将意识送回另一个定义上。实际上，只要概率的概念被看做一种纯粹的概念，没有掺杂任何感情，问题不会得不到解决。但是，在现实中，概率却只将一个人的意识状态客观化，这个人原本期望的是这两种规则中的一种，但最终却发现自己面对的是另一种。概率和无序因此必然会被想象为相对的。因此，如果我们想要它们向我们表现为绝对的，我们就会发觉，我们就像一个梭子在两种规则之间来回往复，当我们在一种规则中裹足不前时，却发现自己已经进入了另一种规则，而且，我们还会发觉，假设所有规则的缺失其实是在假设它们都在，此外，意识的摇摆不定最终都无法停留在任意一种规则上。无论是在事物中还是在我们的事物概念中，想要将这种无序呈现为有序的隐性特质，都不存在任何问题，因为它暗示了这两种规则，而且它就是由这两种规则的联合而组成。

但是我们的智能并没有因此止步。通过简单的我行我素，智能假设了一个无序，就是“有序的缺失”。智能在这么做的时候，只是将它想成是一个词语或者一组词语，此外再无其他。如果智能想要将词语和概念联系起来，它就会发现无序实际上是对有序的否定，但是这种否定也因此暗自肯定了有序的反面的存在，我们对其视而不见，因为我们对它不感兴趣，或者通过对第二种规则的否定——说到底也就是对一种规则的重建——而避开了它。那么，我们怎么会谈及一种由理解力组织起来的不连贯的多样性呢？没人会认为这种不连贯是已经被意识到的或者可以被意识到的，这样说没有任何意义：当我们说起这种不连贯时，我们认为我们是在思考它；那么，在分析这个概念的实际存在时，正如我们说过的那样，我们找到的只有，意识在面临自己不感兴趣的规则时的一种失望；或者意识在这两种规则之间的一种摇摆不定；或者，我们凭借将一种否定前缀放在一个本身包含了某种意义的单词前面，创造出一种由空洞的语言表述出来的纯粹而简单的概念。但是，我们没有做的，正是这种分析。我们会忽略这种分析，就是因为我们并没有想到要去区分这两种彼此无法简化的规则。

我们的确说过，所有的规则都必然会表现为可能性。如果存在两种规则，那么这种可能性就能得到解释：对于另一种形式而言，其中一种形式就具有可能性。在我发现几何规则的地方，生命规则便具有可能性；存在生命规则的地方，可能也存在几何规则。但是，假设无论何处存在的都是同一种规则，都只是承认几何规则到生命规则之间只存在程度上的差别：如果一种决定性的规则向我展示的仍然是一种可能性，而且如果将它与另一种规则联系在一起，那它就不再能够向我展现它的可能性了，那么我就有必要相信：规则在与自身的缺失联系在一起时，也就是说，与一种事物状态（“在这种状态中，完全不存在规则”）联系在一起时，才具有可能性。我会认为我想到的正是这种事物状态，因为它似乎就被暗含在这种规则可能性中，这是一个无可置否的事实。因此，我应该将生命规则放置在等级的最顶端；然后，将几何形式作为生命规则较低或者较简单的形式放在它下面；最后，将本身不连贯的规则实置于最下面，在这上面放置规则。这就是为什么不连贯性对我而言是一个单词，在这个单词背后肯定存在着某种真实的东西，如果不是存在于真实的事物中，至少是在思维中。但是如果我观察到，隐含在一种决定性规则的可能性当中的事物状态只是其对立规则的呈现，而且如果我凭借这一事实假定两种规则，每一种都与另一种相反，那么我就会发觉，这两种规则之间并不存在居中程度上的不同，而且这两种规则也不能降低为“不连贯”。要么这种不连贯只是一个词语，毫无意义，要么我赋予其一个意义，然后将其置于两种规则之间，而不是之下。并不是首先存在不连贯，然后存在几何规则，而生命规则最后出现；而是只有几何规则和生命规则，然后因为意识在它们之间的摇摆不定，才出现了不连贯的概念。因此，说到一种不协调的多样性，就是承认一种不折不扣的以待解决之问题为论据（*petitio principii*）；因为，在想象这种不协调的时候，我们确实已经假设了一种规则，抑或是两种规则。

想要展现真实是怎样从张力过度到空间延展性，怎样通过一种逆转的方式，从自由过度到机械必然性，此时上面的长篇大论就显得非常必要了。但是它还不足以证明由感知意识和可感觉的经验暗示的两种规则之间的关系。我们还需要证明，几何规则根本无须解释，它纯粹就是对这种反面规则的抑制。而且，我们也无法避免地需要证明这种抑制通常是一种替代，而且甚至需要这样构思：只有实际生活的种种需求才向我们提议了一种说话方式，这种方式让我们既误解了事物之中发生的事情，也误解了我们思维中出现的东西。我们现在必须更加详尽地检测这种逆转，我们刚刚已经对其结果进行了阐述。那么，那种只释放其张力——我们可以说是反伸展性——以完成反向延伸的原理是什么，那种原因的中断就相当于结果逆转的原理又是什么呢？

因为想要找到一个更为恰当的词来形容，所以我将它称为感知意识。但是，我们说的并不是狭义的、在我们每个人身上够发挥作用的感知意识。我们自己的感知意识是某种生物的感知意识，是置于空间中某个点的感知意识；虽然它确实按照其原理在相同的方向上移动，但是它还是会一直受到相反方向的吸引，即使它仍然在前进，但难免会不时地回头望。我们已经说过，这种回顾性的回望就是智能的天然功能，而且因此也是不寻常感知意识的天然功能。为了我们的感知意识能够与其原理上的某种东西相一致，它必须将其自身从已有的东西中拆卸下来，并把自己固定在正在形成的东西上。它需要自我背弃并自我扭转，它需要将观看的能力加诸到有意志的行为上——这时我们需要突然做出的痛苦的努力，暴力地对待自己的天性，但是却维持不了多久。在自由行为中，当我们浓缩了我们的完整存在，以便推动其前进时，我们对动机和强迫性力量的感知意识或多或少还是清楚的，甚至，在极少数的时刻中，我们能够清楚地意识到变化，这种变化将它们组织在一种行为中：但是纯粹的意志，作为一种穿过这种物质、将生命传递给这种物质的涌流，是一种我们很少会感觉到的东西，最多在它经过的时候，与它擦肩而过。不过，我们可以试着将自己安置在其中，只要片刻即可；即使此时我们所抓住的只是一种个别且片段的意志。想要把握全部生命的原理，要把握所有物质性的原理，我们必须再往前走。这是不可能的吗？不，决不；哲学的历史为这提供了证明。没有一种持久的系统不是凭借直觉获得的生机，至少某种的某些部分是这样的。要检验直觉，辩证法必不可少，同样地，直觉要自我拆分为概念，然后向他人普及，辩证法也是必不可少的；但是，它所做的一切通常已经足够发展超越了辩证法的直觉所得出的结果。事实上，两种进程采用的是相反的方向：通过同样的努力，将概念与概念结合在一起，引发将这些概念储存在一起的直觉的消失。一旦哲学家从直觉中构思出冲动，他就会被迫放弃直觉，并且不得不通过一个个地推进这些概念的发展，凭借自己的力量去推进这些运动。但是，他很快就发觉自己失去了立足点，因此他必须再次与直觉取得联系，必须取消他已经完成的大部分推理。简言之，辩证法就是确保我们的思维与自己保持一致的原理。但是，凭借辩证法——它只是直觉的一种松懈——我们就能让很多一致性成为可能，但是真相只有一个。如果直觉能够被延长至一段时间，那么它就不仅能够让哲学家与自己的思维相一致，而且所有的哲学家都会彼此达成一致。尽管直觉难以捉摸而且并不完善，但是在各个哲学系统中，它仍然比系统的价值更高，而且寿命也比系统长。如果这种直觉能够被延续、被概括，最重要的是能得到一些外在的参照点的保障，不会误入歧途，那么哲学的目标也就达到了。为了达到这一目标，哲学就必然要在自然和意识之间不断来回往复。

当我们将自身的存在放回意志中，并且将我们的意志放回它本身延长的冲动中时，我们就会明白、就会感到，事实是一种永恒的发展，是一种永无止境地追逐的创造。我们的意志已经上演了这个奇迹。每一份具有创新性的人类工作，每一种拥有自由的自愿行为，每一个流露出自发性的有机体的动作，都给这个世界带来了新的东西。诚然，这些只是创造的形式。它们还能是其他的什么东西？我们并不是生命之流；我们是这种已经载满了物质的生命之流，也就是说，载满了它带进它过程中的自身物质的凝结部分。在一部非凡作品的创作过程中，就像在一次简单的自由决定中一样，我们确实将我们活动的弹簧拉伸到极限，以此创造了不是仅凭物质的组合就能够给予东西（哪种已知曲线的艺术构成能与一位伟大画家的即成之笔平分秋色呢），可是仍然有一些先前存在并且将其结构保留下来的元素，还不比其他元素少。可如果简单地制止产生形式的行动就能构成物质，那么物质的创造既非不能理解，也不是不可接受。因为形式的创造是我们取自内心深处的东西，同时也正是在这些包含了纯粹形式，并且创造性的趋势在其中被短暂中断的例子中，存在着物质的创造。想象一下字母表上的字母，它们构成了一切曾被写下的事物：我们并没有发现新的字母冒出来，为了形成新的诗歌，而自发地与其他字母组合。可是，我们能够看到诗人创作诗歌，能够感受到人类的思想由此变得更加丰富，我们深刻地懂得：这种创造只是意识的一种简单行为，又一次新的创造的行动只能稍作停顿，以防它自己分成单词，而单词又将它们自己分离成字母，这些字母则被加入世界上已经存在的其他字母中。这样一来，在某个特定的时刻应该增加的构成物质世界的粒子数量，就与我们的意识习惯背道而驰，也与我们的全部经历产生了抵触；可是一种具有别样秩序的事实，并不是不可接受的，它和粒子形成了鲜明的对比，就像诗人的思想和字母表上的字母形成鲜明对比一样，都应该通过突然增加某种元素而增强；并且每一次增加的倒转，事实上就是一个世界，而我们象征性地把这个世界作为一种粒子的集合向我们自己描述出来。

我们希望宇宙存在一蹴而就地形成，或者希望整个物质具有永恒性，而覆盖在宇宙存在上的神秘观点大多来自这个希望。不论我们谈及创造还是假定一种非创造的物质，我们立马要想到的都是宇宙的整体性。这种意识习惯的根源处存在一种偏见，我们将会在下一章对此进行解析，那种偏见的观点是唯物主义者和他们的反对者所共有的，即不存在真正活动者的绵延，还有，绝对的——物质或意识——根本没有具体的某个时间，在那段时间内我们感到自己是生命中唯一的物质。由此可知，所有的事都是一劳永逸地给定的，而且很有必要从永恒性中假定物质的多样性，或者创造这种多样性的行为，并且将其神赐的本质全部呈现。一旦这种偏见被消除，创造的观念就更加明晰了，因为它是被混合进发展的观点中的。可我们接下来所要说的就不再是具有整体性的宇宙了。

我们为什么要提及宇宙的整体性呢？宇宙是太阳系的集合，而我们完全有理由相信这里所说的太阳系和我们的太阳系是相似的。毫无疑问，它们不是绝对相互独立的。我们的太阳在最远的星体之后发散出光和热，并且，另一方面，我们的整个太阳系都在朝着一个被画定的明确方向移动。这样一来，世界之间就有了联系。可是，比起将它们之间同一世界的各个部分结合起来的相互依存关系，这种联系就显得极为松散了；因此，我们并非为了图方便，就人为地将我们的太阳系孤立出来：是自然本身吸引我们将它孤立的。作为生命体，我们依赖于我们所在的星球，依赖于供给它能量的太阳，可却不依赖于任何其他事物。作为有思想的存在物，我们将物理学的法则运用到我们自己的世界中，然后将它们扩展到每一个独立存在的世界里；可是没有任何事物告诉过我们它们适用于整个宇宙，更别说告诉我们确保它们适用于整个宇宙后又具有什么意义；因为宇宙不是被一次性创制而成的，而是不断地在被创制。它是正在发展的，或许会无限地发展，因为有着一个个新世界加入其中。

接下来，我们不妨将我们科学的最普遍的两种法则扩展到我们的整个太阳系中，这两种法则就是能量守恒定律和能量衰减原理——然而，我们要将它们限制在这个相对封闭的系统，或是其他相对封闭的系统中。让我们看看接下来会发生什么。首先，我们肯定会观察到这两种法则并不具有相同的形而上学范畴。第一种是数量上的法则，因此，它在某种程度上与我们的测量方法有关。这就意味着，在一个假定封闭的系统之中，总能量——也就是说，动能和势能——保持不变。现在，假如世界上只有动能，或者即便除了动能之外，只有唯一一种势能，那么，测量的办法就不再是人造的法则了。能量守恒定律事实上表达的是某些能量被保持在恒量上。

可事实上，能量是多种多样的，所以，我们选择能量的测量方法，显然都要以维持能量守恒定律为标准。因此，约定俗成在这个定律中起了很大作用，尽管构成同一个系统中的各种不同的能量之间，毋庸置疑地有着一种相互依存性，而正是这种相互依存性凭借正确地选择的测量方法，使法则的扩展变得有可能。因此，假如哲学家们要将这种法则运用到整个太阳系中，那么他必定至少要将法则的要点变得灵活。能量守恒定律在此并不能表达某种事物数量的客观永恒，而是要表达每一次变化的必然性，这些变化会以某种方式和与之反向的变化相互制衡。也就是说，即便它支配着我们的整个太阳系，能量守恒定律都只介入了这个系统的各个部分之间的关系中，而并未涉及整个系统的特性。

对于热力学第二定律来说，情况又大不一样了。能量衰减原理本质上与大小并无关系。依卡诺的思想看来，难怪这种原理的最初思想来自热力发动机生产的某种数量上的考虑。仍然毋庸置疑的是，克劳修斯总结出的素语是数学性的，是可计算的量，事实上，他最终得出的概念是“熵”。这种精确性，对于实际运用是很有必要的。可是，这条定律该被模糊地感知到，此外，如果绝对必要的话，还应该被粗略地构想出来，尽管没有人曾想过要测量物理世界的不同能量，尽管能量的观点还没有被创造出来。它从根本上表达了一个事实：所有的物理变化都具有衰变成热量的趋势，而热量往往又以千篇一律的方式被分散在物体之间。它以不那么精确的形式独立于任何约定俗成中；它是物理学定律中最形而上学的东西，因为它既没有插入任何标志，也没有人工的测量设备，就指出了世界所走的方向。它告诉我们：可见的、多种多样的变化将会越发被降解为不可见的、千篇一律的变化，我们将这些发生在我们的太阳系中的丰富多样的变化归咎于不稳定性，而这种不稳定性将逐渐被不断重复的初级振动的相对稳定性所取代。正如一个人在他变老的过程中虽保持着力量，可他越来越少地将力量运用在行动中，到最后，将它全部用来让肺呼吸、让心脏跳动了。

从这点来看，一个像我们的太阳系一般的世界，往往被看成耗尽了其所包含的某种可变性的世界。最开始，这样的世界里有着最大的能源可利用率：这种可变性永无止境地减小。它从何处来呢？我们也许会首先猜想它来自空间的其他点，可这样一来只是将困难推后了，而对于可变性的外部资源来说，同样的问题就冒出来了。真正还要补充的是：能够将可变性相互传递的世界的数量是无限的，宇宙中所包含的可变性的总数也是无限的，因此，它的起源和终结也就无处可寻。这一类假说是无可辩驳的，正如它是无可论证的一样；可一说到无限的宇宙，就相当于承认了物质与抽象空间之间具有完美一致性，因此，也承认了物质所有部分相对于彼此的绝对外在性。我们已经通过阅读上文明白了我们该如何来看待这个理论，也已经在上文中看到了协调物质所有部分之间的相互影响有多么困难，更何况事实上还是它自己招来的影响。其次，我们还会猜想，通常的不稳定性产生于稳定性的一种通常状态；我们目前所在的时期，也是可利用能源正在逐渐减少的时期，在它之前的那个时期里，可变性逐渐增强、增长和减少的交替也生生不息地进行着。正如不久前被论证的那样，这个假说，从理论上讲是可理解的；可是，根据波尔兹曼的计算方法，该理论的数学上的未必穿越了所有想象，实际地发展成为不可能性。事实上，只要我们坚持站在物理学的角度，问题就不会得到解决，因为物理学家们不得不将能量与扩散开的颗粒联系在一起，即便他们只把那些颗粒看做能量库，他仍然在空间之内：如果他在一个外空间进程中寻找那些能量的来源，那么他将辜负他的职责。然而，在我们看来，能量的来源一定能在外空间中被找到。

我们在理论上考虑的是一般意义上的延伸吗？我们说过，延伸只是一种被中断的张力。或者，我们是在思考填满这个延伸的具体事实吗？在那里起主宰作用的秩序，是被自然法则所证实的东西，那是一种当与之相反的秩序被抑压制时，产生于其自身的秩序；而意志的松懈恰好促成了这样的压制。最后，我们发现，这种事实真正面对的方向，向我们指示了事物改变自身的观念；毫无疑问，这种观念是物质性的本质特征之一。如果事物创造自身的过程不是被指向与其相反的物质的进程，而它因此——根据它自身的定义来看——是一种非物质性的进程，那么我们可以从这些中得出什么样的结论呢？我们对于物质世界的想象就是对减轻重力的想象：恰当地说，物质并没有刻画任何图像，来向我们描绘该如何增加重力。可是，如果我们向具体的事实再靠近一些，还有，如果我们不再只考虑一般意义上的物质，而是考虑物质之内的生命体，那么这个结论将会以更大的力量使我们信服。

所有的分析都向我们展示：生命中有一股力挽物质下倾趋势的力量。那股力量在发挥作用的过程中，向我们揭露了可能性，甚至是物质性逆反过程的必要性，或是由其单方面的中断所体现出的创造性。在我们星球表面进化的生命中，事实上与物质有着关联。如果它是纯粹的意识，更甚者如果它是超意识，那么它就是纯粹的创造性的活动。事实上，它被一个能使它服从于非生命物质的一般法则的有机体所吸引。可是，每一件事情的发生都好像是在尽最大努力将自身从那些法则的约束中解放出来。它并没有颠倒物理变化方向的能力，就像卡诺的原理规定的那样。然而，它就像力运动的方式那样运动着，那种方式就是朝反方向运动。它无法阻止物理变化的进程趋向衰落，可是它能够减缓其衰落的速度。生命的进化过程真正在进行，正如我们已经展示过的，那是一种最初的冲动：这种冲动决定了植物的光合作用以及动物身上的感觉—运动系统的发展，这种冲动唤醒了越来越多的构造物的有效行为，还引发了越来越多有威力的爆炸物的使用。那么，如果不是太阳能的蓄积——太阳能的减少暂时悬停在其喷发点的其中之一上，那些爆炸物又代表着什么呢？爆炸所掩盖的可用能源将会被耗尽，当然，是在爆炸发生的那瞬间；可是，如果有机体并没有恰好出现在那儿，为了保留和储存它，而阻止它耗散，那么它将会消耗得更快。

正如我们今日所见，在生命自身内部的互补趋势被切断后，生命就停留在一个点上，而在这个点上，生命就全然依靠着植物的光合作用。看着它的最初的冲动，这就意味着，在生命的互补趋势还没被切割之前，它还是一个往储存库里蓄积东西的趋势——蔬菜的绿色部分尤其是这样，这个趋势着眼于同样有效的释放，就像动物所表现出来的那样，释放出某种会流逝的东西。这就像努力增加正在减少的重量一样。诚然，它只能减缓此种下降的速度，但是至少它能够让我们知道重量的增加是怎么一回事。

想象一口装满高压蒸汽的容器，容器上不断产生着裂缝，蒸汽从这些裂缝中喷射出来。喷到空中的蒸汽都变成了水滴，落到地上，这种冷却和下降的过程代表的就是某种东西的丢失，是一种中断、一种亏损。但是，还有一小部分喷射出来的蒸汽仍然存在着，没有凝结，不过只能维持几秒钟；这部分的蒸汽努力地支撑着下落的水滴，不让它们滴落下来；这部分的蒸汽最多只能延缓水滴的滴落。因此，喷气必须从一个浩瀚的生命库中不停地喷射出来，蒸汽凝结成水滴后的每一次滴落都是一个世界。这个世界内生物物种的进化代表着维持原始蒸汽的最初方向的东西，维持着一种生命冲动的方向，这种生命冲动在物质性逆转的方向上自我持续着。但是，我们还是不要将这个比喻使用得太多。这个比喻给了我们一种缺乏活力的甚至是虚假的现实画面，因为那个裂缝、那个水蒸气的喷射、水滴的形成都是必然地被确定了的，但是，世界的创造是一个自由的行为，而物质世界中的生命也加入了这种自由之中。我们不妨设想一种像抬起手臂的行为，然后，我们假设这种手臂自动落回，但是这个过程中存在着一种东西，极力地想要将手臂再次抬起，那是一种赋予了手臂生命力的东西。在这个“自我撤销的创造性行为”的画面中，我们已经拥有了一种更为准确的物质代表。因此，在生命活动中我们看到，在逆转运动中存在着直接的运动，在自我撤销的现实中，存在着自我制造的现实。

如果我们按照惯例，想到被创造的物体和创造他物的物体，因为理解力总是情不自禁要这么做，那么，在创造这个概念中万物都是朦胧晦涩的。我们将会在下一章中展现这种错觉的源头。这对我们的智能来说是非常自然的，这种智能的功能从根本上来讲非常实用，就是用来向我们展现物体和状态而不是改变和行为。但是物体和状态只是我们的意识对于变化的一些看法，根本不存在物体和行为。更详细来说，如果我检测我们生存的这个世界，我会发现这个完美编织的整体的进化是自动的，而且经过了严格确定的，这种进化就是一种自我撤销的行动；还会发现生命从自己内部割切出来的不可预见的形式，这种形式能够将自己延长为一些不可预见的运动，代表着自我制造的行动。现在，我有理由去相信另一个世界与我们的这个世界是相似的，在另一个世界中，事情发生的方式也和我们的世界相同。而且我知道它们根本不是同时被建造起来的，因为我经过观察发现，即使是今天，星云都还处于一种不断集中的过程中。现在，如果处处都在发生着同一种行为，无论这种行为是在自我撤销还是在极力地自我重造，当我提到一个中心（世界就像焰火表演中的火箭一样从这个中心发射出去——然而，假设我没有将这个中心说成是一个物体，而是说成一种持续性的向外发射）时，我想要表达的都只是这种可能的相似性。如此定义的上帝没有任何现成的东西；它是一种永不停歇的生命、行动、自由。如此构思出来的创造并不是一个神秘事物；当我们行为自由时，我们就会在自己内部体验到这种创造。说新事物能够与已经存在的事物结合在一起，这种说法毫无疑问非常荒谬，因为物体源自一个由我们的理解力执行的固化过程，除了理解力已经由此构成的物体之外，再无其他物体。因此，说物体能够自我创造，就是在说理解力对自己呈现的东西多于其对自己呈现的东西——这是一个自相矛盾的论证，一种空洞且徒劳的观念。但是，行动在前进的路上不断地在增加，它按照自己前进的尺寸在创造，这是我们每个人在观察自己行为时所看到的内容。理解力在一个既定的瞬间中，在此类的流动中凭借着瞬间切割构造出了物体，如果我们将切割与流动联系在一起，那么在我们将这些切割放在一起比较时感到神秘的东西就会变得清晰。实际上，当它们采用这种方式时，创造性行为的模式就会大大地被简化，只要这种创造性行为还在生命形式的有机物（*organization*）中继续存在。在一种有机组织（*organism*）的复杂性面前，面对其预先假设的、几乎无限繁多的相互交织的分析和综合时，我们的理解力便会惶恐不安地畏缩不前。物理和化学力量简单地发挥一些作用便能创造出这样一种奇迹，这让我们很难相信。如果它是一种正在运转的意义深远的科学，我们怎样才能去理解无物质的形式作用在这种无形式的物质上的影响？我们静态地表现彼此并置的现成的物质粒子（*material particles*），而且静态地展现一种外部原因，它在这些物质粒子之上粘贴了一种巧妙设计的有机物，但是，我们的难题就是出自于此。在现实中，生命是一种运动，物质性是一种逆向的运动，这两种运动都很简单，构成一个世界的物质就是一种未经分割的流动，而且穿越其中、并沿着其道路切割出生物的生命也是未经分割的。在这两种流动中，第二种流动的方向与第一种流动的方向相反，但是第一种流动的方向仍然还会从第二种流动的方向中获得一些东西。这两种流动之间生成了一种暂时妥协（*modus vivendi*），那就是有机物。对于我们的感觉和我们的智能来说，这种有机物采用了一种形式，这种形式表现为时空之间彼此完全独立的部分。我们不仅对那些冲动的统一性闭上我们的眼睛(这种统一性跨越了时代，将个体和物种联系在一起，将生物的整个系列汇聚成一条泛滥在物质之上的一股巨浪)，而且每一个个体自身对我们来说都是一种积聚，积聚了微小颗粒，积聚了事实。出现这种情况是因为我们智能的结构；我们的智能结构的形成就是为了从外部作用于物质，在真实的流动中，这种结构通过瞬间的切割来取得预期的效果，每一次这样的切割在其固化之后，都会变成一种可以被无止境地分解的东西。在一个有机物中，理解力觉察到的都只是彼此独立的部分，它只能在两种解释体系中做出现则：要么将无限复杂的（因此也是无限精致的）有机物看做一种原子的偶发关联（*fortuitous concatenation*），要么将其与一种外部力量的难以理解的影响联系在一起，这种力量已经将其元素组织在一起了。但是这种复杂性就是理解力的作品；这种难以理解性也是理解力的成果。让我们不再只用智能的眼光去观察，智能所掌握的只能是那些现成的东西，而且智能只会从外部观察，而是用一种心灵之眼去观察，我的意思是用那种内在观察能力，这种能力是行动能力所固有的能力，当行动转化为知识（就像将热能转化为光）时，这种能力就会从意志的自我扭转中迸发出来。那么，对于运动来说，一切都将被恢复，而且一切都将在运动中被分解。理解力通过这个正在进行中的行动画面（假定这个画面都是固定的）的工作，向我们展示了无限繁多的部分，以及一种设计得无限巧妙的秩序，只要是出现这种情况的地方，我们都能瞥见一个简单的过程，瞥见一个行动，这种行动让自己与一种相同种类的自我撤销的行动交叉，这就像是焰火表演中的最后一只火箭，在正在坠落的熄灭火箭的黑色灰烬中划过，形成一条炽热的轨迹。

从这一点上来看，我们所提出的有关生命进化的普遍讨论将获得解释，并且得出结论。我们将会更加清楚地从这种进化中本质的东西中区分出偶然的东西。

我们正在提及的生命冲动（*impetus of life*）存在于这种创造需要之中。它不能创造出绝对，因为它面对的是物质，也就是说，它面对的是那种与其自身相反的运动。但是这种生命冲动利用了这种物质，这对其自身来说是非常必要的，而且还尽可能多地不确定性和自由引进这种物质。那么，这种生命冲动是如何运作的呢？

我们说过，可以用一种普遍的方式，将一种高级动物表现为一种强加在消化、呼吸、循环等系统之上的感觉—运动神经系统。这些消化之类的系统的功能是为了清洁、修复并且保护神经系统，使其尽可能地独立于外部环境，但是，最重要的是，用花费在运动上的能力去布置这种神经系统。

因此，从理论上来讲，有机组织不断增加的复杂性也来自（尽管进化中的偶然事件造成了数不清的例外）神经系统中必要的复杂性。毫无疑问，有机组织的任一部分的每一种复杂化，都必定会使其他部分复杂化，因为这个部分自身必须生存，而且可以说，身体上每一个点的每一种变化都会在全身产生影响。因此，这种复杂化可能会在所有的方向上无限地继续下去；但是正是这种神经系统的复杂化，才能够正确影响其他系统的复杂化，虽然事实并非总是如此。现在，神经系统自身的进步又存在于什么之中呢？存在于在同时发展的自动活动和自愿活动中，而自动活动为自愿活动提供了一种合适的工具。因此，在一种像我们这样的有机组织中，数量可观的动力机制已经在骨髓和脊髓中建立了起来，只等待着一个信号，便将释放出相应的行为：在某些情况下，在建立机制本身的过程中应用了意志，而在其他情况中，在选择释放哪些机制、怎么释放、释放时间的时候应用了意志。动物的意志从众多的机制中挑选出越多的机制，所有的动力通道所穿过的交换台越复杂（也就是说，它的大脑越发达），这种意志就越有效、越强烈。因此，神经系统的进步保证了行为精确度的提高、多元性的增加、有效性和独立性的增强。有机组织表现得越来越像一台为行动而造的机器，这种行动会为每一个新行为彻底地自我重组，就仿佛这台机器是用弹性橡胶制作的，而且能够在任意时刻改变其零件的形状。但是，在发现神经系统之前，甚至是在发现所谓的有机组织之前，人类就已经从变形虫的未分化体之中发现了动物生命的这一基本特质。变形虫朝着不同的方向改变自己的形状；它的整个身体所做的分化出部分的工作将会在发达动物的感觉—动力系统中局部化。变形虫只能用一种不完善的方式去完成这一工作，它并不具备较高等级的有机组织的复杂性；在此，不需要辅助元素向动力元素输送用于消耗的能量；动物作为一个整体在运动，而且同样作为一个整体，借助于它所消化吸收的有机物质获取能量。因此，无论动物的等级是高还是低，我们都会发现，动物的生命必须有两点：（1）获取必要的能量；（2）借助一种尽可能顺从的物质，在多样的、不可预见的方向上消耗这些能量。

那么，能量从何而来呢？从摄取的食物中，因为食物就是一种炸药，只需一个小小的火光，就能释放出食物中储藏的所有能量。是谁制造了这种炸药呢？这种食物可能是一种动物的肉，而这种动物又是依靠另一种动物的肉生存，以此类推；但是，我们最终总会回到植物上来。植物只吸收太阳的能量，而动物也是，不过动物是从植物中借取太阳能，它既要直接借取，又要将其中一部分传递给其他动物。那么这种植物是怎样储存这种能量的呢？主要是通过光合作用来吸收，这是一种独一无二的化学方式，这种方式我们还不知道它的秘诀，而且它还很有可能不同于我们在实验室所使用的化学方式。光合作用的过程是用太阳能去固定碳酸中的碳元素，并由此来储存这种能量，就像我们会在高处修建一个蓄水池，再雇用挑水工人去将其灌满：一旦水被储存起来，我们就能在需要的时候按照我们的意愿将其作为推动水磨和涡轮的动力。每一个固定的碳原子都代表着某种东西，就像增加了水的重量的高度，或者像是碳酸中联合了碳原子和氧原子的那根弹性线条的延伸。这种弹性得到了放松，重量也回归了原本的样子，简言之，只需一个简单的释放，保存起来的能量就会得到恢复，碳原子就能和氧原子再次会合。

因此，从根本上看，所有的生命，无论是动物生命还是植物生命，都像是一种努力，它在积聚了能量之后便会让这些能量流入一些适应性强的通道（其形状可以改变）中，最终，就会完成这种种类多样的工作。这就是生命冲动一穿过物质就会立即做的事情。毫无疑问，如果生命冲动的力量是无限的，或者如果能够从外部对其进行加强，那么它就会成功完成这一过程。但是冲动是有限的，而且是一次性全部给定的。它不能克服所有的障碍。由它引发的运动有时会偏离方向，有时会被分离，而且总是会遭到反抗；但是有机世界的进化就是这种矛盾的逐渐展开。注定会产生的第一次大分裂就是动物世界与植物世界的分裂，这两个世界碰巧是互为补充的，然而两者之间并没有达成任何协定。植物积累能量，并不是为了动物，而是为了自己的消耗；但是，与生命的原始冲动（从根本上看，它指向的是自由行为）相比，它的自我消耗是不间断的，而且较不集中，因此有效性也较低：同样的有机组织不能拥有相同的力量去同时维持两种功能，即逐步地储存和突然的使用。因此，没有任何的外部干预，只受到原始冲动中包含的趋向和物质对这种冲动的抵抗的双重影响，且在这样一种情况下，有的有机组织会偏向第一种方向，有的则会偏向第二种方向。在这次动物世界与植物世界的大分裂之后，又出现了很多其他的分裂。因此便产生了进化的不同路线，至少产生了在这些路线中作为其本质的东西。但是我们必须将退化、停止，以及各种偶然事件考虑在内。最重要的是，我们必须记住，每一个物种的行为，都好像是生命的总体运动停止在了这种物种身上，而不是穿过它继续前进。每一种物种都只考虑自己，只为自己而活。因此，就出现了我们在自然中必定会看到的无数的斗争，才会产生一种不和谐。这种不和谐引人注目而且非常可怕，但是生命的处理原则并不需要对这种不和谐负责。

因此，偶然事件在进化中所起的作用是非常巨大的。总的来说，一些已被采用的形式，或者可以说是一些被发明出来的形式都是具有偶然性的。偶然性，与在既定位置和既定时刻遇到的障碍有关，是初生的趋向与如此这般的互补趋向的分离，这种互补趋向创造了进化的分支路线。那些停止和退化就具有偶然性，从很大部分来说，适应也具有偶然性。只有两件事情具有必然性：（1）能量的逐步积累；（2）将这种能量灵活地分配到可变而且不确定的方向中，这个过程的尽头就是自由的行为。

在我们的星球上，已经以一种特殊的方式获得了这种双重结果。但是，它可能也可以用一种完全不同的方式去获得。生命并不是必须将其主要的选择固定在碳酸中的碳之上。对于生命来说，最根本的是要储藏太阳能；

但是，举个例子，如果生命并不要求太阳将氧原子和碳原子分开，它就应该（从理论上来讲至少是这样的，而且还要撇开那些可能是难以克服的困难）释放出其他的化学元素，这样一来我们就不得不借助完全不同的物理手段来联合或者分解这些元素。如果这些将能量提供给有机组织的物质元素特征并不是碳，那么可塑物质的元素特征也可能不再是氮，而且生物化学也有可能完全不是今天这个样子。结果可能就会出现一种与我们已知的生命形式毫无相似之处的生命形式，这种生命形式的生理机能也会完全不同。只有感觉—动力系统功能会被保留下来，如果不是被保留在这种生命形式的机制中，至少应该保留在其结果中。因此，在其他星球上很有可能会存在生命，在其他的太阳系中也有可能，对于这种生命的形式我们一无所知，它们生存所需要的条件我们也不知道，从我们的生理学观点来看，也许是与我们完全相反的。如果这种生命形式的基本目标是获取可用的能量，以便在爆炸性行为中对其进行消耗，那么在每个太阳系中，每一个星球上，这种生命形式都会像地球上的生命形式一样，选择最合适的方式在它所面对的环境中获得这个结果。这至少是凭借类比推理的方式得出的结果，而如果我们宣称在面对与地球不同的环境时，生命就不可能存在，那么我们就是在以一种错误的方式使用这种类比推理。实际上，无论在哪里，只要能量下降到卡诺规律所指明的那个斜面，只要逆转方向的原因能够减缓这种下降，生命就有可能存在——也就是说，在所有悬浮在恒星星系之中的世界（例如，地球）上，都有可能存在生命。我们再进一步：生命甚至不必集中并且确定在严格意义上的有机组织之中，也就是说，生命不必集中并确定在那些明确的实体中，对于能量之流，这些实体表现为一个个现成却灵活的通道。你可以这样想，即使很难想象，能量可能被储存起来之后，再被消耗在穿越一种尚未固化的物质的不同线路上。生命的每一种本质仍然存在，因为缓慢的能量积累和突然的能量释放也仍然存在。这种模糊且无定形的生命力，与我们知道的确定生命力之间的区别，几乎等同于我们的精神生命中做梦的状态和清醒状态之间的区别。如果在星云物质出现之时，生命作为逆转运动的结果，每时每刻都会迸发出来，那么在物质的冷凝完成之前，我们星云中的生命状态可能就是这样。

因此，我们可以相信，生命可能已经呈现了一种完全不同的外向显现形式，并且已经从我们已知的东西中设计了非常不同的形式。对于另一种化学基质，在其他的物理条件下，生命冲动仍然是相同的，但是它可能已经在其发展过程中，采用了一种颇为迥异的分裂方式；而整体可能已经沿着另一条道路前进了——这条道路是长是短谁能知道呢？在任意一种情况下，在生物的所有系列中，没有任何一个系列的条件会与其现在的条件相同。现在，真的有必要存在一个系列，或者一些条件吗？为什么一种独一无二的、可能还会继续进化的实体之上不应该打下那种独一无二的冲动烙印呢？

毫无疑问，这个问题源自将生命比作一种冲动的观点。而且，生命必须被比作一种冲动，因为借自物理世界的概念，没有一个能够让我们更加接近生命这个理念。但是，生命只是一个概念。在现实中，生命遵循的是心理规则，而且心灵的本质就是包容各种相互渗透的条件的混合多元性。在空间中，而且也只在空间中，才可能存在着明显的多元性：一个空间中的点绝对与空间中的另一个点相互独立。但是纯净空洞的单一性也只能在空间中遇到；它就是数学点的单一性。抽象的单一性和抽象的多元性都是对空间的限定，或者对理解力的分类，无论我们将它看做哪一种，空间性和智能都是彼此塑造的。但是，心灵本质所包含的内容，既不能完全对应空间，也不能完美地纳入理解力的范畴。在一个既定瞬间里，我们自己到底是单一的还是多元的呢？如果我说它是单一的，我内心的声音就会发出抗议——这些声音来自我内心深处的各种感觉、情感，以及观念，而我的个性就散步在它们之中。但是，如果我说它明显是多元的，那么我的感知意识也会提出强烈的抗议；它就会断定我的感觉、我的情感、我的思维都是我对自己的抽象，而且我们每一种状态都暗含着其他所有的状态。因此，我就是一个多元的单一性，而又是单一的多元体；但是单一性和多元性都只是将其范畴指向我的理解力对我的个性所采用的观点；我既不属于单一体，也不属于多元体，又不同时属于单一体和多元体，即使这两者结合起来可能会非常接近于我在自己的基础上所发现的相互渗透性和持续性。这就是我的内部生命，这也是普遍的生命。在与物质的接触过程中，生命被比作一种冲动或者一种动力，就其自身而言，生命是一种无限的潜能，一种相互侵蚀的数以千计的趋向，即使这种趋向只有在被看做相互外在，也就是在被空间化时，才是数以千计的。就是与物质的接触决定了这种分解过程。实际上物质只能分解那种多元性的潜能；而且，在这一程度上，个性化一部分是物质的工作，一部分是生命自己的意向所造成的结果。因此，诗人的情感（爆发为明确的诗节、诗行和诗中使用的词语）可以说是已经包含了这种个性化要素的多元性，但是，事实上，创造这种情感的，却是语言的物质性。

但是，这些词语、诗行和诗节中流动着的是整首诗的简单灵感。因此，在那些被分解出来的个体中，有一个生命在继续运动：个性化的趋向无论在什么地方都会遭遇反抗，同时，被一种敌对却互补的联合趋向所完成，仿佛生命多样的单一性被引向了多元性的方向，它做出了众多努力想要自我撤回成为自身。一个部分刚要与其他的部分，至少是与距离自己最近的那个部分重新结合，就立即被分离开来。因此，纵观生命的整个范畴，个性化和联合之间存在着一种平衡。个性化结合在一起就成为了一个社会（即群体）；但是社会一旦形成，就会将联合在一起的个性化溶解为一个新的有机组织，以便将其自身变成一种个性化，从而能够转变成一次新联合的组成部分。在有机组织级别的最低一级上，我们已经找到了名副其实的联合，发现了真正的微生物群体，而且根据最近的一部作品，在这些联合中存在着一种倾向，也就是依靠一个分子的结构而达到个性化的倾向。在原生植物（有机组织级别的较高一级）中，也遇到了同样的倾向。这种原生植物一旦凭借着分隔的方式脱离了母细胞之后，便会凭借围绕在它们周围的胶状物质彼此团结在一起——原生动物中也存在着同样的倾向，它们开始时会将它们的假足混合在一起，最后则会将自己紧密结合为一个整体。有关较高等级的有机组织起源的“群体”理论是众所周知的。这个理论认为：单细胞的原生动物是通过组合而形成的，这种组合将它们再一次聚合在一起，成为新组合里的聚合体；因此有机组织就变得越来越复杂，同时也越来越容易区分，这种有机组织产生于初级并且几乎没有区分的有机组织的联合。在这种极端的形式中，群体理论遭遇了严重的反驳：多元机体（*polyzoism*）是一种特例，而且是一个反常的事实，这个观点似乎越来越为人们所接受。虽然如此，事实却是这样的：似乎每一种较高级有机组织都来源于拥有不同分工的细胞的联合。很有可能并不是细胞借助联合的方式造就了个体，而是个体借助联合的方式造就了细胞。但是，这本身就向我们揭示了：在个体的起源中，存在着一种社会形式的影子，仿佛个体只能在一种条件下发展，在这种条件中，个体的物质应该被拆分成拥有个体化外观的元素，并通过一种社会性的外观结合在一起。存在着数不清的情况，在这些情况中自然似乎在联众形式之间犹豫不决，并且自问是应该创建一个社会还是一个个体。因此，最轻微的推动就足以打破这种平衡。如果我们拿起一只足够大的纤毛虫，例如喇叭虫，然后将它切成两半，每一半都包含一部分的细胞核，每一半都会生成一个独立的喇叭虫；但是如果我们对其分割的不完整，因此两半之间还残留着一种原生质的沟通线，我们就会看见这两半各自执行相应的运动：因此，在这种情况下，想要让生命具有社会形式或者个体形式，只需维持或者切断两者之间的那条线即可。因此，在由单细胞组成的基本有机组织中，我们已经发现了整体表面的个体化是由一种潜在地联合起来的数量不明确的潜在个体化构成的。但是，整个生物系列也体现了同样的规律。当我们说单一性和多元性是非生命体的分类时；我们说生命冲动既不是纯粹的单一性也不是纯粹的多元性时；我们说，如果生命冲动所显示的物质本身就强迫它去在两种形式中选其一，那么它永远都不会做出明确的选择：它会从一种形式跳到另外一种形式，永远确定不下来，此时我们想要表达的就是这样一种规律。因此，生命指向个体化和联合的双向进化决不是偶然：这是由生命的本质决定的。

思考的过程同样也是生命的本质。如果我们的分析是正确的，那么位于生命源头的就是感知意识，或者说超感知意识。感知意识或者超感知意识就是那根火箭的名字，它熄灭后落下的碎片便是物质；感知意识还是维持火箭本身的那种东西的名字，它穿过碎片，将它们照亮成有机组织。但是这种感知意识是一种创造需要，它只会在创造可能会发生的地方，自我显现出来。当生命被宣布为自动行为（无意识行为）时，它就会蛰伏起来；只要选择的可能性恢复了，感知意识就会醒过来。那就是为什么，在不具备神经系统有机组织中，感知意识会根据运动能力或者有机组织所拥有的变形能力进行改变。而且，这也是在拥有神经系统的动物中，感知意识会与一个开关的复杂性成比例，这个开关位于名为感觉通道和原动力通道的交叉位置——也就是，感知意识与大脑的复杂性成比例。理解这种有机组织和感知意识之间的统一性究竟有多必要？

我们不会重复阐述我们已经在之前的作品中讨论过的观点。我们只需回想一下一个理论，例如，根据这个理论，感知意识与某种神经元紧紧相连，而且就像一道磷光那样从它们的工作中被抛出来，科学家为了让分析更为详细，可能会接收这种理论；这种理论是一种方便的表述方式。但是，它也仅此而已。在现实中，生物是行动的中心。它代表着进入世界的某种偶发事件的总数，也就是说，它代表着一定数量的可能行为——这个量会因个体和物种的不同而发生改变。动物的神经系统表明了它的行为将会经过的一些富于变化的路线（即使积累了潜在能量的是肌肉而不是神经系统本身）；它的神经中枢经过它们的发展和布局，表明了它会在数量和复杂程度或多或少的行为之间做出或多或少的扩展选择。现在，因为生物中的感知意识苏醒得越彻底，为它提供选择的范围就会越广，赋予它的行为数量就会越大，很明显，感知意识的发展将会表现为依赖于神经中枢的发展。另一方面，感知意识的每一个状态、每一个侧面，都是一个涉及动力活动甚至涉及某种初期回应的问题，因此，没有心灵事件不暗含进入皮层运作机制的路径。因此，一切都好像是这样发生的：感知意识从大脑中涌现出来，有意识活动的各个细节都仿效大脑活动各个细节的模式。实际上，感知意识并不是源自大脑的；但是大脑和感知意识的彼此对应是因为它们都在衡量生物所能做出的选择的量：大脑凭借着其结构去衡量，而感知意识凭借了其觉悟力的强度去衡量。

正是因为大脑状态所表现的，仅仅是其对应的心灵状态中初期的行为所包含的东西，所以心灵状态告诉我们的东西要比大脑状态告诉我们的东西多。正如我们在别处已经证明了的一样，生物感知意识与其大脑是不可分的，这就像是一柄锋利的刀与其锋利的刃口是不可分的一样：大脑就是感知意识插入事件紧密组织的利刃，但是大脑和感知意识之间确实是共同延伸的，就像刀和刃口之间一样。因此，我们不能因为猿脑和人脑之间极为相似就得出这样的结论：相互对应的感知意识是可以比较或者可以根据同样的标准进行较量的。

但是，这两个大脑讲的相似性也许不如我们的想象。在没有习得任何一种动力习惯的情况下，人类能够学会任何一种操作，学会构建任何一种对象，但是将新动作结合在一起的这种能力，即使是最聪明的动物，比如猿类，对这种能力的掌握也是极为有限的，对于这样一个事实，我们能不惊讶吗？人类大脑的独特性就在于此。人类大脑与所有的动物大脑一样，是用于建立动力机制，并让我们随时在这些机制中做出选择，选择那种只要我们一扣动扳机，就能开始运转的机制。但是，人脑与其他大脑的不同之处在于：它所建立起来的机制的数量是无限的，而正因为如此，它所提供的能够释放这些机制的选择的数量，也是无限的。现在，从有限到无限，这两者之间的关系就是关闭与打开的关系。人脑与其他大脑之间的差别不再是程度上的差异，而是种类的不一样。

因此，动物的感知意识（即使是最智能的感知意识）和人类的感知意识之间的差别也是非常明显的。因为感知意识完全对应着生物的选择能力；围绕在真实行动周围的可能行为范围与感知意识之间的共同延伸：感知意识就是发明和自由的同义词。为此，在动物身上，发明永远都只是日常主题的变化。动物被关在自身物种习惯的监牢内，毫无疑问，它能够凭借其个体的主动性去扩展这个习惯的监牢；但是它只能暂时摆脱自动的下意识行为，因为它会在此时创造出一种新的下意识行为。它监牢的大门刚一打开便又再次关上；动物拉动着身上的锁链，但是它也只能是将它拉长而已。而人类的感知意识却能挣脱这个锁链。在人类身上，而且只在人类身上，它释放了自己。一直到人类出现的整个生命史，始终都是感知意识在努力提升物质的历史，也是那些落回到感知意识之上的物质在不同程度地完成淹没感知意识的历史。如果我们可以用计划和努力来打比方，那么我们就可以说计划是自相矛盾的。这个计划就是用（本身就是一种必然的）物质去创造一种获得自由的工具，去制造一台可以战胜机制的机器，以及使用自然的决定论（*determinism*）去穿越这种决定论所展开的那张网的网格。但是，除了人类的感知意识之外，其他的所有意识在试图穿越网格的时候都被卡在了那张网上：意识依然是由它建立起来的机制的俘虏。意识试图将自动行为引向自由方向，而自动行为却缠绕在意识身上，并将其拖垮。意识没有能力逃离，因为它为行为提供的能量，几乎都用于维持一种无比微妙，但是从本质上来讲又不稳定的平衡，意识便将物质带入了这种平衡之中。但是人类不仅能够保养他的机器，而且还能随意地使用这台机器。毫无疑问，人类将这一点归结于其大脑的优越性，让它能够构建一种无限的动力机制，不断地用新习惯去对抗旧习，并且分离自动行为，使其对抗自己，以便控制这种自动行为。人类还将这一点归结于他的语言，语言能够用一种非物质的实体来布置感知意识，这样一来让这种非物质的实体将感知意识具体化，并由此豁免感知意识，让其免于完全困在物质实体之中，这种物质实体的流动不久就会将感知意识拖下水，并最终将其淹没。人类还将其归结于社会生活，就像语言会储存思维一样，社会生活会将各种努力储存起来，保留下来，并由此确定一个平均水平，而个体在最初的时候就必须达到这个水平，而且，凭借这种最初的激发，社会生活可以让普通人不致沉睡不醒，并推动优秀者更上一层楼。但是我们的大脑，我们的社会群体，以及我们的语言都只是同一种内在优越性的不同外在标记。两种意识按照各自的方式，去证明其在进化的某个既定瞬间所获得的独特而杰出的成功。它们所表现的是种类的不同，而不只是程度的不同，这些不同会把人类从动物世界中与其他物种分离开来。它们让我们猜测：人类的生命从一块巨大的跳板的末端起跳，而其他生命却逐级走下了跳板，因为它们发现那条伸展开来的准绳太高，只有人类才能跨越这一障碍。

正是在这样一种非常特殊的意义上，人类才是进化的“条件”和“终点”。我们说过，生命像超越其他范畴一样超越了终局论。从本质上来讲，生命是一股被送往物质的流，并尽量从中获取一些东西。因此，确切地说，根本就不存在任何的规划和计划。另一方面，丰富的证据证明：大自然中余下的一切都不是为了人类存在的，我们和其他物种进行抗争，而且我们也赢得了这场抗争。此外，如果生命的进化在其过程中已经遭遇了其他的意外，那么，如果生命之流被划分成另一种样子，我们就应该与现在的我们完全不一样，无论是在身体上还是在精神上。因为这些各种各样的原因，所以我们将人性（我们的眼睛所看到的人性）看做进化运动中的预先定型了的东西，这一做法是错误的。我们甚至不能说人性是整个进化的产物，因为进化已经在几条不同的线路上完成，而人类只是其中一条线路的终点，其他线路的终点上还存在着其他的物种。我们将人性看做进化的基础，这是从完全不同的意义上说的。

从我们的观点来看，生命的整体呈现为一股巨浪，它开始于一个中心，然后往外延伸至其几乎全部的圆周范围之内，随后停了下来，转变成振动：在这一点上，这个障碍得以突破，生命冲动便可以自由穿梭。人类形式所记录的正是这种自由。除了在人类身上，感知意识在其他任何地方都不得不停下脚步；只有在人类身上，它才能继续前进。这样一来，人类就无限延续了生命运动，即使他并没有将生命所携带的东西全部吸收。在进化的其他路线上，蕴含着生命的其他趋向，而且，因为一切都是相互渗透的，所以毫无疑问，人类也保留了一些有关趋向的东西，只是非常少而已。这些东西就像是一种模糊而无形的生物，我们可以按照我们的意愿将其称之为“人”或者“超人”，他一直设法自我实现，而且只在途中放弃了自己的一部分，就获得了成功。动物世界的其余物种，甚至植物世界就代表着这些舍弃了的部分，至少，这些物种中的那种积极的、高于进化中偶然事件的东西，就代表着那些舍弃了的部分。

从这一点来看，自然向我们展示的不一致性便得到了巨大的削弱。作为整体的有机世界也因此变成了土壤，这片土壤养育了人类，也养育了在精神上明摆着与人类相似的生物。各种动物，无论它们与人类的距离多么遥远，无论与人类多么敌对，依然是人类在进化途中非常有用的旅伴，而感知意识也已经将其身上携带的各种负担卸载在各种动物身上，而且这些动物也能够将人类托举起来，使之站到某些高地上，看到在其面前展开的无垠的地平线。

确实，感知意识不仅在中途卸载了自己的负担，而且还不得不放弃一些有价值的东西。人类的感知意识在很大程度上都是智能，它可能已经成为、似乎也应该成为直觉。直觉和智能代表着感知意识运转的两个相对的方向：直觉指向的是生命的方向，智能指向的是逆转方向，因此最终发现自己很自然地与物质的运动取得了一致。在一种完整且完善的人性中，有意识活动的两种形式应该得到充分的发展。而且，在这种人性和我们的人性之间，我们可以构思出任意数量的可能阶段，这些阶段对应着智能和直觉所有可能的等级。我们这个物种的精神结构中的一部分偶发事件就存在其中。不同的进化可能会引向一种既更加智能又更加直观的人性。在我们也是其中一部分的人性中，直觉的牺牲实际上几乎完全是为了智能。似乎是为了征服物质，为了重新征服自我，感知意识不得不消耗自身力量中最佳的那一部分。在征服已经完成了的前提下，这种征服已经要求感知意识应该自己去适应物质的习惯，并且将自己的全部注意力投放在物质的习惯之上，实际上，就是要求感知意识更加专门地将自己确认为智能。然而，直觉仍然存在，但是有些模糊，而且最重要的是，还是非持续性的。直觉是一盏快要熄灭的灯，它只是不时地发出有些微弱的光，但是至多智能持续片刻。然而，每当生命的利益濒于险境，它就会散发出光芒。这种光芒会投射在我们的个性上、我们的自由上、我们占领整个自然的位置上、我们的起源上，也许还会投射在我们的命运上，它所投下的光芒虽然微弱而摇摆不定，但是依然能够穿透智能留给我们的黑暗。

这些稍纵即逝的直觉要隔很长一段时间才会将其光芒投射在其对象身上，但是哲学应该去抓住这种直觉，首先保持好这种直觉，然后将它们扩展开来，以便将它们汇合在一起。只要我们在这一工作上更近一步，哲学就越能觉察到直觉就是意识本身，而且，从某种意义上来讲，直觉也是生命本身：借助于类似于物质生成的过程，智能已经从中被切割出来。精神生命中的整体性也如此被揭示了出来。我们只有在将自己放置于直觉中时才能意识到这一点，以便从直觉过度到智能，因为我们永远都不能从智能过度到直觉。

哲学由此将我们引向了精神生命，而且同时向我们展示了精神生命和肉体生命的关系。种种精神学说的巨大错误就在于它们认为：将精神生命与其他一切生命隔离开来，并将其尽可能高地悬挂在地球之上的空间中，这样就能让它免受攻击，仿佛它们并不是简单地将精神生命暴露出来，使之能被将其看做一种奇迹一样！当意识确定了人类的自由，这些精神学说当然就应该听从意识的指向；但是智能仍然存在，也就是说原因决定了结果，类似的东西制约着类似的东西，一切都是不断重复的，而且一切都是既定的。相信人的绝对真实性，相信人是独立于物质而存在的，精神学说这样做是正确的；但是科学仍然存在，它向我们展示了有意识生命和大脑活动之间是相互依存的。在自然界中赋予人类一个特权位置，坚持认为动物和人类之间的距离是无限的，精神学说这样做也是正确的；但是生命的历史仍然存在，它通过逐步的转化让我们见证了物种的起源，并似乎由此在动物性中重塑人类。当强壮的本能能够保证个人得以存活之时，精神学说选择去倾听其声音，这样的做法当然是正确的；但是如果存在着能够独立生存的“灵魂”，那么它们又从何而来呢？这些灵魂又是在什么时候、以何种方式、何种原因进入到肉体（我们能够很自然地看到肉体来源于一个采自它双亲肉体的混合细胞）之内的？如果哲学没有决意要在走向精神生命的路上，看到肉体生命真正存在于何处，那么所有的这些问题都不会得到回答，有关直觉的哲学就是对科学的一种否定，早晚会被科学扫地出门。但是，这样一来，有关直觉的哲学就与明确的生物毫无瓜葛了。生命作为一个整体，从最初将其挤进这个世界的冲动开始，就表现为一种高涨的，而且与物质运动的递减相对的波浪。在其波浪的绝大部分表面上、在其不同的高度上，生命之流已经被物质转变为了一种涡流。它只能在一点上得以自由流动，并携带着那种将会给它的前进增加负担却不会让它停止的障碍。这个点就是人性；它就是我们的特权位置。另一方面，这种上涨的波浪就是感知意识，而且像所有的感知意识一样，它包括了无数的潜在可能性，这些可能性之间相互渗透，而且单一性和多元性的范畴都不适用于这些可能性，这是因为它们所针对的都是非生命体。只有这股生命之流所携带的物质，只有这股生命之流用于自我插入的空隙才能将其分割为有区别的个性。生命之流的流动穿越了一代代的人类，将自己细分为个体。这种细分在生命之流中得到了迷糊的说明，但是如果没有物质，这种细分就无法变得明了。因此各种灵魂就被持续地创造了出来，尽管如此，在某种意义上来说，它们仍然是事先就存在的。它们什么都不是，只是生命大河从自身上分割出来的小溪流，流经人性的实体。这条溪流的运动与河床之间有着明显的区别，即使它不得不随着河道的蜿蜒而蜿蜒前行。感知意识与其激活的有机组织之间是有明显区别的，即使它必须经历有机组织的兴衰变迁。因为感知意识的状态所指明的可能行为，每个瞬间都在神经中枢中开始被执行，而大脑每个瞬间都在描绘感知意识状态的动力象征；但是大脑和感知意识的相互依存也仅限于此；感知意识的命运并没有与大脑物质的命运绑定在一起。最后，感知意识在本质上是自由的；它自身就是自由；但是如果感知意识不在物质之上沉淀下来，不去适应物质，那它就不能穿越物质：这种适应就是我们所说的智能，而且智能还自行转向了积极的感知意识，也就是自由的感知意识，自然而然地让其进入概念形式，智能习惯于让自己看到物质适用于这些形式。由此，智能总是用一种必然的形式去觉察自由；它总是忽略新奇的部分，总是看不到自由行为本身所固有的创造形式；它总是用一种仿制品去替代行为本身，这种仿制品是人为的、与真正行为相似的东西，通过旧有的与旧有的、相同的与相同的的组合而获得的东西。由此，在一种试图将智能重新纳入直觉的哲学看来，很多困难都消失了，或者变得简单了。但是这不仅是一种促进思考的学说，而且还给予了我们更多的力量去行动、去生活。因为，有了这样的哲学，我们就会觉得自己不再被孤立在人性之中，人性也不再显得是被孤立在被它控制的本质之中了。因为即使是最小的尘埃也是属于我们整个太阳系的，它被拽入了太阳系那种未被分割的下降运动之中，这种下降运动就是物质性本身，所有的有机生物都是这样，从最低级到最高级，从生命之初到我们现在所处的这个时刻，在所有的地方所有的时间中，一切有机生物都证明了同一个生命冲动，证明了物质运动的逆反，证明了其本身是不可分的。所有的生命都被结合在了一起，而且所有的生命都屈服于同一个巨大的推动力（生命冲动）。动物站在植物之上，人类高踞在动物性之上。在时空之中，人性的整体就是一支庞大的军队，它在我们每个人的身边和前后急行，并发动一次压倒性的猛攻，它能战胜每一次抵抗，清楚那些最难以对付的障碍，甚至会一直战斗，直到灭亡。

4. 思维的影像机制和机械错觉——浏览哲学的历史——真实的变化和错误的进化论

基于对不可变性和“无”这两个概念的分析，我们描绘出了批判主义的哲学体系；形而上学问题与“无”这一概念的关系

“无”的真正含义

形式和变化

形式哲学和其中的变化概念

柏拉图和亚里士多德

智能的天然趋向

现代科学中的变化：“时间”的两种观点

现代科学中的形而上学解释：笛卡尔、斯宾诺莎、莱布尼茨

康德的批判主义

我们现在的任务就是检测两种理论错觉，这两种错觉我们之前经常遇到，但是迄今为止，与我们相关的是它们的结果而非原则。这就是本书在上一章中所讲述的内容。让我们有机会解除某些异议，消除某些误会，更重要的是，通过将其与其他哲学相比较，对其做出更为精确的定义，从而在绵延中看到现实的根本。

无论是物质还是意识，现实已经向我们呈现出了一种无尽无休的变化。它自我成就又自我毁灭，但是从不会由其他东西组成。这是一种我们将存在于感知意识和我们自己之间的面纱揭去时所看到的大脑直觉。如果我们的智能和感觉能够获得一种直接且无关利害的现实观念，那么这也是它们会给我们展现的物质。但是，智能就像感觉一样，在行动变得必要之前便会事先被占据，所以就只能间断地观察到那些瞬间发生的事情，也是因为这一点，它便只能看到物质变化过程中所固定不变的东西。感知意识，在转变成智能之后，便能将生命的内在本质看得更为清晰，而只对正在发生的制造感到困惑。因此，我们会从绵延中将这些我们感兴趣的时刻抽取出来，将我们在绵延过程中所收集的时刻抽取出来。我们就只保留了这些时刻。如果只有行动才有问题，那么我们这样做就是正确的。但是，在推测事实的本质时，我们会继续将其看做需要我们留意的特殊利益，我们就会有能力理解真正的进化、根本的变化。在变化中我们只能理解状态，在绵延中我们只能理解瞬间，即使我们在谈论绵延和变化，我们脑中想的又是另外一回事。这就是我们想要检测的两种错觉中最为显著的部分。假设我们能够用稳定的方式来思考不稳定，定位的方式来思考移动。

另一种错觉和第一种很相似。它们有着同样的起源，同样也归因于我们将组成实践的程序用在了推测上。所有的行为都旨在获取一些我们想要的物体，或者创造一些还不存在的物体。从这样一种非常特殊的意义上讲，这种错觉遍布整个虚空，从无到充实、从不存在到存在、从不真实到真实。现在，我们在此所提到的非现实完全关系着我们注意力所指的方向，因为我们都沉溺在现实中不能自拔；如果现存的现实不是我们所寻找的现实，那么在我们发现了另一种现实存在的地方，我们都可以说我们现在所追求的现实并不存在。因此，我们想要表达的是，我们所拥有的东西拥有着我们所想要的功能。这一点从行动上来讲是合情合理的。但是不管我们愿不愿意，在我们思考那些对我们有着独立利害关系的物体本质时，我们都会遵守这种说话方式和思维方式。因此便引发了第二种错觉，我们计划首先考虑这一种错觉。和第一种错觉一样，它也归因于我们的智能在准备行动时所产生的固定习惯。就像我们以定位思考移动，为了思考充实，我们就得利用虚空。

我们在处理知识的基础问题时已经遇到过了这种错觉。那时我们说，问题是要了解为什么物体内部是一种有序而不是无序状态。但是，我们只有将无序看做一种有序的不存在，并且假定无序是可能存在的，或者可以想象的，这个问题才会变得有意义。现在，只有有序才是真实的；但是，因为有序能够以两种形式出现，而且其中一种有序的存在是由另一种有序的不存在组成的，每当我们看见了两种有序中的一种、而其又不是我们所寻找的有序时，我们就会将其说成无序。因此，无序就是一种完全注重世纪的观念。它相当于是对预期的一种失望，并非就指的是所有有序的不存在，只是其中所存在的有序并不能为我们提供任何实际的利益。因此，每当我们试图完全绝对地否认有序时，我们就会发现我们正在从一种有序跳向另一种有序，而且，如果压抑其中一种有序，那么另一种有序便会暗示两种有序的存在。实际上，如果我们坚持，并闭上我们的眼睛不去看意识的移动及与其相关的一切，那么我们所讨论的也就不再是一种观念，而无序也就只是一个单词，再没有其他意义。因此，有序填满虚空，而有序的实际存在也与其实际不存在相重叠，这一观念便会将知识的问题复杂化，可能也变成了绝对。凭借着我们理解的这一基本错觉，我们从不存在走向存在，从虚空走向充实。这本书的最后一章中所讨论的就是这一错误所造成的后果。正如我们那时所预计的一样，我们必须仔细考虑这一错误，并最终设法解决它。我们必须面对这个错误自身，从完全错误的概念来讲，这种错误暗含了否认、虚空，以及乌有。

哲学家对于乌有这一观念并未过多留意。但是它通常是一种隐藏的弹簧，是哲学思维中的隐形原动力。从思考的初次觉醒开始，正是这一观念将那些恼人的问题推到了感知意识眼前，我们一看到这些问题就会头晕眼花、不知所措。我一开始推究哲学，就会自问我为何存在；而且一旦我开始考虑我与宇宙其他部分之间的亲密关系时，这一难题便会退回原地，因为我想要知道宇宙为何存在；而如果我将宇宙同支撑它或者创造它的一种固有或者超然的原理联系起来，我的思想很快就会失去对这一原理的依赖，因为同样的问题再次发生，这次范围最广、概括性最强：所有的存在从何而来，如何理解？即使是在这本书中，当物质被定义为一种下降，将这种下降定义为上升的中断，上升自身被定义为一种成长，当创造的原理最终被看做万物的基础时，同样的问题又一次突然出现：这一原理为何会存在，如何存在，为什么不是空无一物呢？

现在，如果我将这些问题放置一边直接去探寻隐藏在它们身后的东西，我就能发现：存在于我而言就像是征服乌有。我告诉自己，也许一切都只是，或者应该是“无”，于是我便想知道究竟存在着什么。或者，我对所有的摆放在虚空上的现实做了这样一种陈述：首先是空无一物，接下来存在便开始像摆放在毯子上的物品一样一件一件地添加进来。或者，如果某些东西一直存在，那么“无”必须一直作为这些东西存在的基础或者容器，因此永远都要将“无”摆在首位。杯子永远都是满的，但是装在里面的液体也依然填充着一个“无”。同样地，存在可能永远都在，但是被这种存在填充了的“无”只是被存在堵塞了而已，但是“无”却永远先于存在而存在，纵然事实不是如此，但是至少这个道理是正确的。简言之，我无法摒除这样一种想法：充实是虚空帆布上的装饰画，存在是叠加在“无”上的，“无”的概念中所包含的存在少于“有”中所包含的存在。因此，便引出了这样一个神秘的谜题。

我们非常有必要解开这一谜题。如果我们将绵延和自由选择置于万物基础之上，那么解开这一谜题就变得尤其必要。因为形而上学对所有持续的现在的藐视就刚好来自这一点，也就是说形而上学仅是通过“不存在”去达到“存在”，而且持续的存在似乎并不足以征服不存在，而存在本身是自我假定的。也就是因为这个特殊的原因，形而上学认为真正的存在拥有逻辑性，并不是心理或者物理的存在。因为纯粹逻辑存在的本质似乎是可以自给自足的，而且仅仅依靠真实中固有力量的影像便可以自我假定。若我自问为什么实体或者意识是存在的而不是虚空的，我也不知道原因，但是像 $A=A$ 这样的逻辑原则应该拥有创造自我的能力，能打败虚空贯穿永恒，对我来说倒是合乎情理。用粉笔在黑板上画一个圆是一件需要解释的事情：这种完全物理性的存在本身并不足以战胜不存在。但是这个圆的“逻辑本质”，也就是按照某种规则画出这个圆的可能性——简言之，对圆的定义——对我来说却是一件永恒之事：这个圆既没有位置，也没有日期，因为没有空间和时间可以使得画圆成为一种可能。因此，假设万物存在的基础，以及万物所表明的原理，这两者所拥有的性质与这个圆的性质相同，或者与 $A=A$ 这个公理的性质相同：存在的神秘性便会消失，因为作为万物存在的基础和逻辑一样，先自我假定，然后成为永恒。我们确实会为此付出沉重的代价：如果万物的原理存在于逻辑公理或者数学定义的方式之后，那么万物自身必须像公理应用或者定义结果一样从这个原理往前推进，因此，无论是在事物内部还是它们的原理中，都不再为理解自由选择意义的有效因果关系留有空间。这就是斯宾诺莎和莱布尼茨式学说所得出的结论，而这也是此类学说的起源。

现在，如果我们能够证明虚空的概念是一种伪概念，那么那些出现在其周围的问题也会变成伪谜题。自由行为的绝对，说白了就是持续的绝对，这样一种假设不会再激化智能上的种种偏见。通往哲学的道路也会变得明朗，会更加接近直觉，而不再要求常识做出同样的牺牲。

接下来，让我们来看看在我们说起“无”时，我们会想到些什么。为了展现“无”，我们不仅要想象，还要构思。让我们共同来检测这样的画面或者概念也许是什么。

首先是画面。我闭上眼睛，捂住耳朵，逐一熄灭来自外部世界的感觉。现在，完成，我所有的感觉都消失了，物质世界归入了沉静，进入了黑夜——然而，我依然存在，而且无法停止自己的存在。我还在那儿，伴随着来自身体表面和内部的种种器官感觉，带着我过去的知觉留在身后的回忆——不仅如此，还有那种最为积极最为充实的印象，也就是我刚刚在脑海中形成的那种虚空。我怎样才能消除所有的这一切呢？怎样才能消除我自己呢？我甚至会忘记一切，忘记刚刚才形成的回忆，但是我至少还保留着当前的感知意识，这个当前已经降低到了最少，也就是说，我还保留着对我躯体实际状态的感知意识。然而，我会努力去消除感知意识自身。我会将我的身体传送给我的感觉使之变得越来越少：现在它们几乎全部消失了，现在它们消失了，它们消失在了这个万物都沉寂死去的黑夜中。但是事实并非如此！在我的感知意识正要被熄灭之前的一瞬间，另一种感知意识被点亮了——或者说，它一直都是亮着的：在这一瞬间之前它已经出现，为了见证第一种感知意识的消失；因为第一种感知意识的消失是为了第二种感知意识的出现，而且只有第二种感知意识出现了，第一种感知意识才能消失。我只有借助一种肯定性的行动，无论这种行动是怎样地非自愿还是无意识，才能看见自己被消除。因此，无论我会做什么，无论是从内部还是从外部，我都会察觉到一些存在。我不再知晓外部客体是因为我已经躲避到了我自己所拥有的感知意识中。如果我废止这个内部自我，那么这种废止就会变成想象的自我的一个客体，现在这种想象的自我便会将那个正在消失的自我变成一个外部客体。无论外部还是内部，客体始终都是我的想象想要表达的东西。我的想象确实能够从一个客体到另一个客体，我能够轮流想象外部知觉的虚空和内部直觉的虚空，但是不能同时想象两种虚空，因为说到底，一种感知意识的不存在恰好包含在另一种感知意识的独立存在之中。但是，因为两种相关联的虚空是通过轮流想象得出的，我们便会错误地总结说这两种虚空可以同时被想象出来：这个结论的荒谬必定非常明显，因为我们不能在没有觉察的情况下（至少是困惑地觉察）就想象出两种虚空，从而意识到我们在行动、在思考，所以某些东西仍然会持续下去，于是便不能想象出虚空。

因此，我们的思维便决不会形成那种消除一切的（确切一点可被成为）画面。我们力图创造这一画面所付出的努力只能让我们在外部和内部现实的幻觉之间来回摆动。我们的意识在这种内部和外部之间的徘徊之中存在着一个点，这个点处于正中间，但在这个点上，对我们来说似乎两者都无法觉察：“无”的画面就形成于此处。事实上，我们已经到达了这两个术语之间的汇合点上，因此我们能够觉察到这两者，而被定义为“无”的画面其实是一张充满了物体的画面，它包含了主体画面和客体画面，此外，它还会在两种画面之间不停跳跃，并且拒绝最终停留在任何一幅画面上。这明显不是我们能用来与有相对应的无，而是置于有的之前或者之下的无，因为它已经包括了大体上的存在。

但是我们应该知道，如果“无”的这种形象，无论是可见的还是隐藏的，进入了哲学家的论证范畴，那么它就不再是一幅画面，而是一种观念。我们不再想象消除一切，而是承认我们能够对其进行构思。笛卡尔说，我们会构思一个千边形，即使我们不能在想象中看到这个千边形：只要我们能够清楚地表述出构建它的可能性就足够了。消除一切的观念也是如此，事实上，没有能比构思此观念的程序更简单的了。事实上，我们的经历中没有一个客体不能被我们假定消除的。将这种消除从第一个客体延伸到第二个，第三个，以此类推，只要你愿意：虚空是这个操作程序的最后界限，这种定义中的虚空就是消除一切，这就是这个理论。我们只需要在这种形式下考虑这一理论，以找到其中的荒谬之处便可。

意识所构建的是一种只有其碎片能够共存才能称之为观念的观念，如果我们用于构建观念的元素的消失速度与组装时一样快，那么它最终剩下的就仅仅是个词语而已，再无他意。当我定义一个圆时，我能很容易地说出它是黑色还是白色，是用硬纸片、铁片还是铜片制成，是透明的还是不透明的——但是我却不能说它是一个方形的圆，因为圆的生成规律并不包括用直线来构造的可能性。因此我的意识能够将所有存在的物体说成是被消除了的物体——但是如果意识消除一切是一种操作机制，这种机制暗含了它所针对的是整体的某个部分，而不是整体本身，那么将这种操作延伸到整体这一说法便是自相矛盾而且荒谬的，而消除一切的观念与方形圆的观念这两者的特征便是一致的：这不是一种观念，仅仅是一个词语。因此，我们不妨更加仔细地检测一些这种操作机制。

事实上，被消除的客体既是外部的也是内部的：它是一个物体，或者一种感知意识状态。我们先来看看第一种情况。我在思维中消除一个外部客体：在它曾经存在过的地方，现在已经空无一物——当然，不再存在这样一种客体，但是另一种客体占据了它的位置：自然中并不存在真正的虚空。但是在此我们暂且承认虚空的可能性：当我说那个客体被消除后留下了一个位置未被占据时，我所想的并不是那种虚空；因为如果我们假设它是一个位置，那么这个充满虚空的位置便成了一种被明确界限划定出来的范围，换言之，它便成为了一种物体。因此，我所说的虚空说到底只是一些确定客体的不存在，刚开始它还在此处，但是现在它已经去到了别处，从它已经不再起初的位置来说，我们可以称它将自己的位置空了出来。没被赋予记忆或者预知能力的生命体不会使用“虚空”或者“乌有”之类的词语，它们只会表述那些存在的，能被察觉的东西；所以，存在的或者能被察觉的东西就是这种或者那种物体的存在，而不是某种物体的不存在。只有在能够回忆或者期望的生命体的意识中才有不存在。他们能记得一个客体，并期望再度遇见它；但是他找到的是另一个客体，他将他对这种期望（来自回忆的期望）的失望表达为他没有找到任何东西，他所遇见的是“无”。即使他并不希望遇见那个客体，它仍然是一种可能的期望，这仍然是对他最终期望的一种歪曲，他说那个客体不再处于其原本的位置上。他在现实中所觉察的东西，他能够有效思考的东西，都是位于新位置的旧客体，或者位于旧位置的新客体；而剩余的一切，用“虚空”或者“乌有”之类的否定性词语所表达出来的一切，并不没有被看做感觉，或者更确切地说，那是感觉赐予思维的色彩。因此，在用一种物体代替另一种物体过程中，每当意识引发这种替代选择在新的地方保持旧的物体（或者至少想象这种选择是可能的）之时，消除全部或者消除部分的观念便会在物体彼此替换的过程中形成。从主体方面来讲，这种观念暗指选择；从客体方面来讲，这种观念暗指替换，也暗指选择的感觉和替换的观念之间的相互结合，而非相互抵触。

这是操作的机制，我们的意识凭借着这种机制消除客体，成功地将外部世界呈现为一种部分的虚空。现在让我们看看它是怎样呈现其自身内部的虚空的。我们在我们自己身上发现了那些被展现出来的现象，而非未被展现出来的现象。我体验到了一种感觉或者一种情感，构思出一种观念，形成了一个解决办法：我的感知意识察觉到了这些事实，它们都是一些为数众多的存在，这种类型的事实每时每刻都呈现在我脑中。毫无疑问，我能够用思维来打断我内心生活的进程；我可以假设我在入睡后无梦或者我已经停止了存在；但是在我做这些假设的这一瞬间我就已经构思了自己的存在：我想象着自己正在观察自己入睡或者正在自我消除，我只有从外部世界躲进我自己的知觉中才能做到不从内部觉察到自己。也就是说，仍然是充实接替着充实，而智能则只是智能，它既不会后悔，也没有欲望，它的运动会受到它客体运动的控制，甚至不能构思出不存在或者虚空。另一种新的状态出现后，落后在自己身后的感知意识会依然保持着与旧状态记忆的联系，此时便会产生“虚空”的概念。这只是已经存在的东西与可能或者应该会存在的东西之间、充实与充实之间的一种比较。总之，无论是物质的虚空还是感知意识的虚空，虚空的表现通常是一种充实的表现，经过分析，这种表现会分解为两种确定性元素：一种是替换的观念，这种观点也许清晰，也许疑惑；一种是渴望或者后悔的感觉，这种感觉可以是体验到的，也可以是想象出来的。

根据这个双重分析，绝对虚空的观念从消除一切的意义上来说，是一个自我毁灭的观念、一个伪观念，仅是一个单词而已。如果消除一个物体就是用另一个物体去代替它，如果想象一个物体的不存在只可能通过另一种物体清晰的存在来证明，说简单点，如果消除意味着替换，那么“消除一切”的观念便会像方形圆一样的荒谬。这种荒谬并不明显，因为所有特殊的客体都能被假定可消除；那么，没有什么可以阻止每件物体在思维中被消除，从这一点上我们可以总结出假定它们一起被消除是有可能的。我们并没有看到轮流消除每一个物体就是精确地替换它，保证两种物体的比例合成都相同，因此，我们也没有发现，绝对的消除一切事物暗指术语上完全的矛盾，因为这个操作包含了摧毁让这个操作成为可能的每一个条件。

但是这种错觉却深入人心。即使消除一个物体实际上就是用另一种物体取代它，我们没有，也不愿意得出这样的结论：在思维中消除一个物体就暗示着在思维中用一个新物体来代替旧物体。我们同意一个物体通常会被另一个物体取代，即使这样，我们的意识也不能设想一个内部或者外部客体的消失，也就无法设想——在一种模糊和困惑的情况下是这样的——另一个客体会取代它。但是我们还要说的是，消失的表现是对产生在空间或者至少是在时间里的现象的表现，因此，它仍然暗示着唤醒一幅画面，而为了吸引纯粹的理解力，我们必须就在此处将我们自己从想象中释放出来。有人会说："因此，让我们不要再说什么'消失'或者'消除'了，这些都只是物理上的操作。让我们不要再将客体 *A* 说成'被消除'或者'缺失'了，我们就只需说，我们将其看做'非存在'。"消除这个客体就是在时间也可以说在空间中对其有所行动；因此，就是去接受空间和时间存在的条件，接受事物之间都存在着一种普遍联系的观点，阻止其在被替代的同时消失。但是我们可以从这些条件中将自己释放出来；必要点是：我们应该凭借一些抽象的努力，通过这个客体唤起对客体 *A* 的观念，我们应该首先将其看做一种存在，然后，凭借智能之笔将其软条款一笔勾销。那时客体就会根据我们的命令成为一种"非存在"。

很好，现在就让我们来删减这些软条款吧。我们不必假设我们的笔画是自我完满的——也就是能够跟其他物体隔离开来。无论我们愿意与否，我们都应该看见这根删减的笔画线条联系了我们试图抽象化的一切。让我们将两种观点作一个比较——一个是假设"存在"的客体 *A*，一个是假设"非存在"的客体 *A*。

"存在的"客体 *A* 这一观点是客体 *A* 纯粹又简单的表现，因为如果不赋予一个客体某种现实性，我们就不能表现它。一个客体和想象它的存在之间没有什么绝对的不同。康德已经在他的本体论论证（*ontological argument*）中强调过这一点了。那么，什么才是将客体 *A* 看做不存在呢？表现客体 *A* 的非存在不能直接从客体 *A* 的观点中抽出"存在"的属性，因为，客体存在的表现与客体的表现是不可分的，实际上前者是后者的一个组成部分。表现客体 *A* 的非存在不能只是在客体 *A* 的这一观点中添加某些东西：事实上，我们是通过普遍的真实现实性（*actual reality*）将一种排除这一特殊客体的观念添加在其中。要将客体 *A* 想成非存在就要首先想到这个客体，由此想到它的存在；然后想到用另一种不能与它共存的现实去替代它。可是，它对表达后一种现实的明确性毫无用处。我们并不关心这种现实究竟是什么，我们只需要知道是它驱逐了客体 A，我们只对客体 A 感兴趣。那就是为什么我们会想到驱逐，而不会想到驱逐的原因。但是这个原因依然会出现在意识中；存在于无法名状的状态中，也就是驱逐者与驱逐本身是不可分割的，正如你握笔的手与笔画线条之间是无法分割的一样。我们宣告一个客体不真实的行为因此也在假定普遍真实的存在。换言之，表现一个客体的不真实不能通过剥夺其各种各样的存在，因为对一个客体的表现必然就是对正在存在的客体的表现。这样一种行为就只是在宣布我们的意识与客体之间存在着联系，以及这个存在与其表现之间是不可分的，是一种完全理想的存在——仅仅是一种可能的存在。但是一个客体的“理想性”以及一个客体的“简单可能性”只有在与一种现实相关后才有意义，这种现实会将那个与客体无法共存的客体推入理想区域，或者仅仅有可能的区域。假设更强、更实质的存在被消除：那么，变成现实的便是那种变得柔弱的纯粹可能性的存在，你将不再把这个客体视为非存在。换言之，无论我们的主张看起来多么奇怪，将客体构思为“不存在”的观念中所包含的东西要比将客体构思为“存在”的观念中所包含的东西更多，而不是更少；因为客体“不存在”的观念必定就是客体“存在”的观念，此外，还要加上一种通过作为整体的真实现实性对此客体驱逐的表现。

但是，有人认为，我们对非存在的观点还不够充足，不足以摆脱所有想象性的元素，而这一个观点还不够否定。他们会这么说：“即使一个物体的不真实性包括了其他物体对它的驱逐也没关系；我们对此一点都不想知道。我们难道不能按照自己的想法与意愿自由支配自己的注意力吗？那么，在唤起了一个客体的观念之后，如果你愿意，我们就能假设其存在，我们就应该双重否定我们的肯定，这样就足以让我们想起它的非存在。这是一种纯智能上的操作，独立于发生在意识之外的事情。因此，让我们首先想起所有或者全部的物体，然后在我们的思维范围中写个‘不’，指定所要摒弃的内容：我们只要将‘消除’判定给万物，就能做到从思想上消除一切。”——这就是答案！在上文中被作为原因的否定性力量中，我们找到了之前所面临的困难与错误的根源。我们将否定性视为与肯定性的严格对称。我们想象否定性和肯定性一样自给自足。因此否定性也和肯定性一样，可以拥有创造观念的力量，两者之间唯一的区别在于否定所表达的是否定性的观念。通过肯定一个物体，然后肯定另一个物体，以此类推，永无止境，形成了一种“全部”的观念；因此，通过否定一个物体，然后否定另一个物体，最终通过否定“全部”，便能得到“皆无”的观点——但是这样一种同化的过程恰恰非常随心所欲。肯定是意识的一种完整行为，我们没有看到这一点可以成功地建立起一种观念，否定是智能行为的一半，我们可以理解它的另一半，而非将其推延到无尽的未来。当肯定作为一种纯粹的智能行为时，我们无法知道否定中存在的是非智能因素，也正是因为这种外部因素的闯入，否定才拥有了其确切的特征。

分析第二种观点时，我们首先要注意，否定通常是要为可能的肯定留出一定的位置。 否定只是意识对于最终肯定所采取的一种态度。当我说“这张桌子是黑色的”时，我是在说桌子，我看到了它的颜色，我的判定表述了我所看到的东西。但是如果我说“这张桌子不是白色的”，我当然不是在表达我所看到的东西，因为我看到的是黑色，而没有看到白色的不存在。因此，从根本上说，我判定的客体并不是桌子本身，而是“宣称桌子是白色的”这样一个判定。我判定的是那个判定，而不是桌子。命题“这张桌子不是白色的”暗示着你可能相信它是白色的，你曾认为它是白色的，或者你原本以为它是白色的。我要提醒你或者我自己的是：这个判定将被另一个判定取代（一个我确实没能确定桌子颜色的判定）。于是，如果肯定直接针对的是某个物体，那么否定就只是通过一种插入的肯定间接针对某个物体。肯定命题是针对一个客体表达出的判定，否定命题则是针对一个判定表达出的判定。因此，否定与严格意义上的肯定之间的区别在于否定是第二等级上的肯定：它肯定了一种肯定的某种特征，而这种肯定自身则肯定了一个客体的某种特征。

但是立刻我们就能得出这样的一个结论：否定并不是纯意识的成果，我应该说否定并不是被置于客体前只关心客体的那种意识的成果。当我们否定之时，我们就是在给他人传授某种东西，或者是给自己传授某种东西。我们承担了一个真实或者可能的对话者的任务，我们会发现他的错误，而且扮演着监督者的角色。他正在肯定某个物体：我们会告诉他，他应该肯定另一种物体（即使我们并未具体指出哪一个肯定必须被替换掉）。这样一来就不再单单存在着一个人和一个物体了，实际上存在的是：那个客体、一个与另一个人说话的人，那个人既会反对另一个人，同时又会帮助他；这也就是社会的开端。否定针对某个人，而不仅仅是类似于纯智能操作的某个物体。否定具有一种教育他人和社会的本质，它会通过一种质疑，直接指出错误或者发出警告，只要那个被警告和被纠错的说话者可能存在。

现在结束第二种观点的讨论，接下来我们开始讨论第一种。我们说，否定只是智能行为的一半，而另一半行为还未确定。如果我提出否定命题“这张桌子不是白色的”，我的意思是你应该用另一种判定来替代你的“这张桌子是白色的”这个判定。我给你一个告诫，这个告诫说的是替换的必要。至于你应该用什么来替换你的肯定，我确实什么都没有告诉你。也许是因为我并不知道桌子的颜色，但是更多的确实是因为：白色是我们此刻唯一感兴趣的颜色，因此，我只需要告诉你，必须要用其他的一些颜色来代替白色，无须告诉你究竟是什么颜色。因此，否定的判断所指出的其实是一种需要，需要用另一种肯定的判断来代替第一种肯定的判断，另一种肯定判断的本质并没有具体化，有时因为其尚未可知，但是更常见的是因为它并不能引起一些实际的兴趣，我们的注意力所关注的只是第一种肯定判断。

因此，每当我给肯定判断加上一个“不”，每当我否定的时候，我所表现的都是两种非常明确的行为：（1）我让自己对我的同胞所肯定的客体，或者他之前正要说的话，或者另一个（我所预料的）我可能已经说出的话产生了兴趣；（2）我宣布了其他一些（我还没有具体化其内容的）肯定判定将不得不被我在自己面前发现的肯定所替换。现在，在这两种行为之中，除了肯定再无他物。否定别具一格的特征源自将这两种行为中的第一种叠加在第二种之上。我们将创造各种观念（它们别具一格，与肯定所创造出来的观点相对称，并被植入了相反的意思）的力量赋予给否定的努力都是白费功夫。否定中不会产生任何观念，因为否定只是对它所判定的那个肯定判断的一种否定。

为了更加精确，我们一定要仔细考虑一下存在判断，而非属性判断。如果我说“客体 A 不存在”，我指的是，首先，我们可能会相信客体 A 存在：确实，如果不去想象客体 A 的存在，我们怎么能够想象它的不存在？还有，客体 A 这一观点和纯粹且简单的客体 A 这一观点之间有何区别？因此，只是说“客体 A”的时候我已经赋予了它某种意义上的存在，即使这只是一种可能，也就是说，一个纯粹的观点。因此，“客体 A 不存在”这个判定中，首先需要肯定的是“客体 A 已经存在”，或者“客体 A 将会存在”，或者更笼统一点说“客体 A 至少作为一种纯粹的可能而存在着”。现在，当我加上“不存在”这三个字的时候，我只能传达这样一种意思：如果我们进一步探究，如果我们将这种可能客体设定为一种真实存在的客体，我们应该会误解，我所说的可能存在就会因为无法与真实现实性共存而被排除在外。因此，假定一个物体非存在的判定是在可能与真实之间（也就是说，在两种存在之间，在想象和被证实了的存在之间）构想出了一种对立，此时，一个人真实或者想象地误以为某种可能被实现了。但是，实际存在的却不是这种可能性，而是一种与之不同并排斥这种可能性的现实：否定判断表达了这种对立，但是却故意以一种不完整的形式，因为其针对的是一个假定对这种被指明了的可能性有着特殊兴趣，而且并不关心究竟是哪种现实替代了这种可能性的人。这种替代的表达因此注定应是一种简洁的方式。注意力最初指向的是始终固定在而且只固定在它身上的第一个术语，而不是肯定会替代第一个术语的第二个术语。而且，我们无须超越第一个术语，应该通过说第一个术语“不存在”来含蓄地肯定会取代它的第二个术语。因此我们应该判定一个判断而非判定一个物体。我们应该警示他人或者我们自己出现错误的可能性，而不是提供肯定的信息。压制住所有此类的注意力，还给知识其专属于科学或者专属于哲学的特征，换言之，假设现实会自己在意识中刻下自己的足迹，这种意识所关心的只是各种物体而不对各类人感兴趣：我们应该确定这种或者那种的物体的存在，我们决不应该确定一个物体的不存在。

因此，肯定和否定如此坚持被置于同一个层次上，而且被赋予同等的客观性，这是怎么回事呢？否定是主观的，被人为地省略了，与人脑有关，而且更多的是与社会生活有关，我们在辨认这一点是遭遇了如此多的困难，这又是为什么呢？毫无疑问，原因就是，否定和肯定是以命题来表达的，任意一种命题都是与社会生活、与人类智能相关的，是由象征着概念的词语组成。不管我说“地面潮湿”还是“地面不潮湿”，在这两句话中，词语“地面”与“潮湿”都或多或少是由人脑刻意创造的——通过其自由的主动性，从持续性的经历中萃取出来的。在这两句话中，两种概念都是由两个相同的传统词语表达的，我们的确可以说，两个命题旨在达到社会和教育的目的，因为第一个命题传播的是一个真理，同时第二个命题能够阻止一个错误的发生。从形式逻辑的观点来看，肯定和否定确实是两种相互对称的行为，其中，第一种行为建立了一种赞同关系，第二种行为则在主体和属性之间建立了一种异议关系。但是，我们怎么看不到这种对称完全是外在的，而它们的相似性只是表面的呢？假设语言被废止，社会解体，人类每一种智能的主动性、每一种自我反思和自我判断的能力都衰退了：地面的潮湿依然存在，而且能够自动地在直觉上刻下自己的印记，并向衰退的智能发送一种模糊的概念。智能仍然能够用一种含蓄的术语做出肯定判断。

因而，明确的概念、词语、传播真理的欲望、自我完善的欲望，都不再属于肯定判断的本质。但是这种被动的智能却依然机械地保持着与经验的同步，既不期望也不跟随真实的进程，也没有否定的欲望。它不能接受否定的印记，因为，还是那句话，只有存在的东西才可能被记下来，但是没有存在的非存在则不能。因为对于这样一种智能，想要达到否定的那个点，必须从自己的沉睡中苏醒过来，形成一种对真实或者可能期望的失望，改正一种真实或者可能的错误——简言之，为教育他人和教育自己提意见。

在我们已经选择的那个例子中很难看出这一点，但是就是因为这样，那个例子才确实更具教育意义，这个争论才更具说服力。如果潮湿能够自动地记录自己，那么也就可以说非潮湿也是如此，因为干燥和潮湿能够给感觉留下印象，而感觉会将这些清晰程度不同的观点传送给智能。从这一程度上说，潮湿的否定也和肯定判断一样，具有物体的客观性，具有智能的纯粹，远离每一种具有教育意义的意图——但是，让我们来仔细考究一下：我们应该看到否定命题“地面不潮湿”和肯定命题“地面是干的”这两者有着完全不同的内容。第二个命题暗含着我们知道“干”，我们已经通过触觉或者视觉体验过这种具体的感觉了，“干”是这个观念的基础。第一个命题并没有这一方面的要求；一条有智能的鱼也能做出这样的判断，它除了“湿”并未体验过他物。这条鱼应该已经能够区分真实与可能，它应该愿意期待它同类犯错，毫无疑问，它的同类定会认为鱼类实际生存的环境只有可能是潮湿的，这些都是必然的，也是真实的。如果严格遵守这个命题中的术语“地面不潮湿”，你会发现它包含了两层含义：（1）地面是湿的；（2）事实上，某种特性 x 代替了潮湿这种特性。这种特性还未确定，不仅因为我们对它没有肯定的知识，也因为这种性质并不能引起听到这个否定判断的人的兴趣。因此，否定通常包括用一种省略形式去表现一种由两个肯定判断组成的系统：一个确定的判断，暗含某种可能性；一个没有确定的判断，牵涉用于填充这种可能性的我们不了解或者无关紧要的现实。第二种肯定判断实际上包含在我们应用于第一个判断的判断中，它是一个自我否定的判断。我们发现，这种替代只考虑了被替代的物体，而没有关心替代它的是什么，正是这样一点赋予了否定判断其主观性特征。被替代的物体只作为一种意识概念而存在。为了能够继续看到它，因此也为了能够表述它，我们就必定要背对现实，而现实则是在我们的身后从过去流动到现在，并向前发展。这就是我们在否定物体时所做的事情。我们发现了这种改变，或者更笼统地说，发现了这种替换，这就像是一个旅者在旅途中从马车中探出头来望着身后的路，每一个时刻，他只知道自己已经不再处于那个点；他只能联系到自己刚刚离开的那个位置，而不是自己实际所处的位置，这样他才能确定自己的实际位置。

总之，对于一个纯粹而简单地跟随经验之路的意识来说，并不存在虚空、不存在乌有，即使是相对或者局部的虚空也不存在，还不存在可能的否定。这种意识可以看到事实的延续、状态的延续、物体的延续。在每个时刻，它所注意到的东西可能是正在存在的物体、正在出现的状态，以及正在发生的事情。它将生活在实际当中，而且如果它能够判定，那么它将永远不能确定任何物体，除了当下的存在。

将记忆赋予这种意识，尤其是要将想要留在过去的欲望赋予这种意识，让它具有分离和区分的能力：它将不再只注意到正在消失的现实的当前状态，它会将这种消失表现为一种改变，因此，作为“已经存在”和“正在存在”之间的一种对立。因为我们所记的过去和我们所想象的过去之间没有本质的区别，所以这个意识很快就会将这种观念提升为普遍意义上的“可能”。

因此，这个意识便会被分流到否定那一边。尤其是它将会处在表现一种消失的点上，但是它还没有到达那个点。要表现一个物体已经消失，觉察到过去和现在之间的对立还不足够；我们还必须背对当下，留在过去，只根据过去思考过去和现在之间的对立，不要让现在出现在过去里。

消除的观点因此也不是一个纯粹的观点；它暗含着我们对过去感到遗憾，或者我们认为过去值得遗憾，我们有理由在过去中徘徊。当替代的现象被一个只考虑（因为只对其感兴趣）其中一半的意识切割为两半，这个观点便会产生。抑制所有的兴趣、所有的感情后，留下的就只有流动的现实了，以及不断更新的知识，这种知识会向我们展现现实的当前状态。

从消除到一种更为普遍操作的否定只有一步之遥。我们所要做的就是去表现正在存在与已经存在之间的对立，并且表现正在存在以及可能已经存在之间的对立。我们必须将这种对立表述为一种可能已经存在的应变量，而不是正在存在的应变量；我们必须在只看到可能性的同时确定真实的存在。我们由此获得的公式不再只是表述个体的失望，而是用于纠正或者预防错误，这种错误被假定为他人会犯的那个错误。从这种意义上来讲，否定拥有一种教育和社会特征。

现在，一旦否定形成，它就会表现出与肯定相对称的一面，如果肯定判断确定了一种客观现实，那么否定似乎也必须确定一种同样客观且同样真实的非现实性。在这一点上我们既是对的也是错的：错，是因为只要否定具有否定性质，那么它就不能被客观化；然而，对，是因为否定一个物体暗含了潜在地肯定了用他物来代替这个物体，我们有条不紊地将他物先放置一边。但是，否定判断的否定形式从根本上却受益于肯定判断。这一幻影跨越了它所依附的肯定性具体现实、客观化了自己。因此便形成了虚空或者部分乌有的观念，那个假设要被替代的物体并不是被另一个物体替代，而是被它离开后留下的虚空所替代，也就是说，被否定自身所替代。现在，因为这种操作能够作用在任意物体上，所以我们便猜想它会轮流地作用于每一个物体，最终同时作用于所有物体。于是，我们便获得了绝对"无"的观念。如果我们分析这个"无"的观点，我们会发现，说到底，"全部"的观点与意识的运动一直都在从一个物体跳到另一个物体，拒绝停滞不前，而且除了会将自己与刚刚离开的位置联系在一起之外，会永不确定自己的实际位置，以将其所有的注意力集中在这种拒绝上。因此，“无”是一个与“全部”这个观念一样极其全面和完整的观念，它们之间的关系非常紧密。

那么“乌有”的观念又是怎么与“全部”相对立的呢？这就是将全部与全部相对立，因此“为什么会有某些物体存在”这个问题就没有任何意义，只是一个基于伪观念的伪问题，这难道还不清楚吗？但是，我们必须再次说明为什么问题的这种幻影会顽固地萦绕在意识中。如果我们想要表明在“消除真实”这个观念中只存在所有现实的画面，这些现实处于一种无尽地彼此排斥的循环中，那么这一切都是徒劳；如果我们想要补充：非存在的观点只是凭借一种更加实在并因此可以成为真正现实的存在，驱逐一种难以解释的存在，或者一种“仅仅可能”的存在，那这也是徒劳；如果我们发现，在否定判断这种别具一格的形式里存在一种非智能的因素——否定是对一个判断的判定，一种赐予他人或者自己的告诫——那么认为否定判断具有创造一种新观念（也就是没有内容的观念）的能力，这一看法非常荒谬，而且这也是徒劳——尽管如此，在万物之前，或者至少在万物存在的基础上，“无”是存在的，这样一个信念仍然十分顽固。如果我们寻求这个事实的原因，我们应该会发现其中包含情感因素、社会因素，而且可以说实践因素，这些因素给予了否定具体的形式。正如我们之前所说，最大的哲学难题都源自一个事实，也就是人类的行为形式超越了它们所应有的范围。我们的存在是为了给我们的行为和思想服务，其中行为多于思想——或者说，如果我们遵循了自己的天性，那就是为了把我们的思想付诸行动。因此，行为的习惯将它们的腔调加在思考习惯上，当我们想要对物体做出行为时，我们的意识便会习惯性地按照一种规则去看待物体、描绘物体，这些就不足为怪了。因此，正如上文所述，毫无疑问，每个人的行为都是以不满意为起点，从而便以某种缺失感为起点。如果我们不在我们自己之前设置一个目标，我们就不会行动，而且我们探寻一个物体只是因为我们觉得自己缺少这种物体。因此，我们的行为便会从“无”行进到“有”，其本质就是在“无”这张帆布上绣上“有”。实际上，此处所说“无”是一种效用的缺失，而不是物体的缺失。如果我将一位参观者带入一个我还没有装修的房间，那么我便会告诉他“房间里什么都没有”。虽然我知道这个房间里充满了空气，但是，因为我们不会坐在空气上，所以对于参观者和我自己来说，此刻那个房间中并没有包含任何可以称之为东西的东西。大体上来说，人类工作在于创造效用，而且，只要这个工作没有完成，就是“无”，也就是没有我们想要的东西。我们的一生就花费在填充虚空之上，这种虚空是我们的智能在欲望和遗憾的影响（而决不是智能的影响）下、在生命必要性的压力下，构思出来的；而且，如果我们将虚空理解成效用的缺失，而不是物体的缺失，从这种颇具相对性的意义上来说，我们也许会说我们会不断地从虚空走向充实：这就是我们的行为所采取的方向。我们的猜测也会情不自禁地前往同一个方向；而且，它会自然地从相对意义过渡到绝对意义，因为它所针对的是物体本身，而不是物体对我们的效用。因此，现实充满了虚空这一观念便在我们心里扎了根，而被认为缺失了一切的“无”则先于一些应当存在而非实际存在的物体而存在。如果我们试图在“无”中看到一切不存在，那么我们试图通过展示“无”这一观念来移除的这种错觉就是个自我毁灭的观念，也就沦为了仅是个词语而已；相反，如果它真的是一种观念，那么我们在其中所发现的物质就与我们在“全部”这个观念中所发现的物质一样多。

为了展示自给自足的现实并不一定是一种存在于绵延之外的现实，这样一个长篇大论是不可或缺的。如果我们（有意识或者无意识地）经由“有”的观点去到“乌有”的观点，那么我们所获取的“有”便会具有逻辑或者数学的性质，因此便不具有无时态特性。因此，真实的静止概念便会强加在我们身上：一切都是一次性给定的，因为一切都是永恒的。但是，我们必须让自己习惯于直接地思考，而不是绕弯路，不是首先求助于横亘在幻影和我们之间的虚无。我们必须力图做到为了观察而观察，而不再是为了行动而观察。为此，绝对便会在距离我们非常近的地方以某种方式在我们内部被揭示出来。绝对的本质一种心理学上的本质，而非数学和逻辑的本质。绝对和我们很像，但是在某些方面，它却更加无限集中，更加自我聚集，一直延续着。

但是，我们从未想过真正的绵延吗？此处直接的占有也很必要。试图接近绵延根本没有必要：我们必须直接将我们自己安装在绵延之中。这就是智能通常会拒绝去做的事情，它已经习惯用不可移动的方式去思考。

智能的功能是指挥我们的行动。现在，在行动中，我们感兴趣的是结果，而只要达到了目的，行动的方式并不重要。如此便引发了这样一种情况，我们将所有的精力都倾注在将会实现的目标之上，为了观念能够付诸行动，通常我们会让自己相信这个目标终会实现；还有这样一种情况，只有我们的活动最终的目标才能够在我们的意识中清晰地呈现：而构建行为本身的运动要么不为我们的感知意识所知晓，要么混乱地呈现在我们的感知意识中。让我们来思考一个非常简单的行为——抬起手臂。如果我们不得不实现想象出这个行为所包含的所有基本的收缩和紧张，甚至在它们被完成的时候必须去挨个地感知它们，那么我们应该在哪儿呢？但是，意识立即就抵达了终点，也就是说，看到了假定这个动作已经完成了的简单画面。因此，如果没有能够与之抗衡的观点与第一种观点的影响相互抵消，那么适当的运动便会自动填满那个计划，并以某种方式被吸引到缝隙的虚空中。那么，智能只能给活动指出它最终会到达的终点，也就是说，休息点。而且，从一个终点到另一个终点，从一个休息点到另一个休息点，我们的活动是由一系列的跳跃完成的，在此过程中，我们的感知意识尽可能地从正在进行的运动上转身走开，只将注意力停留在预期运动被完成了的画面上。

现在，为了将正在被完成的行为结果表现为一种不可移动的结果，智能就必须意识到这个环境也是不可移动的，而结果就是在这个环境中正在被形成。我们的活动被纳入这个物质世界。如果物质作为一种持续的流动呈现在我们面前，我们就应该为我们的任何行为分配终点。我们应该认为每一种行为的接替速度都与其完成速度一样，我们不应该预期一个永远飞驰的未来。为了我们的活动可以从一个行为跳向另一个行为，那么物质就必定应该从一种状态转至另一种状态，因为它只有进入了物质世界的一种状态中，行为才能适合放置一个结果，这样才能被完成。但是既然如此，物质难道不是在自我呈现吗？

我们可以假设一个前提：我们的知觉设法以这种偏见去理解物质。实际上，感觉器官和运动器官是相互协调的。感觉器官象征着我们的感知能力，同时运动器官象征着我们的行为能力。因此，有机体便通过一种可见和可触知的方式来表现直觉和行为的完美一致。所以，如果我们的活动总是针对一种结果，并且总是片刻适应这样的结果，那么我们的直觉必须在每个时刻都只保留物质世界的一种状态，并被临时地置于这样一种状态中。这是一种最为自然的假设。而且我们很容易就能看到经验证实了这个假设。

从我们看到世界的第一眼开始，甚至在我们出生之前，我们就已经能够区分各种特质。我们会将颜色归为一类，声音归为一类，阻力归为一类，等等。每一种经过区分的特质都是一种似乎持续的状态，都是不可移动的，直到另一种特质去取代它。但是，经过分析后，每一种特质会自我分解成大量的基本运动。无论我们是否在其中看到了振动，还是我们是否会用另一种方式来表现它，可以确定的一点是，每一种特质都在变化。此外，我们在改变的下方寻找改变的物体只会徒劳无功：改变总是临时的，为了让我们的想象满意，我们才会将可移动的物体与运动联系在一起。这种可移动的物体永远都会在追寻科学的脚步之前飞翔，而科学只关心移动性本身。在一秒钟内可识别的最小片段中，在一个合理特质的几乎瞬间的知觉中，可能存在数以兆计的振动不断地自我重复。合理特质的永恒性存在于这种运动的重复性中，因为生命的持续性存在于一系列的脉搏之中。知觉主要的功能就是要凭借一种浓缩方式，在一种特质或者一种简单状态的形式下抓住一系列的基本改变。被赋予在一种动物物种身上的力量越大，其觉察能力在一个瞬间里集中的基本变化的数量就有可能会越庞大。在自然中，从那些与以太振动几乎一致的生物，直到那些能在其简单知觉的最短瞬间中感知数以兆计的这种振动的生物，它们的进化必须是延续的。第一种生物只能感知运动，另一种生物能够感知特质。第一种几乎被捆缚在了物体的运动装置上，另一种生物则能够对其做出反应，它们运动能力的张力可能与它们感知能力的集中度成正比。这种进化甚至也在人类身上继续着。人不仅是“行动的人”，他还能够在一瞥中感知到大量的事物：一个能够挨个感知持续性事物的人，会让自己接受它们的指引；一个能够将所有的事物当作一个整体来把握的人，会让自己支配这些事物。简言之，物质的特质都是我们对其不稳定性的稳定观察。

现在，在合理特质的延续性中，我们会标志出实体之间的界线。每一个实体在每一个时刻其实都在变化。首先，它将自己分解为一群特质，每一种特质都由一连串的基本运动组成。但是，即使我们将这种特质看做一种稳定的状态，实体仍然不是稳定的，因为它会永不停歇地改变这些特质。实体在很大程度上是一种生命体——生命体是我们最有理由将其从物质的延续性中分离出来的实体，因为它建构了一种相对严密的系统；此外，我们从整体中切割出其他实体是为了生命体。现在，生命就是一种进化。我们将这种计划的一个时期集中在一种稳定的视图中，我们将这种视图称为形式，而且，当改变的数量足以克服我们知觉的幸运非生命时，我们就会说实体已经改变了它的形式。但是实际上，实体每时每刻都在变化；或者说，并不存在什么形式，因为形式是不可移动的，而现实却是可移动的。实际存在的是形式的不断变化：形式只是转变的一种快照视图。因此，我们的感知还是力图将真实的移动性延续固化为一种不延续的画面。当延续性画面彼此之间的差别不太大时，我们便会将它们一起看做一个平均画面的盈亏，或者看做这幅画面在不同方向上的变形。当我们在说一个物体的本质或者这个物体本身时，我们实际上暗指的是这种平均画面。

最后，物体一旦被构建成功，并凭借其位置的变化展示于表面，整体内部那些深刻的改变就正在被完成。由此我们会说它们在彼此相互作用。毫无疑问，这种行为以运动的形式呈现在我们面前。但是我们却竭尽所能地拒绝运动的移动性；如上文所述，我们感兴趣的是运动的固定计划，而不是运动本身。它是一种简单的运动吗？我们自问：它会去向何方。只有通过其方向，换句话说，通过它临时终点的位置，我们才能每时每刻表现出这种运动。它是一种复杂的运动吗？我们最想知道的是：是什么在继续，运动在做什么——换言之，我们最想知道的是运动所获得的结果，或者扮演指挥角色的意图。仔细调查一下，当你在完成过程中说起一种行动时，你的脑中想的是什么。改变的观念就在那儿，我愿意承认，但是它被隐藏在黑影周围的暗影里。处于充分光照下的是假定已被完成了的行为的静止计划。就是凭借这种静止计划，也只能凭借这种计划，复杂的行为才能被区分出来并加以定义。如果我们不得不想象吃、喝、打架等行为中的运动天性，我们应该会手足无措。从一种普遍且笼统的角度上来说，我们只需知道所有的这些行为都是运动就可以了。一旦物体的那一面稳定，我们就只需设法表现每一种复杂运动的大体计划（*general plan*），也就是其中隐含的静止设计（*motionless design*）。知识只与状态而非变化有关。因此，第三种情况也与其他两种情况相同。不管这种运动是本质上（*qualitative*）的运动，或是进化上（*evolutionary*）的运动，还是广延意义上（*extensive*）的运动，意识都会设法从不稳定中发现稳定。因此，正如我们刚刚所表明的，意识源自三种表现：1.特质；2.本质的形式；3.行为。

这三种表现形式对应着三种词类：形容词、实词和动词，这三种词类是语言最原始的元素。因此，形容词和实词象征着状态。但是，如果我们把动词所表示的意思限定在清晰的范围之内，那么动词本身就几乎不会再代表任何其他的含义了。

现在，如果我们试图更加准确地描述我们对于变化（*Becoming*）的不做作态度的特征，这就是我们发现的答案。变化的种类是无穷无尽的。从黄色到绿色的变化和从绿色到蓝色的变化并不相同：它们是两种不同的本质运动。从花到水果的变化与从幼虫到蛹和从蛹到成虫之间的变化也是不同的：他们是两种不同的进化运动。吃或者喝的行为与打架的行为也不一样：它们是两种不同的广延运动。这三种运动自身——本质、进化、广延——的区别是非常深刻的。我们知觉的伎俩同我们智能和语言的伎俩一样，在于从这些非常不同的变化中，提取不明确的变化中的单一表现，这种总体上不明确的变化是一种纯粹的抽象，自身没有任何意义，而且我们实际上也很少会想到它。然后，我们再根据每一种特定的情况，在这样一种总是相同、总是模糊或者不受意识控制的观念中，加入一个或多个代表状态的画面，这种状态可以用于将所有的变化彼此区分开来。正是这种具体且确定的状态与不确定的总体变化之间的妥协替代了具体的变化。可以说，色彩缤纷的具有无限多样性的变化从我们的眼前经过：这样，我们设法让自己只看到色彩的不同，也就是说，状态的不同，我们假设在这些状态的下方隐藏着我们没有看到的变化，这些变化时时刻刻都是一样的，而且总是没有颜色。

假设我们想要在一个屏幕上描绘出一幅生动的图画，例如，一个军团行军时的样子。有一种方法可能会是我们首先想到的：裁剪出每个士兵的轮廓，赋予每一个士兵行军的动作，即使这个动作对于人类来说是相同的，但是个体之间也是有差异的，然后将整个图形放在荧幕上。我们应该需要在这个小游戏上花费大量的工作，但是即便如此，我们也收获甚微：即使是最好的结果，它怎么能再现生命的灵活与多样性呢？现在，还有另外一种方法，更加简单，同时也更加有效。就是为行进中的军团拍摄一系列的快照，然后将这些即刻画面投放在荧幕上，这样它们就能非常快速地彼此替换。这就是电影放映机的工作。每一照片都代表了某个固定姿势的军团，它重新构建了军团行进时的移动性。当然，如果我们拥有的只有照片，那么，无论我们如何长久地凝视它们，我们都不能看到它们动起来：将不能移动的照片并列在一起，即使永无止境地排列下去，我们也永远不能让它们动起来。为了让照片动起来，心须让某处存在运动。这种运动确实存在；它处于仪器之中。就是因为电影放映机里面的胶片在不停滚动，将某个场景的照片依次连接起来，这个场景中的每个演员才会恢复他们的移动性；演员将自己持续性的姿势连接在胶片的无形运动中。因此，这个过程就是将抽象而简单的非个人运动从所有演员的所有特定运动中抽取出来，这种非个人运动就是一种普遍运动（*movement in general*），正所谓：我们将这种运动放入仪器中，通过将这种无名的运动与个人的姿势联系在一起，重建每个特有运动的个体性。电影放映机就是按照这一原理发明的。这也是我们的知识原理。为了人为地重组它们的变化，我们将自己置于物体的内部变化之外，而不是将自己与其联系在一起。我们拍摄快照，是因为它是一种流动的现实，而且因为这些都是现实的特征，所以我们只需要将它们串联在一种抽象的、规格一致的、不可见的，而且位于知识仪器身后的变化上即可，以便模仿这种变化中独具特色的内容。知觉、智能、语言的进程在大体上也是这样。无论我们是想到变化，或者表达这种变化，甚至是意识到这种变化，我们几乎不会做任何事情，而只是启动我们内部的某种电影放映机。因此，我们可能会做出这样的总结：我们日常知识的机制是一种电影放映机式的机制。

对于这种操作的整个实用特点，并不存在任何的疑虑。我们的每一个行为都旨在将我们的意志插入现实之中。我们的身体和其他的实体之间存在着一种排列，这种排列就像是构成万花筒图案的那些玻璃片的排列一样。我们的活动从一种排列到一种重新排列，毫无疑问，每一次都会使万花筒产生新的动摇，但是我们会略过动摇本身，直接看到新的图案。我们自然操作的知识必须与我们对自己操作的兴趣严格对称。从这个意义上我们可以说，如果我们不滥用这种类型的图解，我们对物体的感知具有电影放映机式的特征是因为我们对物体所做出的调整具有万花筒式的特征。

因此，电影放映机式的方法只是实用方法，因为这种方式就是将知识的普遍特征在行动的特征上自我形成，同时希望每个行为的细节能够取决于知识的细节。为了行动总是能够得到指引，智能必须总能呈现在行动之中；但是为了由此去伴随活动的进程并保证活动的方向，智能必须从适应活动的节奏开始。行动和生命的每一次脉搏一样，具有断续性（*discontinuous*）；因此，断续性就是知识。认知能力的机制也是按照这一计划构成的。从本质上讲，这种机制具有实用性，既然如此，那么它能够用于猜测吗？让我们用这种机制去跟随这种现实的蜿蜒，看看会发生什么。

我将一系列视图看做一种独特变化的持续性，将这些视图通过“普遍变化”联系在一起。但是，我确实不能停在此处。那些不可确定的事物就是一些不可表现的事物：我只能在“普遍变化”中找到一种动词意义。就像字母 x 代表着某种未知数。无论它是什么，此处我的“普遍变化”通常都是一样，象征着某种我能够为其拍摄一些快照的转变；而转变本身并未教会我什么。接着，我会将注意力完全集中在这种转变上，集中在任意两张快照之间，尽力去了解正在发生的事情。因为我会应用同样的办法，所以我便会得到同样的结果；第三张视图只会在其他两张视图之间一闪而过。只要我愿意，我会随意重复整个过程，我会将一些视图与另外一些视图永远摆放在一起，除此之外，我什么也得不到。电影放映机式的方式应用因此也会指向一个不间断的重新开始，在此期间，意识决不能够自我满足，也无处休息，毫无疑问，它只能说服自己用非稳定性去模仿真实的每个运动。但是，虽然通过自我扭曲到达一种眩晕状态，意识最终可以给予自己移动性的幻象，但是它的操作并未能前进一步，因为它与自己目标的距离仍然和之前一样远。为了随着移动的现实前进，你必须在现实之中取代自己。将你自己安置在变化之中，你会立即把握现实本身和连续的状态，在这些状态中，每一时刻的变化都可能会变得不可移动。但是从外部看来，这些延续性的状态被看做真实而不再潜在的非移动性，你将永远无法重建运动。根据情况的不同，我们可以将它们称为特质、形式、位置，或者意图，只要你愿意，你可以随意增加它们的数量，让两种持续性的状态之间的间隔变得无限小：在那个介入运动的面前，你将一直体验到一种失望，也就是想要用双手捏碎烟雾的那种失望。这种运动从间隔间一闪而过，因为每一个想要从状态中重建变化的意图都暗含着一种荒谬的命题：运动是由非移动性构成的。

哲学在一睁开眼睛的时候就看到了这一点。埃利亚的芝诺悖论（*The arguments of Zeno of Elea*）即便是由一种非常不同的意图构成的，但是除了说明这一点，再无其他任何意义。

比如飞驰的箭矢。芝诺说，箭矢在每个瞬间都是静止不动的，因为它没有时间去移动，也就是说，同时占据两个连续的位置，除非有至少两个瞬间允许它去占据。因此，在某个给定的瞬间，和某个给定的点上，它是静止的。既然箭矢在其飞驰的每个点上都是静止的，那么在它运动的整个时间内，它一直都是静止的。

如果我们假设箭矢能够永远存在于一个点上，这种说法就是正确的。如果移动的箭矢与某个静止位置保持一致，那么这种说法也是正确的。但是，箭矢并没有永远存在于其过程中的任意一个点上。我们最多能说，它可能存在，在这种意义上，它经过了那个位置，而且可能停留在了那个位置。如果它确实停在了那个位置，它可能会静止在那里，而且在这个位置上，它不再移动，我们所必须处理的也不再是移动了，这样的说法便是正确的。如果箭矢离开了点 A 落在了点 B 上，它在 AB 两点间的移动只要能称之为移动，就会像箭矢射出时的张力一样简单，一样不可分解，这样说也是正确的。就像手榴弹，在着地之前爆炸后会以一种不可分割的危险来覆盖整个爆炸区域，因此，从 A 点到 B 点的箭矢通过其在空中的一划展示了它不可分割的移动性，即使超越了某个长度的绵延。假设 A 点到 B 点之间拉伸了一根橡皮圈，你能分割它的张力吗？箭矢飞驰的过程也就是这样一种张力，一样简单，一样不可分割。它是一次单一且独特的飞行。你可以将 C 点固定在 A 点与 B 点之间，然后说在某个时刻箭矢处于 C 点。如果它已经存在于 C 点，它便已经停留在了那里，那么箭矢就不再只是从 A 点到 B 点的飞行了，而是两段飞行，一段是从 A 点到 C 点，另一段是从 C 点到 B 点，中间有一次休止的间隔。根据假说，单一的移动完全是两个停留之间的移动；如果两点之间存在停留，那么它就不再是一个单一的移动。说到底，假象便是源自于此，也就说，已经沿着其进程留下一条静止轨迹的移动一旦受到影响，我们便能在这个轨迹上发现无数的非移动性。从这一点上我们能够总结出：运动，只要受到影响，每个瞬间都会在其下方留下一个与之一致的位置。我们不会看到这个轨迹是在一划中被创造出来的，即使创造它也需要一段时间；即使轨迹一旦被创造出来，我们就能对其进行随意分割，但是我们不能分割其创造，这是一个正在进行的行为，而不是一个物体。假设移动的实体存在于其移动进程中的一个点上，就是在这个点上将这个进程用剪刀剪为两截，然后用这两段轨迹来代替我们之前想到的单一轨迹。这就是区分两个连续的行为，根据假说，其实只存在一种行为。简言之，就是将一切都归因于箭矢飞行的进程本身，这种进程可以说成箭矢已经横越的间隔，也就是说，承认了运动与非移动性（静止）是相等的这一前提的荒谬性。

我们不会在此阐述芝诺的其他三个悖论。我们已经在别处对其进行了检测。只需指出它们都是将移动应用在那条已经横越的轨迹上，并且假设对那条轨迹来说是正确的内容、对那个运动来说也是正确的，这样就足够了。比如轨迹，它可以被随意地分成很多截，每一截的长度由我们决定，但是不管怎样，它永远都是一条轨迹。从这一点我们可以总结出：我们拥有这样的权利，可以随意假设运动已被清晰地表达，而且这种运动始终都是同一种运动。因此，我们获得了一系列的荒谬性，这些荒谬性都在表述同一个基本的荒谬。但是只有观察者才有可能将这种运动运用在这条已被横越的轨迹上，这些观察者一直被挡在运动之外，而且能够在每个瞬间看到停顿的可能性，他们试图用这些可能的非移动性去重建真正的运动。一旦我们凭借思考真正运动的持续性，来调整另一种持续性（每当我们抬起手臂或者往前踏出一步，我们每个人都具有延续性），这种荒谬性就会消失得无影无踪。然后我们就会觉得，实际上，经过两个停顿点的轨迹会描述成一种单一的不可分割的一划，而且我们设法将一些对应的部分（它们与从已经经过的轨迹上任意挑选出来的部分一一对应）应用在这个运动上的努力也只是徒劳。被移动的实体横越的轨迹将其自身借给任意种类的部分，因为它不具备内部结构。但是所有的运动都是内向地被清楚表达出来的。它既是一种不可分割的跳跃（然而却可以占据一段非常长的绵延），也是一系列不可分割的跳跃。我们要么就将这种清晰表达出来的运动考虑在内，要么就放弃推测其本质。

当阿喀琉斯追逐乌龟时，他每踏出的一步都必须被看做不可分割的，同时乌龟的脚步也是如此。在一定数量的脚步之后，阿喀琉斯将会赶上乌龟，没有比这更简单的了。如果你坚持进一步划分这两种运动，你便可以在阿喀琉斯和乌龟的进程中区分出两者脚步的约数，但是要尊重两种进程的自然表达。只要你尊重它们，就不会遭遇任何难题，因为你将会跟随经验的知识。但是芝诺的设计确实根据一种随意选择的规律去重建阿喀琉斯的运动。假设阿喀琉斯的第一步抵达了乌龟之前所在的那个点，第二步则要抵达在他迈出第一步时乌龟所在的那个点，以此类推。在这种情况下，阿喀琉斯永远都会有新的一步需要迈出，这样也永远追不上乌龟。但是很明显，想要超越乌龟，他就必须采取另一种方式。如果我们能够像对待被横越间隔（能够随意地拆解和重组）一样地去对待运动，那么芝诺所考虑的移动就只能与阿喀琉斯的运动相同。一旦赞成了这第一种荒谬，你就必须得赞成其他的所有荒谬。

现在，没有能比将芝诺的悖论扩展到性质变化和进化变化更容易的了。我们应该在这些变化中找到同样的不一致的地方。孩子能够变成青年，成长到壮年期，然后衰退到老年期，当我们将这其中的生命进化看做现实本身时，我们便能理解这种进化。婴儿期、青年期、壮年期、老年期，这些都只是意识的一种观念，是我们从外部想象出来的可能存在的停顿点，这些点处在一个连续发展的过程上。相反，若是将儿童期、青年期、壮年期、老年期看做进化过程中的完整部分，它们便会成为真正的停顿点，我们也不再能够构思进化进行的可能性，因为休止点紧靠着休止点的排列决不会等同于运动。那么，我们怎样才能将已经组成的东西重组为即将组成的东西呢？我们应该怎样从被假定为一个物体的儿童期过渡到青年期呢，根据假说，只有儿童期才是给定的。如果仔细观察，我们应该能够发现我们惯用的说话方式，这种说话方式会受到我们惯用的思考方式的影响，并将我们引向真正的逻辑死胡同——我们毫不焦急，听任自己进入这样的死胡同，因为我们糊涂地觉得只要我们愿意出来，便总能走出来：实际上，我们所需要做的就是放弃我们智能所养成的电影放映机式的习惯。当我们说“孩子长成了大人”，此时要小心，千万不要对这个表达的字面意思理解得太过深刻，或者我们应该发现，当我们假定了主语为“孩子”，那么它就还不具备“大人”的属性，而且，当我们说到“大人”时，它也不会将其属性加到“孩子”身上。从孩子到成人的转变这种现实已经从我们的指间溜走了。我们只有“孩子”和“大人”这两个想象出来的停顿点，我们很快就会说，这些停顿点中的这一点也存在于那一点，就像芝诺悖论中的箭矢，根据那种哲学观点，这些箭矢存在飞驰中的所有点上。事实上，如果此处的语言采用的是现实的模式，我们就不应该说“孩子长成了（*becomes*）大人”，而是“从儿童到成人这个过程中存在着变化（*becoming*）”。在第一个命题中，“长成了”是一个没有明确意义的动词，当我们将“大人”的状态赋予“儿童”这个主语时，这个动词意欲掩盖我们所陷入的荒谬性。这种行为类似于电影摄影机胶片的运动，总是相同，这时运动被隐藏在放映机中，而放映机的功能就是将一系列连续的画面彼此叠加在一起，以便模仿真实物体的运动。在第二个命题中，“变化”是一个主语①，它出现在句子的前面，它就是现实本身。儿童和成人因此只是可能的停顿点，只是意识的视图，我们现在不得不处理可观运动本身，而不是它的电影放映机式的模仿。但是第一种表达方式只是更加适合我们的语言习惯而已。为了采用第二种表达方式，我们必须摆脱思维的电影放映机式的机制。

如果我们想要一举摆脱由运动问题引发出来的理论荒谬性，就必须将这种机制完全抽象出来。但我们试图用状态去构建一种转变时，一切都是模糊不清的，一切都是相互对立的。只要我们将我们自己置于转变的旁边，交错切断思维中的转变，以便区分转变中的不同状态，朦胧就会变得明朗，相互对立也会消失。原因就是在转变中存在着比一系列状态中更多的东西（也就是可能的切入点），运动中存在着比一系列位置更多的东西（也就是可能的停顿点）。但是，第一种观察物体的方式适用于人类意识的运作过程；与之相反，第二种方式要求我们反转我们智能习惯的趋向。因此，在这样一种努力面前，如果哲学首先退缩也就毫不奇怪了。希腊人仰仗自然，相信意识的天然趋向，相信高于一切的语言，只要语言能够顺应自然地将思想具体化。它们宁愿说出物体本身的进程是错误的，也不愿责怪物体进程的思想和语言的态度是错误的。

这确实是埃利亚学派的哲学家们一致通过的宣判。他们宣判的时候并

---

① 在英语句式“*There is becoming from the child to the man*”中，“*becoming*（变化）”是一个主语。

没有任何的保留，因为变化动摇了思维的习惯，并且无法适应语言的方式，所以他们宣称变化是不真实的。在空间的移动和普遍的改变中，他们只看到纯粹的幻象。这一结论可以在不改变前提条件的情况下被软化，只需要说现实在变化，即便它本不应该变化。经验让我们面对变化：那是能够感觉到的现实。但是可被理解的现实却更加证实，这是一种应该存在的现实，而且这种现实不会改变。在本质性的变化之下、在进化的变化之下、在广延的变化之下，意识必须寻找那种公然反抗改变的事物，寻找明确的特质、寻找形式或者本质、寻找终点。这是在整个古典时期发展起来的哲学基本原理，是形式的哲学，或者从更加亲近希腊人的术语上来说，是理念的哲学。

希腊语“*eidos*”，我们在此把它翻译成“*idea*（理念）”，实际上拥有三层意思：（1）特质，（2）形式或者本质，（3）正在履行的行为的终点或者 *design*（取其“*intention*（意图）”的意思），也就是说，从根本上来看，行为的 *design*（取其“*drawing*（图样）”的意思）已经假设被完成了。这三个方面分别是形容词、实词和动词，而且对应着语言的三个基本种类。在上文做过解释之后，我们可以，并且也许我们应该将 *eidos* 翻译为“视图”或者“瞬间”。因为 *eidos* 是从物体的不稳定性中提取出来的稳定视图：特质，是变化的一个瞬间；形式，是进化的一个瞬间；本质，是形成平均形式，其他的形式作为这种平均的变体被排列在其上下；最后，指挥行为被完成的意图或者精神图样（*mental design*），以及我们所说的只能是已被完成了的行为的精神图样（而非他物），被提前勾勒出了轮廓并且经过了周密的考虑。因此，将物体减少为视图就是将变化分解为最重要的瞬间，此外，根据假说，每一个这样的存在，都会从时间规律中筛选出来，实际上，是从永恒中将它们抽取出来。也就是说，当我们将智能的电影放映机式机制应用在分析真实中，我们便会在理念哲学处停止脚步。

但是，当我们将一成不变的理念放在移动现实的基础上，我们就必然会得到一个完整的物理学、一个完整的宇宙学、一个完整的神学。我们必须坚持这一点。我们并不想用短短几页纸去总结一门像希腊哲学一样如此复杂、如此全面的哲学。但是，因为我们已经描绘了智能的电影放映机式机制，我们就很有必要展示一下这种机制的运作会引向什么样的现实理念。我们认为，我们在古代哲学中找到的就是这种观念。这个教义的主线从柏拉图发展到普罗提诺，经过亚里士多德（甚至在某种程度上经过了斯多亚学派），没有出现任何意外和偶然，也没有出现那种必须被看做哲学家空想的东西。它们暗示的是有条不紊的智能所获得的视图，是一种普遍变化的视图，当通过间断的抓拍对其进行观察时，它是一种流动的视图。因此，即使是现在，我们也应该用希腊人的方式推究哲理，我们也应该在不需要认识他们的前提下再次发现希腊人诸如此类的普遍结论，在某些准确的地方，我们也应该像希腊人一样相信思维放映机式的本能。

我们说过，运动中所包含的东西比在赋予给了移动客体的持续性位置上所包含的东西多；变化中包含的东西比轮流经过的形式中所包含的东西多；形式进化中的东西比假设持续性的形式中的东西多。因此，哲学能够从第一种术语中导出第二种术语，而不是从第二种中导出第一种：来自第一种术语的推测必须以它为起点。但是智能颠倒了两个术语组的顺序；而且，在这一点上，古代哲学和智能的做法是相同的。它将自己安置在一成不变的事物中，它假定的只有理念。但是变化仍然存在：它是一种事实。那么，既然已经单独假定了不变性（*immutability*），我们怎样才能让改变从这种不变性中出现呢？不能添加任何东西，因为根据假说，在理念之外不存在任何肯定的东西。因此，必须通过缩减（*diminution*）来做到这一点。所以，在古代哲学的基础上存在着这种假定的必要性：也就是静止中包含了比运动中更多的东西，我们通过缩减或者减少的办法，从不变性过渡到了可变性。

因此，为了获得改变，我们必须在理念中加上一些否定的东西，或者最多加上零。构成柏拉图式的“非存在”，亚里士多德式的“物质”的就是这种否定的东西——一种与理念结合在一起的，形而上学的零，就像将算术上的零与整体结合在一起，在时间和空间上与理念相乘。通过这种方法，静止且简单的理念被折射到一种无限扩张的运动中。按理说，除了不变的理念，并不存在任何东西，理念之间不变地彼此适应。实际上，物质会将其虚空添加在理念上，并以此释放出普遍变化。它是一种难以捉摸的“无”，在理念之间缓慢地前进，创造出无尽的焦虑和永恒的烦恼，就像迂回地潜入两颗相爱的心之间的猜疑。降低不变的理念：只有这样你才能获得物体永久的变动。理念或者形式是智能现实的整体，也就是事实的整体，在这种整体中，它们整体代表了理论上的均衡。至于能感觉到的现实，它是一种位于均衡点两边的永久摆动（*oscillation*）。

因此，纵观整个理念哲学，存在着某种绵延的概念，同样也存在着时间与永恒关系的概念。将自己安置在变化中的人会在绵延中看到物体的生命，看到基本的现实。因此，被意识孤立并储藏起来的位于概念中的形式只是不断改变的现实的快照。它们是在时间的进程上集合起来的瞬间；而且，就是因为我们已经将连接它们与时间的线剪断了，所以它们才不再延续。它们往往会撤回到它们自己的定义中，也就是认为的重组和象征性的表达中，这是它们的智能对等物。如果你愿意，你也可以说它们是进入到了永恒中；但是它们中永恒的东西就是不真实的东西。与之相反，如果我们用电影放映机式的方法对待变化，形式便不再为改变拍摄的快照了，它们成为了变化的构建要素，它们代表了变化中所有肯定的东西。永恒不再作为一种抽象凌驾于时间之上，而是作为一种现实成为建构时间的基础。在这一点上，哲学对于形式或者理念的态度也完全如此。它在永恒和时间之间建立起来的关系与一块金子和一点零钱之间的关系是一样的——零钱很少，所以你可以不用还清债务便可以永远支付下去。债务可以用一块金子立马还清。柏拉图的一段意味深长的语言所要表达的也是这一点：他说，上帝无法让世界永恒，于是把时间的“永恒移动画面”给了世界。

因此，这也引发了有关延展性（*extension*）的某种概念，这种概念位于理念哲学的基础位置，即使它并不会被如此清晰地呈现出来。设想意识被置于变化的旁边，并且采纳了变化的运动。简言之，每一个延续性的状态、每一个特质、每一种形式都会作为一个纯粹的切面被它看见，这个切面是由思维在普遍变化中切割出来的。你还会发现，形式在本质上具有延展性，形式的延展性与再起流动过程中已经将形式物化的变化的延展性之间是不可分割的。因此，每一种形式在占据空间的同时也占据着时间。但是理念的哲学走的却是相反的方向。它从形式开始，它在形式中看到现实的本质。它不会将形式看做变化的快照，而是假定形式是永恒的；因此，在这种静止的永恒中，绵延和变化便被假设成只是衰退。因此，像这样被假设的形式便不再受时间的约束，不再是在知觉中所发现的东西；它是一种概念。而且，因为拥有概念顺序的现实便不再占据延展性和绵延，所以形式必须被安置在时间之上，空间之外。因此在古代哲学中，空间和时间就必然会拥有相同的起源和价值。空间的延展性和时间的阻留（*detention*）同时表达了存在的相同缩减。从古代哲学的立场来看，空间和时间不可能是其他东西，只能是一种不完全的现实或者是一种误入歧途的现实在探索自己的场（*field*）。不过我们必须承认，场是在探索的过程中被创造出来的，而且这种探索在某种程度上在自己的下方储存了这样的场。想象一个钟摆（一个纯数学的点）从其均衡的位置上左右摇摆：启动一个永久性的摇摆，沿着摇摆的路线，排列着一个个的点，排列着一个个的瞬间。由此引发的时间和空间与运动自身相比并没有更多的“肯定性”。它们代表着人为赋予钟摆的位置和其正常位置之间的距离，这个距离也就是钟摆想要回归原来位置所需要的距离。让其回复原位：空间、时间和运动都得缩减为一个数学点。就是这样，人类的推理才画出了一条没有终点的链条，但是立即就被直觉所捕捉到的真实所吞没了，因为它们在时间和空间中的延伸只是思维和真实之间的距离。延伸和绵延与形式或者理念之间的关系也是如此。能感觉到的形式就在我们面前，它们始终都在恢复自己的理想（*ideality*），却始终都会遭受来自自身携带的物质的阻碍，也就是说，被它们内心的虚空、被它们是什么和它们应该是什么之间的间隙所阻碍。它们始终都处于自我恢复的点上，始终都在失去自己。一条不容变更的规律迫使它们陷入了不幸境地，像希绪弗斯推动的巨石一样，在将要到达山顶时又滚落下去，而且这条规律只不过是它们最初不充分的持续性，已经将它们投射到了时间和空间之中。成长和衰退的更迭，进化一次又一次地开始，天球的旋转永无止境地重复——这些都仅仅代表着某种基本的亏损，物质便存在于这种亏损之中。想要弥补这种亏损：你立马控制住时间和空间，也就是说，让那种不断更新的摇摆找到一个稳定均衡点，但是这一点永远都不会实行。物体再次相互渗透。延伸到空间里的东西被紧缩成了纯粹的形式。过去、现在和未来收缩成了一个单一的瞬间，这个瞬间就是永恒。

这也就是说物理只不过是退化了的逻辑。整个理念哲学都被归纳在这个命题中。而且在这个命题中也包含了哲学的隐藏原理，这个原理是我们理解力中所固有的。如果不变性多于变化、形式多于改变，而且凭借一种名副其实的降落，理念的逻辑体系被散射进一系列被偶然并列的物理客体和事物中，这些理念理智地在自己内部置于从属地位并且相互协调。一首诗是经过成千上万的想象的发展而生成的，这些想象在扩展到词语的短语中被物化。我们从静止观念（伤到自己）到展开这些观念的词汇下降得越多，就会给可能性（*contingency*）和选择留下更多的空间。用其他词汇表达的其他隐喻已经出现了；画面唤起画面，词语唤起词语。现在，所有这些词语都陆续出现，并依靠自己想要回到那个生成观念的简朴中来，却是徒劳。我们的确只能听到这些词汇：因此它能感知到的只有偶然。但是我们的意识却凭借连续的跳跃，从词语跳到画面，从画面跳到原始观念，以此从词语的觉察力——偶然唤起偶然——回到假设其自身存在的理念上来。

因此，哲学家在面对整体时也是这样做的。经验想要让流动的现象经过它眼前，这些现象也是一个跟着一个，以一种由时间和空间环境决定的偶然顺序排列的。这种物理顺序——逻辑顺序的一种退化——只不过是逻辑落入了时间和空间之中。但是哲学家再一次从知觉上升到了概念，看见物理所拥有的所有肯定性现实缩减成了逻辑概念，他的智能削弱存在的物质性，在理念不变的系统中抓住存在本身。由此科学便产生了，对我们来说，科学完整且现成，只要我们将我们的智能放回它真正的位置，纠正将智能与可被理解的东西分离的离经叛道的行为。那么，科学便不再是人类的建造物。它先于我们的智能存在，而且独立于我们的智能，它其实是物体的创始者。

实际上，如果我们将形式看做意识为变化的延续性拍摄的快照，那么形式必须与思考它们的意识有关联，它们根本不可能独立存在。我们最多能说每一个这样的理念都是一个理想，但是，我们将我们自己置于与之相反的假说中，那么理念就必须自行存在。古代哲学无法逃离这样的结论。柏拉图指出，亚里士多德竭尽全力想要避免这个结论却没有成功。因为运动源自不变性的衰退，所以，如果某个地方不存在可实现的不变性，运动也就不可能存在，这样一来也就不可能存在能被感知的世界了。因此，亚里士多德是从否认理念的独立存在开始的，但是仍然发现自己不能剥夺理念的独立存在，他将它们彼此挤压，揉成一个球，并在物理世界之上建立了一种形式，后来发现这种形式是形式的形式，理念的理念，或者用他的话说，是思维的思维。这就是亚里士多德的上帝——这个上帝具有必然的不变性，而且独立于世界上正在发生的事情，因为它只是位于一种单一概念中所有概念的综合体。实际上，在这些五花八门的概念中，没有一种概念可以独立存在，因为他存在于神性的统一体中：我们不可能在亚里士多德的上帝中找到柏拉图的观念。但是，只要我们在一种自我折射中想象亚里士多德的上帝，或者就是简单地向着这个世界倾斜，我们就会立刻看到柏拉图式的观念从上帝身上倾涌而出，就好像它们被包裹在了这个上帝的统一性本质之中：太阳所散发出来的光线也是如此，虽然如此，光线却没有被包含在太阳之中。这种从亚里士多德上帝那里喷涌出柏拉图式观念的可能性也许意味着在亚里士多德的哲学中，νοῦς已经被积极的智能——也就是，被人类智能中基本却无意识的东西——称为 ποιητικός。νοῦς ποιητικός 就是整个科学，它即刻假定好了一切，而有意识的、不着边际的智能却一点点迫使其重组变得困难重重。因此，在我们内部或者在我们后面，存在着一种可能的上帝幻影，就像亚历山大哲学学派的学者所说，这种幻影通常都是一种虚像，决不会真正地被意识智能意识到。在这种直觉中，我们应该看到扩展到理念中的上帝。正是这种“无所不为”，联系着在时间中游离的不着边际的智能，这就等同于静止的原动力自身在上帝的运动和物体的进程之间的关系中所扮演的角色。

因此，理念哲学中天生就存在着一种特殊的因果概念，而搞明白这个概念是很重要的，因为它跟随智能的天然运动直到尽头，以便上升到物体的源头，这是我们每个人都会遇到的概念。古代哲学家确实从未明确地阐述过这个概念。他们都将自己局限于从这个概念引出的结果中，而且，一般而言，他们也只是标注出了这个概念中的一些要点，却没有表述过其本身。有时候他们确实会说起一种由主要的原动力作用于整个世界的吸引力或者生命冲动。这两个要点全都可以在亚里士多德那里找到，他在宇宙的运动中向我们展现了一种物体指向神性完满的渴望，为此，它也是一种指向上帝的上升，他在别处将其描述为上帝与一重天相接触的结果，一种从上帝到物体的下降。我们认为，在我们谈论到进程和转变时，亚历山大哲学学派的哲学也只是跟随着这种双重暗示，再无其他动作。万物都起源于第一原理，而且万物都渴望回归到这个第一原理。但是，我们只有将这两种神性概念带回到第三个概念，这两种神性因果的概念才能被一起识别出来。我们将第三个概念看做基本概念，只有它才能让我们理解为什么（在何种意义上）物体会在时间和空间中运动，为什么存在着时间和空间，为什么会存在着运动，为什么有物体。

在我们研究从柏拉图到普罗提诺的哲学时，通过希腊哲学家的论证，这第三个概念越来越清晰地展现了出来，我们也许可以这样表述：肯定了现实也就同时肯定了现实与无之间存在的所有程度的现实。这个原理在数字中尤为明显：我们不能在肯定数字 9、8、7……也就是 10 到 0 之间的所有数字——存在之前肯定数字 10 的存在。但是此时，我们的意识自然地从量的范围过渡到了质的范围。对于我们来说，某种完满是确定的，这种完满与乌有（或者我们认为自己构思出的那种乌有）之间存在的退化的整个延续性也是确定的。因此，我们不妨假定亚里士多德的上帝，即思维的思维——也就是，循环的思维——凭借着一种瞬间或者永恒的循环过程，从主体自行转变为客体，又从客体自行转变为主体。因为从另一方面说，乌有似乎在假定自我，因为这两种末端已经确定，那么它们之间的间隙也已经确定。因此，当我们已经假定了上帝，所有存在的下降（从神性的完满下降到“绝对的虚无”）程度也会自动地被意识所意识到。

因此，我们应该从顶部到底部贯穿这个间隙。首先，第一种原理最轻微的缩减都足以推动存在进入时间和空间之中；但是代表着这种第一缩减的绵延与延伸将会尽可能近地接近这种神性的非延伸性和永恒。因此，我们必须将这种神性原理的第一次衰退描述成一个自我旋转的球体，它凭借自己永久的循环运动，模仿神性思维之循环的永恒性；此外，它还创造着自己的位置，并由此创造出普遍位置，因为它包含了一切，却不被他物所包含，它不停地运动，却没有起始点；它还创造了自己的绵延，并由此创造出普遍的绵延，因为它的运动是评定所有运动的标准。因此，我们应该能够慢慢看到，完满在逐渐地递减到我们的尘世之中，在这个世界中，出生、成长和消亡的循环最后一次模仿并毁坏着原始的循环。这样看来，上帝和世界之间的联系从下面看起来是一种吸引力，从上面看起来就是一种生命冲动或者一种接触。因为一重天拥有着自己的循环运动，是一种对上帝的模仿，而所有的模仿都是一种形式的不断重复。因此，根据这个观点，我们将上帝看做有效原因或者最终原因。但是，这两种关系都不是最终的因果关系。真正的关系是在等式的两个对应物之间所发现的那种关系，第一个对应物是一个单一的条件，第二个对应物是无数条件的总和。我们可以这样说，如果我们假设只要那块金子出现，零钱也会自动出现，那么它是那块金子和零钱之间的关系。只有这样，我们才能理解为什么亚里士多德会断言物体的运动肯定没有开端，而且永远不会完结，而不是主张运动必须有一个开端，以此来论证第一种静止原动力的必要性。如果运动存在，或者，换句话说，如果零钱被数清楚了，那么这块金子就终会在某处被发现。而且，如果统计零钱的工作永远不会完结，那么与其完全对应的单一条件就必须是永恒的。移动性的永恒性只有以不变性的永恒为基础才有可能存在，这种不变性的永恒在一个没有开端和结尾的链条中不断展开。

这是希腊哲学的最终结论。我们并没有试图将其重建为一个前提，它拥有着众多的来源，它由许多隐形的线与古希腊的灵魂联系在一起。因此，想要将其用一个简单的原理推论出来的这一努力完全是徒劳。但是，如果来自诗歌、宗教、社会生活，以及仍然处于初级阶段的物理和生物的一切全都从这个原理中移除，如果我们将所有可能会用于建造宏伟建筑的轻材料取走，只留下牢固的框架，而且这种框架将形而上学的主要框架描绘了出来，那么我们便会相信这种形而上学人类智能中天然的形而上学。每当我们跟随直觉和思维的电影放映机式的趋势直到最后，我们就会发现这种类型的哲学。我们的直觉和意识开始于用进化的延续性改变去替代一系列不能改变的形式，这些形式会轮流地“在行进过程中被拦截”，就像旋转游戏上的环，孩子们会在这些环经过的时候用棍子将它们钩下。那么，这些形式是怎样经过的呢，它们又被串在什么样的“棍子”上呢？因为稳定的形式已经从改变一切明确的东西中提取出来了，所以没有什么可以去描述承载这些形式的不稳定性，但是还存在着一种否定性的属性，而这种属性自身必定具有不确定性。这就是我们思维最初的发展进程：它将每一种改变分割为两个组成部分——其中一种在任何情况下都是稳定且确定的，也就是形式；另一种成分很难将其确切表达出来，而且始终都是形同的，也就是普遍改变。这同样也是语言的基本操作方式。形式是语言所能表达的所有东西，它被弱化为一种理解，或者被限定为一种移动性，之所以这样是因为它总是没有被表达出来，而且被认为在所有情况中都是一样的——因此，便又出现了一种哲学，这种哲学认为由此受到思维和语言影响的分解是合法的。除了用更多的力量将这种特点客观化，将其推向它的极端结果，弱化为一种系统，这种哲学还能做什么呢？因此，它将会从两个方面来架构真实：一方面，用确定的形式或者不变的成分，另一方面，根据假说，用将会逃离所有的明晰并且成为纯粹的不确定性的移动性原理，这条原理是对形式的否定。它越是将自己注意力引向用思维勾勒且用语言表达的形式，它就越会看到这些形式上升到可被感知的事物之上，并被精炼成纯粹的概念，这些概念能够相互渗透，至少可以被糅合在一起成为一个单一的概念，也就是所有现实的综合，所有圆满的完成。与之相反，这种哲学越是向着普遍移动性的不可见源头方向衰退，就越会感受到这种移动性沉没在其之下，同时变为虚空，消失到一种被其称为“非存在”的东西之中。最终，它一方面会承认理念系统，在逻辑上彼此协调，或者仅仅集中为一体，另一方面它会承认一种准乌有，柏拉图式的“非存在”，或者亚里士多德式的“物质”。既然你已经将布匹裁剪开来，你就必须开始缝制衣服了。既然有了超感知理念和次感知的非存在，那么你现在不得不重组可被感知的世界。你只有假定一种形而上学的必然性，才能重组可被感知的世界。凭借这种必然性，这种“全部”和“零”之间的比较才能等同于所有等级上的衡量这两者之间间隙的现实的肯定——就像一个未被分割的数字，当它被看做其自身与零之间的区别之时，它便被揭示为一些单位数的某种总和，并且借助对其自身的肯定去肯定所有小于它的数字。那就是一种非人为的假定，这种假定也被我们看做希腊哲学的基础。因此，为了解释中等程度现实在不同层次上的具体特征，最重要的就是丈量其与完整现实分离开来的距离。每一个较低层次的现实其实都是对更高层次的现实的一种缩减，而从智能的角度来看，我们在其中察觉到的可被感知的新奇（*newness*）被分解成了一种叠加在这种现实上的全新的否定数量。我们已经在可被感知的现实的最高形式中发现了否定的最少可能量，因此，在较低形式中，这种否定就会更多。而大多数可被感知现实、延展性和绵延的普遍属性所展现出来的就是这种否定的最少可能量。通过这种不断增加的衰退，我们将会获得越来越特殊的属性。在此，哲学家也将会拥有更加自由的想象空间，因为，正是凭借着一种任意的裁定，或者至少是极具争议的裁定，可被感知世界的特殊方面才能等同于存在的特殊削减。我们不应该像亚里士多德一样，必然结束于一个由自行转动的同轴球体组成的世界中——我的意思是，对于一个结构来说，即使其各个部分都截然不同，但是这些部分之间的联系必然都是相同的。而整个宇宙学也将遵循相同的原理。物理上的东西将会受到逻辑上的东西的限定。在改变这一现象之下，我们将会轻易地发现，一种概念性的封闭系统将会彼此相互从属、相互协调。科学，被理解为一种概念性的系统，将会比可被感知的现实更加真实。它将会在人类知识之前存在，而人类的智能用一个个的字母拼凑出来；同样它还先于物体的存在而存在，因为无知只是在笨拙地尝试着去模仿它。科学只要从自身转移片刻，便会踏出自己的永恒性，并由此与所有的这种知识和所有的这种物体取得一致。因此，它的不变性确实是普遍变化的起因。

这就是古代哲学对于改变和绵延的观点。现在哲学，尤其是在初期的时候，曾不停地想要摆脱这种观点，这对我们来说是毫无疑问的。但是，一种无法抗拒的吸引力将智能带回到其天然的运动中，而且将现代人的形而上学带回到了希腊形而上学的普遍结论中。我们必须试着将这一点解释清楚，以表明是什么样无形的线将我们的机械论哲学依然与古代的理念哲学捆绑在一起，以及这种理念哲学是怎样与我们理解力的需求相对应的，最重要的便是实用需求。

现代科学，和古代科学一样是依据电影放映机式的方法运作的。它无法用别的方法进行运作，而且，所有的科学都受制于这一规律。因为，科学的本质便是掌控迹象，它用迹象代替了客体本身。毫无疑问，这些迹象与那些语言符号不同，它们拥有着更高的精确度以及更高的效率；即便如此，它们也被符号的普遍条件所约束，这种条件在一种被抑制的形式下指代着现实某个固定的方面。为了思考运动，意识就必须付出一种不停更新的努力。人类创造出各种符号，就是为了用一种人为的重组去替代物体运动的持续性，让我们省却这种努力。在实践中，这种人为的重组就相当于物体运动的持续性，而且拥有易于掌控的优点。但是，我们不妨将方式搁置一旁，只考虑结果。科学的基本目的是什么？是为了加大我们对物体的影响。科学的形式也许具有推测性，但是其直接结果也许是公正无私的：换言之，只要它需要，我们都应该给予它信任。但是，无论清算的日子可能会推迟到何时，我们都必须付出一些时间或者其他的代价。简言之，到那时，我们总能看到科学的实际效用。即使科学开始从事理论研究，它的行为也必须适用于实践的普遍形式。无论科学上升到哪个高度，它都必须准备好降落回行动的领域，并且立即站稳脚跟准备行动。如果它的节奏与行动自身的节奏完全不同，那做到这一点对科学来说是不可能的。我们已经说过，行动是借助跳跃前进的。行动就是重新自我适应。了解，就是为了行动而预见，因此就是从一种境况走到另一种境况，从排列到重新排列。科学可能会考虑那些彼此越来越接近的重新排列；它可能由此会增加被其孤立的瞬间的数量，但是它始终都要孤立出这些瞬间。至于在这些瞬间之间发生了什么，科学对其的关心程度，与它对我们共同的智能、我们的感知和我们的语言的关心程度一样：它并没有对那些间隔产生影响，而只影响了端点。因此，电影放映机式的方式将其自身强加在我们的科学之中，因为它确实已经将其自身强加在了古人身上。

那么，古代科学和现代科学之间的区别在哪儿呢？我们认为，古代科学将物理秩序简化成了生命秩序，也就是说，将规律简化为归类，而现代科学想要将归类简化成规律。但是我们不得不从另一方面来看待这一点，再者，这一方面只是第一方面的一种位置调换。两种科学对于改变的态度不同之处在哪儿呢？我们可能会这样回答：古代科学在它注意到客体的某些特殊瞬间时，便认为自己对自己的客体有了充分的了解，但是现代科学会在每个瞬间对客体进行检测。

在物体的历史上，柏拉图或者亚里士多德的观点或者形式，与特殊或者显著的瞬间相符合——从大体上来讲，这些瞬间也就是被语言所固定的瞬间。就像生物的儿童期或者老年期，这些观点或者形式被认为描述出了一段时期的特征，这段时期体现了生物的精髓，这段时期的其他部分则充满了从一种形式到另一种形式之间的转变通道，而对其本身没有利害关系。举个例子，一个下落的实体。当我们将其描述为一个整体，就会被认为我们已经非常接近事实了：它是一种向下的运动；它是一种朝向一个中心的趋势；它是一个实体的天然运动，离开了它所属的地球，现在正在再一次地寻找它的位置。因此，这些观点或者形式便会留意到最终的条款或者终点，并且将其宣称为基本的瞬间：语言会再次保留这个瞬间是为了表述事实的整体，同样也满足科学描述这个事实整体的需要。在亚里士多德的物理中，正是通过“高”和“低”、自动替换和强迫替换、自己位置和陌生位置这些概念，才界定了实体运动是被射向空中还是自由落体。但是伽利略认为，不存在基本的瞬间，不存在特殊的瞬间。研究落体就是在不影响其进程的情况下去检测它。真实的重力科学就是能够在时间的任意瞬间中定位空间中实体的位置。因为这种迹象确实比语言所要求的迹象更为精确。

因此，我们可能会说，现代物理与古代物理的区别之处主要就在于对时间的无限分解上。对古人来说，时间是由很多不可分割的时期组成，其数量与我们自然直觉和我们的语言在其中切割出来的连续事实的数量相同，其中每一个事实都代表着一种个性。因为那个原因，每一个这样的事实在古人看来都只是一种整体的定义或者描述。在描述事实的时候，如果我们需要区分其中的不同阶段，我们就会得到几个事实，而不是一个，或者几个未被分割的时期，而不是一个；但是我们通常会认为时间被分割成了明确的时期，而真实表面的转折点（可被比作青春期的转折点）以及新形式表面的释放却将分割的模式强加给了意识——与之相反，对于开普勒和伽利略这样的科学家来说，时间并不能被填充其中的物质以这种或者那种方式进行客观地分割。时间并不具备天然的明确分段。我们能够，我们也应该随着我们的意愿对其进行分割。所有的瞬间都被计算在内。没有一个瞬间有权将自己设定为可以表现或者支配其他瞬间的瞬间。因此，只有当我们能够确定在任意一个瞬间中发生了什么之后，我们才能了解改变。

这个差别意义深远。事实上，在某个方面上，这个差别是极为彻底的。但是，从我们注视这个差别的角度来看，它是一种程度上的差别而非种类的差别。人类的意识通过一种逐步完善从第一种知识过渡到第二种知识，只是凭借着寻找一种更高的精确度。这两种科学之间存在着的关系，和用眼睛看到运动阶段与用瞬间摄影完全记录下这些阶段之间的关系一样。在这两种情况中都采用的是电影放映机式的机制，但是在第二种情况中，我们可以达到一种精确度，而第一种情况中则不可以。我们的眼睛所觉察到的马儿的飞驰只要是一种独特的、基本的，甚至图示化的姿态，一种似乎辐射了整个阶段的形式，以此填满飞驰的时间。被固定在帕特农神庙的雕带上的雕刻品就是这种姿态。但是瞬间摄影孤立了所有的瞬间；它将这些瞬间都放在同一等级上，由此，马儿的飞驰就会在这个瞬间中分散开来，成为任意数量的持续性姿态，而不是将其自身糅合成一种单一姿态，这种姿态被认为是在一个特殊瞬间中闪现出来，用于图解整个飞驰时段。

其他所有的差别都纷纷从这个原始的差别中涌现出来。一种科学如果依次检测绵延中不可分割的阶段，它便只能看到时间段联系着时间段，形式替代着形式；它便会满足于一种对客体性质的描述，把这些客体比作有机生物。但是，如果我们想要知道其中一个阶段在时间的任意瞬间中发生了什么，我们便会将目标集中于某种完全不同的东西上。因此，根据假说，从一个瞬间到另一个瞬间的转变过程中发生的那种改变不再是特质的改变，而只是量的改变，这种改变既可以是现象本身的改变，也可以是其基本组成部分的改变。我们曾说现代科学与古代科学之间的不同之处在于：现代科学是致力于量的研究，它首先想到的就是去丈量这些量，由此看来，这种说法便是正确的了。实际上古人确实尝试过实验，而另一方面，开普勒并未进行过实验，从实验这个词真正的意义上来说，古人这么做是为了找到一条我们理解各种科学知识的规律。真正区分出现代科学的东西并不是其具有实验性，而是它会进行实验，笼统地说，是它只会用丈量的观点去工作。

因此，古代科学致力于概念的研究，而现代科学致力于规律——可变量之间的恒常关系，这样的说法也是正确的。圆周运动（*circularity*）的概念足够亚里士多德去对天体的运动进行明确的解释。但是即使有了更加精确的椭圆运动的概念，开普勒也不认为他能够解释天体的运动。他不得不找到一种规律，也就是说，一种两种或者多种天体运动的要素的量变之间的恒常关系。

但是，这些都只是结果——根据基本区别得出的区别。古人也确实偶尔会想要要用一种丈量的观点去进行实验，以揭示一条表达量之间恒常关系的规律。阿基米德原理就是一条真正的实验性规律。这条规律考虑了三种可变量：实体的提及，浸泡实体的液体的密度，激励正在施加压力的浮力。这条规律也确实表明了这三个可变量之一就是其他两个可变量的应变量。

因此，我们必须在其他地方找到现代与古代科学之间最本质、最原始的差别。这也是我们应该首先注意到的差别。古人的科学是静止不变的。不管它是将其研究的改变整个一起考虑，还是将这些改变分割开来考虑，它都会反过来将每一个阶段看做一个整体：也就是说它不会考虑时间。但是现代科学已经围绕着伽利略和开普勒的发现建立了起来，而这些发现便立即为现代科学提供了一个模型。那么，开普勒的规律讲的是什么呢？它们规定了区域和时间之间的关系，这些区域是由行星以太阳为中心的辐射矢径描绘出来的，而这种时间用于描述这些区域以及行星轨道的长轴与绕行一圈所需要的时间之间的关系。而伽利略所发现的规律讲的又是什么呢？这个规律讲述被一个落体横越的空间和下落过程所花费的时间之间的关系。此外，即使是在考察图形的时候，如果没有用隐含的形式将时间和运动考虑在内，那么现代几何学的第一次大转变中包含的又是什么呢？对古人来说，几何学是一种纯粹的静止不变的科学。各种图形是同时一起被给定的，都是彻底被完成了的，就像柏拉图的观点一样。但是，笛卡尔几何学（虽然笛卡尔并没有赋予它这种形式）的本质却将每一根平面曲线都看做一个点在一条可移动的直线上的运动时所描绘出来的线条，这条直线沿着横坐标移动，并与自己平行——可移动直线的移动被认为是始终如一的，而且这条横坐标也由此变成了时间的代表。如果我们能够确定，在这条可移动直线上其所横越的空间与横越它所花费的时间之间的关系，也就是说，如果我们能够在这条直线上确定在每一个瞬间中，可移动点所在的位置，那么这条曲线便是固定的。这种关系就是我们所说的曲线方程式。因此，用一个方程来代替一个图形，是为了看到这条曲线的轨迹上可移动点的实际位置，而不是一次性注意到整条轨迹——当曲线已经完成时，在这独特瞬间中汇聚了所有点的状态。

因此，这就是同时更新自然科学和数学（作为其工具的）的那种改革的指导思想。现代科学是天文学的女儿；已经从天堂沿着伽利略的斜面下降到地面，因为正是通过伽利略的研究，牛顿及其后继的科学家才与开普勒有了联系。现在，天文学问题又是如何出现在开普勒面前的呢？问题在于，知道了行星在某个给定瞬间中各自的位置之后，怎样计算它们在其他瞬间的位置。因此，所有物质系统中同样的问题也就由此自行呈现了出来。每一个物质点都成为了一个发育尚未完善的行星，而主要的问题便是在一个既定的瞬间这些要素的位置，怎样去确定它们在任意瞬间的相对位置，这也是观念的问题，一旦这个问题得到解决，其他问题也都会迎刃而解。毫无疑问，对于一个图式化了的现实来说，这个问题不能用一些精致的术语来回答，除非在极为简单的情况中；因为即使我们假定物质中存在着真正的要素，我们也永远不会知道它们各自的位置；而且，即使我们在某个特定的时间知道它们的位置，计算它们在另一个瞬间的位置往往也要求一种人类所不及的数学能力。但是，对我们来说，有这样的信念就已经足够了：知道这些要素可能会被知道，它们当前的位置也可能会被标注出来，以及超人智能也许能够确定这些要素在任意瞬间的位置，通过将这些数据提供给数学运算。我们会在自然这个主题上对自己所提出的问题，就是基于的这个信念，而这个信念也是我们解决这些问题的基础。那就是为什么每个以静止形式表现出来的规律对我们而言都只是暂时性的，或者是一种动态规律的特定观点，只有动态的规律才会给我们提供完整且明确的知识。

因此，我们不妨总结一下，现代科学与古代科学之间的区别不仅在于现代科学会去寻求规律，还在于它的规律展示了各种量之间的关系：我们必须补充的一点是，我们能够将所有其他量联系在一起的量就是时间，而且，现代科学在很大程度上必须通过其渴望去规定自己，这种渴望就是将时间看做一种独立的变量。但是，与现代科学相关的时间究竟是什么样的呢？

我们在之前已经对此进行过阐述，再次讲：物质科学的运作方式与普通知识是一样的。它完善了普通知识，增加了它的精确度和范围，但是它沿着相同的方向前进，而且使用的是与普通知识相同的机制。因此，如果普通知识受到电影放映机式机制的制约，而无法掌握运动意义上的变化，那么物质科学也是如此。毫无疑问，这种科学按照我们的意愿，在其检测的时间间隔之间区分出了大量的瞬间。无论现代科学所停留的间隔有多小，它都赋予了我们权力在必要的情况下对其进行再分割。与停留在某个被称为基本瞬间之上的古代科学相比，它根本不关心自己占据了怎样的瞬间。但是它始终在检测各种瞬间，检测各种虚拟的停留点，简言之，也就是检测不变性。也就是说，真实的时间，没有被科学知识所把握，而是被看做了一种流体，或者换句话说，存在的不变性。我们已经在之前的一部书中试着讨论过这一点。而在此书的第一章中，我们再次间接地提到了这一点。但是，为了澄清一些误解，我们必须对其进行再次阐述。

当实证科学说起时间之时，它所涉及的就是某个移动物体 *T* 在其轨迹上所做的运动。这种运动已经被其选为时间的代表，而且根据定义，它是匀速前进的。一些被我们成为 T1、T2、T3……的点从 T0 开始，将移动物体的轨迹划分为相等的部分。当移动物体位于它所经过的 T1、T2、T3……这些点上时，我们应该说 1、2、3……个单位的时间已经流走了。相应地，在某个时间 t 的尽头上检测宇宙的状态，就是去检测当 T 位于 T 点时它的位置。但是，时间自身的流动却仍然没有给感知意识留下什么影响，这是毫无疑问的；因为被纳入计算的只有从这种流动上取出的 T1、T2、T3……点，永远不会是流动自身。我们也许可以尽量按照自己的意志去缩短我们所考虑的时间，也就是我们可以任意分割 Tn 和 Tn+1 之间的间隔；但是，我们所处理的也只是一些点，而且只处理这些点。我们为移动物体 T 的运动所保留的也是它在其轨迹上的位置。我们为宇宙中所有的其他点所保留的，也只有它们在各自轨道上的位置。对于移动物体 T 在点 T1、T2、T3……上的每一个虚拟停留点，我们会将所有其他移动物体所经过的点上都设定了一个相应的虚拟停留点。当我们说一种运动或者其他任意的改变已经占据了一个时间 t，此时我们的意思是我们已经留意到了这种对应的数字 t。因此，我们已经将同时性考虑在内；我们还未将我们自己与从一个点到另一个点的流动联系在一起。这个说法的证据就是，我能够随意改变宇宙在感知意识中的流动速度，这种感知意识独立于宇宙，而且能够通过一种非常本质的感觉去察觉变量：无论这种变量是什么，因为T的运动会参与到这种变量中，所以我应该不会改变我方程式中的任何东西，也不会改变出现在方程式中的数字。

我们再进一步，假设流动的速度变得无穷大。设想一下，就像我们在这本书的开始几页中所说的那样，移动物体T的轨道是一次性给定的，而且物质宇宙的整个历史、过去、现在，以及未来，都在空间中瞬间伸展开来。因此，在那种像扇子一样被打开的世界历史的瞬间，与那些被定义称为"时间进程"的T1、T2、T3……这些分点之间，也存在着同样的数学对应关系。在科学眼中，任何物体都没有发生过改变。但是，时间由此在空间中自我延伸，而且连续的物体变成了彼此叠加的物体，如果科学并不在其告诉我们的内容中发生改变，那么我们就必须得出这样的结论：在科学所告诉我们的内容中，它所考虑的既不是这个特定客体的持续性，也不是位于其中的流畅的时间。没有迹象能够表明，是什么在持续性和绵延之中击打了我们的感知意识。只要变化还在进行，它不会致力于这种变化，而只是将注意力集中在了在时间之河上随处修建的桥梁上，而河中水流则从其桥拱下流过。

但是延续性依然存在，我能够意识到这种延续性，它是一个事实。当一种物理进程在我眼前发生时，我的知觉和我的意向既不会加快它的进程，也不会延缓它的进程。对于物理学家来说，重要的是这个进程中所充满的绵延单位的数量；他自己并没有关心这些单位自身，而且，这就是为什么世界的延续状态也许会在空间中被同时分散了出来，而没有改变他科学理论中的任何东西或者停止谈论时间。但是，对于我们这些有感知意识的生物来说，要紧的就是这些单位，对于我们来说，我们不会计算间隔的断点，而是感觉并且享受这些间隔本身。现在，我们将这些间隔看做确定的间隔。让我们再次回到在一杯水中加糖的这个例子中：为什么我必须等待这些糖溶化呢？对于物理学家来说，现象的绵延是相对的，因为它会被削减为一定数量的时间单位，而这些单位自身是无关紧要的，这种绵延对我们的感知意识来说是一种绝对的绵延，因为它与某种程度的渴望（焦躁）是相一致的，而这种渴望是经过严格限定的。那么这种限定是从何而来的呢？强迫我们等待的东西，以及强迫我们等待一定长度的精神绵延的东西，这种强加于我们的绵延，这种我们无法掌控的东西，究竟是什么呢？如果延续性（与纯粹的并置（*juxtaposition*）截然不同）没有真实的功效，如果时间不是一种力量，为什么宇宙会以一种速度展开其延续状态呢？根据我的感知意识，这种速率是一种真实的绝对。那么为什么是以这种特定的速率，而不是其他的速率去展开呢？为什么不是以一种无限的速率展开的呢？换言之，为什么不是像放映机的胶片一样，一次性给定所有的东西呢？我对这一点思考得越多，我就越会得出这样的结论：如果未来必定是对当前的延续，而不是并列于当前，那就是因为未来并不是完全确定与当前的这一瞬间；如果这种延续性所花费的时间不是一个数字，如果对于感知意识来说，这种延续性已经将绝对价值和现实安置在自己内部，那就是因为它的内部就会连续不断地创造出不可预见的新的东西，这种东西不仅会在这种人为独立的系统（例如一杯糖水）中被创造出来，而且会在具体的整体当中，而每一个一杯糖水一样的系统都是这个整体的组成部分。这种绵延也许不是物质本身的事实，但是是再次上升到物质进程的生命的现实；这两种运动依然是彼此独立的。因此，宇宙的绵延必须是一种能在其中找到位置的创造范围的绵延。

当孩子将拼图游戏中的分开的小片拼在一起，重新组合成一幅图时，他练习的次数越多，他成功的速度就会越快。此外，当孩子从商店买回拼图，在他打开盒子的那一瞬间，重组后的图片样子就会呈现在他眼前。因此，重组拼图并不需要一个确定的时间，实际上，从理论上来讲，它并不需要任何时间。因为结果是给定的，图片已经被创造出来了，而且只需要重新组合、重新排列就可以得到这幅图——我们可以认为这种工作的完成速度会越来越快，甚至可以达到一种无限快的速度，直到可以瞬间完成。但是，对于创造这幅图片的画家来说，他是从自己的灵魂深处将灵感吸收出来，那么时间就不再是一种附属物；它不是一种可以拉长或者可以缩短而又不改变其内容的间隔。画家工作的绵延是他的工作的一部分，也是附属物。紧缩或者膨胀这种绵延将会改变填充绵延的心灵进化，也会改变作为其目标的发明。发明所占据的时间就是发明本身的时间。它是思维的进程，这种正在成形的思维的程度和尺寸正在发生改变。它是一种生命的进程，一种类似于观点逐渐成熟的过程。

画家站在自己的画布前，颜料放在调色板上，模特坐在画家跟前——这一切我们看在眼中，也知道画家的风格：我们能够预见将会出现在画布上的东西吗？我们掌握了这个问题的所有要素；我们知道，从一种抽象的方式来看将如何解决这个问题，因为画家画出来的肖像肯定与模特很像，而且肯定也与画家很像；但是，我们仍然无法预见那个具体解决办法作为一件艺术品所包含的所有东西，也就是这种无法预见在消耗时间，作为物质的乌有将自己创造为形式。这种形式的萌芽和绽放都在一种不可收缩的绵延之上延展开来，这种绵延与这种萌芽和绽放的本质是一体的。大自然的作品也是如此。它们的新奇性（*novelty*）源自一种内在的推动力，这种推动力就是进展或者延续，它授予了延续性一种特殊的美德，或者它将其自身的一切美德都赋予了延续性——无论如何，这种推动力会让延续性(或者在时间中相互渗透的持续性）不能简化成一种空间中纯粹的瞬间并置。这就是为什么在物质宇宙的当前状态下读取生命形式的未来，以及将还未到来的历史在现在展开的这种想法才是真正的荒谬。但是这种荒谬很难被显现出来，因为我们的记忆习惯于将它所觉察到的条款彼此排列在一起，放在一个理想的地方，因为它总是按照并置的形式将过去表现为延续性。它能够做到这一点，实际上只是因为过去属于已经被发明的东西，属于亡者，而不再属于创造和生命。那么，因为即将到来的延续性将会因成为过去的延续性而结束，我们说服自己以对待过去绵延的方式来对待即将到来的绵延，即便是现在，即将到来的绵延还是可以打开的，未来已经被画在了画布上，只是被卷起来了而已。这是一种错觉，毫无疑问，但是这种错觉是天然的、不可消除的，而且会与人类的意识共存。

时间要么是一种发明创造，要么就什么都不是。但是，物理学对于时间—发明这种概念丝毫不会加以考虑，因为它被限制在了电影放映机式的方法之内。它被限制在计算组成这种时间的事件和移动物体 T 在其轨道上的位置之间的共时性。它将这些事件从整体中分离出来，这个整体在每个瞬间都会增加一种新形式上，而且还会与这些事件之间交流它的新奇性。物理学从抽象的角度来考虑，例如它们会处于生命整体之外，也就是说，物理会在一种在空间中展开的时间里去考虑这些事件。它只保存这些事件或者事件的系统，由此便能够将系统孤立出来而不会经受太严重的变形，因为只有这些系统才能让自己适用于物理方法的应用。我们的物理起源于当我们知道它是如何孤立这些系统的时候。总而言之，现代物理与古代物理的区别就在于：现代物理会考虑任意时间的所有瞬间，它的基础全在于用时间－长度来代替时间－发明。

因此，平行于这种物理学的第二种知识似乎应该已经长成，而且应该能够保留那些被物理学遗漏的东西。科学既不会也不能掌握绵延的流动，因为它被局限在只采用电影放映机式的方式中。第二种知识应该已经将电影放映机式的方式抛开了。它应该已经召集了意识去抛弃其最珍爱的习惯。这种知识通过一种共感的努力，将我们转移到变化之中。我们应该不再被问道：移动实体将会在何处？系统将会是什么形状？在一个给定瞬间中，改变将会经过何种状态？时间的瞬间将不再存在，它们只负责吸引我们的注意力；而我们应该试图跟随的，就是这种时间的流动，真实的流动。第一种知识让我们能够预见未来的优势，以及让我们能够在某种程度上成为事件主人的优势；反过来，第一种知识所保存的运动现实也只不过是最终的固定性，也就是说，由我们的意识从中提取出来的观点。它象征着真实，并将真实转置到人类内部，而不是将其表述出来。如果可能，另一种知识便不具备实用性，它不会将我们的帝国扩展到自然界中，它甚至会反对某种天然的智能志向；但是，如果它成功了，那么最终被它牢牢掌握的就会是现实本身。我们不仅可以由此通过让它习惯于将自己安置在运动中，来完善智能以及物质知识，而且可以通过发展另一种与智能相辅相成的能力，在另一半的真实上打开一种知觉。这是因为，只要我们一遇到真实的绵延，我们就会看到它意味着创造，而且，如果正在被毁灭的东西也继续存在，那么它就只能是因为它与正在被创造的东西是不可分割的。由此便会出现宇宙持续成长的必然性，我应当说出现真实生命的必然性。因此，从一个新角度来看，就会看到我们在我们星球表面上所发现的生命，这种生命的发展方式与宇宙的发展方式相同，而且扭转了物质性。简言之，对于智能来说，直觉将会被添加其中。

我们对其回想得越多，我们就越应该发现这个形而上学的概念，正是现代科学家所暗示的。

对于古人来说，时间从理论上来讲确实是微不足道的，因为物体的绵延只能表明它本质的削弱：就是它的这种静止不动的本质是科学家所必须处理的。改变只是一种努力形式，这种努力指向其自身的实现，而改变想让我们了解的就是这种实现过程。毫无疑问，实现这个过程是永远都完成不了的：古代哲学所说的，我们在没有物体的情况下是无法察觉形式的，这句话所表达的就是这个意思。但是，如果我们在某个特定的本质时刻、站在最高点，考虑改变的客体，我们可能会说此处它恰好具备了可被理解的形式。我们的科学所利用的，就是这种可被理解的形式，这种理想的或者说是限定的形式。而且，这块金子中明显包含着被我们称作变化或者改变的零钱。这种改变不足以存在。如果这种将改变作为客体的知识可能存在的话，那它也不足以被称为科学。

但是，对于将所有的瞬间都放在同一等级上的科学来讲，对于承认没有本质瞬间、没有终点、没有最高点的科学来讲，改变不再是一种本质的缩减，绵延也不是永恒的稀释。时间的流动是现实本身，我们所研究的物体就是流动的物体。的确，对于这种流动的现实，我们只能获得一种瞬间的看法。但是，就是因为这一点，科学的知识才必须求助于另一种科学来自我完善。古代的科学知识概念终止于将时间看做一种衰退，将改变看做一种来自所有永恒的既定形式——与之相反，通过跟随新概念到终点，我们应该在时间中看到一种绝对的逐步成长，而且在物体的进化中看到一种永远处于全新状态的形式的持续发明。

这样一来确实会导致与古人形而上学的破裂。他们只看到一种确切的认知方式。他们的科学存在于一种分散且片段的形而上学之中，他们的形而上学则主要是由一种集中而系统的科学组成。他们的科学和形而上学至多是两种源自同一属种的五种。与之相反，在我们的假说中，科学和形而上学是两种对立却互补的认知方式，科学只保存着一个个的瞬间，也就是说那些并不会持续的瞬间，形而上学则与绵延自身有关。现在，我们自然会在一个新颖的形而上学概念和传统的形而上学概念之间徘徊。这样的诱惑必定非常强烈：用新的科学去重复验证那些已经被旧的科学研究过的东西，认为我们的自然科学知识可以一次性完成，将这种知识联合为一个整体，并且像古希腊人一样，将这种联合起名为形而上学。因此，除了哲学可能已经准备好的新方式，仍然可以使用旧方式，这种旧方式正是物理所采用的方式。而且，因为物理所获得的时间只是能够同时分散到空间中的时间，所以，选择了相同方向的形而上学就有必要认为时间似乎既不会创造也不会消除，绵延也仿佛无效。和现代物理学和古代形而上学一样，这种方式必定会采取电影放映机式的方式，终止于这样的结论，而它最初就应该毫无保留地承认这样的结论，而且这个结论本身就是它所固有的：一切都是既定的。

形而上学最初在两种我们看来不容置疑的道路之间犹豫不决。这种犹豫不决在笛卡尔哲学中表现得尤为明显。一方面，笛卡尔承认通用的机制：从这点上来看，运动应该是相对的 ，而且，因为时间的真实性和运动的真实性同量，所以过去、现在和未来都是从完全的永恒中得出的。但是，从另一方面讲（而且这也是为什么哲学家没有得出这样极端的结果），笛卡尔相信人类的自由意志。他将人类行为的非决定性重叠在物理现象的决定性之上，如此一来，他也将包含了发明、创造、真实延续的时间重叠在了时间 - 长度之上。他支持这种有关上帝的绵延，这位上帝不停地更新创造行为，并由此涉及了时间和变化，维持着这种时间和变化，并向它们传达了他绝对现实性中的必要成分。当他将自己置于这第二种观点上时，笛卡尔说起运动，甚至是空间性的运动，就像是在说一种绝对。

因此，笛卡尔本决意放弃这两条路径，但最终却相继步入了两条路中。第一条路可能已经将他引向了对人类自由意志和上帝真实意志的否认。这是对所有有效绵延的压制，是将宇宙比作一种既定的物体，这是一种超人智能能够在一瞬间或者永恒中容纳的东西。与之相反，在跟随第二条道路时，他本应该被引向真实绵延的直觉所暗含的所有结果。创造不仅仅应该已经显现为被连续的创造，而且应该作为一种延续的创造。被看做一个整体的宇宙将会真正地逐步发展。未来不再是由现在决定的未来，至少我们可以说，一旦实现，它就能够在它的祖先中再次被发现，就像一种新语言的发音能够用一种旧字母表中的字母来表达，其条件是：我们同意放大这些旧字母的价值，并且赋予它们这种价值，因为如果我们追溯源头，我们会发现，这些旧字母的发音无论怎么组合也无法产生当前的这种声音。最终，这种机械论的解释可能已经保持了一种通用性，因为我们确实可以将这种解释扩展到很多体系中，这些系统是我们从宇宙的延续性中挑选切割出来的；但是这样一来，机械论就会变成一种方式而不是一种学说。它会传递一种这样的事实：科学必须随着电影放映机式的方式前进，科学的功能是查看物体流动的节奏，而不是让自己适应于这种流动——这是两个相反的形而上学的概念，也是提供给哲学的概念。

哲学选择了第一种概念。之所以会这样选择毫无疑问因为意识采用电影放映机式方式的趋势，这种方式对我们的智能来说如此自然，而且如此恰当的适应了我们科学的要求，因此，我们就必须加倍地确信在形而上学中抛弃这种方式在推理上的无能为力。但是，古代哲学同样也影响着这种选择。古希腊人是永远只等赞扬的艺术家，他们创造了一种超越感知的真实，就像一种能够感觉到的美，它的魅力难以抗拒。只要我们打算将形而上学变成一种系统化的科学，我们就会滑向柏拉图和亚里士多德的方向。而且，一旦我们进入了古希腊哲学家所移动的那个引力区域内，就会立即被引到他们的轨道上。

莱布尼茨就是这样，相同的还有斯宾诺莎。我们并没有对他们的学说所包含的独创性财富视而不见。斯宾诺莎和莱布尼茨在这些学说中倾注了他们灵魂中的全部内容，他们的学说中饱含着他们天才般的发明以及对现代思维的探测。在他们的学说中，尤其是在斯宾诺莎的学说中，已经存在着冲破哲学系统的直觉闪现。但是，如果我们舍弃这两种学说中注入了哲学家生命的东西，如果我们只保留其框架，我们就能够看到柏拉图哲学和亚里士多德哲学的原本样貌出现在笛卡尔机械论的后面。他们为我们展现了一种系统化的新物理，架设在古代形而上学的模式之上。

物理的统一性究竟是什么呢？这种科学中鼓舞人心的理念就是从宇宙中独立出物质点的各种系统，在每个给定的瞬间中，每一个这种点的位置都是已知的，因此，我们才可以计算出其他瞬间这些点的位置。此外，因为由此确定这些系统的正是新科学已经掌握的系统，而且它无法事先知道一个系统是否能够满足渴望的条件，因此，如果我们时时刻刻将这些条件看做已经实现的条件就会非常有用。在这种方法论式的规则中，存在着一种非常自然的规则——如此自然，甚至不用去将其确切的阐述出来。正如简单的常识所说，如果我们掌握了一种非常有效的研究手段，而且不知道其实用性的限制，我们就可以认为其是无条件的来采取行动，而且我们总是有时间去减少这种无条件的实用性。但是，对于哲学家来说，必定存在一种非常强烈的诱惑，使得他们去假定这种新科学的希望，或者假定这种势头，并且将方法的普通规则转变为一种物体的基本规律。因此，哲学家就立即将自己转移到了这个范畴之内，他假设物理学已经完成，并且包含着整个感知世界。宇宙成为了一种点的系统，这种点的位置，通过之前的瞬间和理论上可被计算的任意瞬间之间的关系，在每个瞬间都受到了严格的限定。简言之，结果就是普遍的机械论。但是，只是阐述这种机械论还不够；我们需要的是建立这种机械论，为它寻找理由，证明它的必要性。对机械论的基本确定就是说明：宇宙中所有点在数学上的相互依存，就像宇宙中的所有瞬间一样，我们必须在一个统一的原理中去找到机械论的理由，所有在空间中并置在时间中延续的东西都被压缩到了这个统一的原理之中。因此，我们认为真实的整体是即刻给定的。真实存在的不可分性解释了空间中并置现象的相互测定，而且，时间中延续现象的不可改变的决定论只表明：整个存在都是在永恒中被给定的。

因此，新哲学将会成为一种旧哲学的重新开始，或者一种调换。古代哲学已经采用了集中一种变化或者标志变化最高点的概念：它假设这些概念都是已知的，并将它们集中为一种单一的概念，即形式的形式，理念的理念，就像亚里士多德的上帝。而新哲学将会采用各种规律，这种规律限定了与其他变化相关的一种变化，这些规律也被看做现象永恒的固有特质：它会认为这些规律都是已知的，并将它们提升为一个统一体，这个统一体也可以突出地表现这些规律，但是，和亚里士多德的上帝一样，处于同样的理由，这些规律必须永远地被关闭在自己体内。

这种向着古代哲学的回归确实没有遭遇很大的困难。如果柏拉图、亚里士多德，或者普罗提诺那样的哲学家将他们所有的科学概念融为一体，那么他们将会掌握真实的整体性，因为概念可以被假设代表着物体本身，并且至少拥有数量足够的肯定内容。但是从大体上来讲，规律所表明的只是一种关系，尤其是物理规律，表明的只是具体物体之间的数量关系。因此，如果一个现代哲学家和曾使用古代科学的概念来工作希腊哲学家的一样，是用新科学的规律来工作的，如果他将所有的物理学结论都假设为汇聚在一点上的全能结论，那么他将忽视现象中具体的东西——被察觉到的重重特质和这种觉察力本身。他的这种合成似乎只包括真实的其中一小部分。事实上，新科学的第一种结论是将真实切割为两部分，即数量和质量，前者被归因于对肉体的解释，后者是对灵魂的解释。古人根本就没有在数量和质量之间，或者灵魂与肉体之间设置这样的障碍。对他们来说，数学概念与其他概念一样，既与其他概念相关，又与理念的层次切合得非常自然。因此，不仅肉体没有被几何扩展所定义，而且灵魂也没有被感知意识所定义。如果亚里士多德的 φυχή（一个生物的生命原理）在精神上少于我们的“灵魂”，那么这就是因为他的 σῶμα（已经灌注了理念）在肉体上少于我们的“肉体”。这两个术语之间的分裂不是不可补救的。既然这样，那么，一种以一种抽象统一体为目标的形而上学就必须：要么放弃在其综合中理解的仅仅半个真实，要么就放弃利用两半真实的绝对不均匀性，以此将其中一半看做另一半的转化。不同的短语将会表达不同的物体，如果这些短语术语是同一种语言，也就是说，它们之间存在着某种发音关系。但是，如果它们的术语是两种不同的语言，可能就是因为它们的发音上的根本不同，它们才有可能表达着同样的物体。因此，数量与质量，灵魂与肉体之间的关系也是如此。正是因为哲学家已经割断了两个术语之间的所有联系，才会在两者之间建立起一种严密的平行性，古人并未梦想到这一平行性，才会将它们看做互相转化，而不是彼此逆转；简言之，将一种基础同一性假定为两者二元性的一种隐性特质。因此，它们所建立的综合就变得能够容纳一切的。一种非凡的机制将思维的现象与空间的扩展现象、质量与数量、灵魂与肉体一一对应起来。

我们在莱布尼茨和斯宾诺莎的哲学中发现的正是这种平行性——形式确实各不相同，因为它们依附在空间扩展性上的重要性并不相同。对于斯宾诺莎，思维和扩展性这两个术语至少在原则上是被放在同一等级上的。因此，它们是对同一个原型的两种不同转化，或者，像斯宾诺莎所说的那样，同一物质的两种不同属性，这种物质我们必须将其称之为上帝。而且，这两种转化，就像将其他语言翻译为我们不认识的语言一样，都是由这种原型所唤起的，甚至是被迫存在的，就像圆的本质是由图形和方程式所自动翻译出来的。与之相反，对于莱布尼茨来说，虽然扩展确实仍然是一种转化，但是它的原型是思维，而且思维可能会摒弃转化，因此这个转化只是为我们所做的。假定上帝的时候，我们必然要假定上帝所有可能的观点，也就是说，我们要假定单孢体（*monads*）。但是我们也一直可以想象，观点来自观察点，对于我们这种不完美的意识来说，将不同的观点按照观察点（它们的本质是相同的，可以由它们获得各种观点）的顺序和位置的不同来划分等级，观察的质量也会不同，这种做法是很自然的。在现实中，观察点并不存在，因为只存在观点，而每个观点都是一个不可分割的整体，并且用其自己的方式代表着现实的整体，也就是上帝。但是，我们需要用彼此外化的观察点的多样性，去表达彼此不同的观点的多元性（*plurality*）；而且我们也需要用这些观察点之间的相对位置，也就是它们之间或近或远的距离（换言之，一个数量），去象征观点之间或多或少的亲密关系。这就是莱布尼茨在说空间的共存秩序时所要表达的意思，扩展性的知觉是一种混乱的知觉（也就是说，一个与不完美意识相关的知觉），除了单孢体什么都不存在，因此，真正的整体并没有不同的部分，而是被无限地重复，每一次重复（虽然各不相同）都是整体的自我重复，而且，所有的这些重复都是彼此互补的。同样地，一个客体的可见浮雕与从全角度看到的整体立体观点是一致的，因此，我们可能会将其看做由这些整体观点的互补所组成的，而不是固体局部的重叠而成，而这种观点都是一次给定的，都是不可分割的，都是彼此不同，却代表着同一个物体。在莱布尼茨看来，整体，也就是上帝，就是这种浮雕，而单孢体就是这些互补的平面观点；因此，他将上帝定义为“没有观察点的实体”，或者，定义为“普遍的和谐”，也就是说，是单孢体的互补。简言之，莱布尼茨在这一点上与斯宾诺莎不同，他将普遍机制看做现实为我们提供的一个方面，而此处，斯宾诺莎认为，普遍的机制是现实为自己提供的一个方面。

他们在将整个真实集中到上帝之中后，确实就很难从上帝过渡到物体，从永恒过渡到时间了。这一困难对亚里士多德和普罗提诺这一类的哲学家来说更加巨大。亚里士多德的上帝确实已经通过理念的压缩和相互渗透获得，这些理念以完成状态或者最高点状态代表了世界上改变的物体。因此，亚里士多德的上帝便超越了世界而存在，物体的绵延也并置在上帝的永恒上，而物体的绵延是对这种永恒的削弱。但是，在我们通过检测普遍机制而获得的那个原理中，以及必须看做其基础的原理中，浓缩的不再是概念或者物体，而是规律或者关系。现在，关系并没有独立存在。规律连接着改变的条件，而且是它所管辖的物体中所固有的。因此，所有这些关系最终都总结到一起的原理，以及这个作为自然统一性基础的原理，不能超越可感现实的存在；这种原理是这种可感现实的所固有的东西，我们必须假设它同时存在于时间之内和时间之外，被集中在其本质的统一性中，还没有判处将其在一根无尽的链条中展开。哲学家必然地牺牲了这两个术语中较弱的一个，而没有去解释如此令人震惊的矛盾，并且将物体与时间相关的那一面看做一个纯粹的幻觉。莱布尼茨用清晰的术语说明了这一点，因为他将时间看做一种混乱的知觉，就像空间一样。他的单孢体的多样性只表达了对整体的不同观点，一个独立单孢体的历史似乎只是其对自身本质所持有的众多观点：因此，时间可能存在于每个单孢体对自己所采用的观察点中，而空间则存在于所有单孢体对上帝所采取的观察点中。但是斯宾诺莎的思维就远不如此清晰了，而且这位哲学家似乎想要在永恒和拥有绵延的物体之间建立一种区别，就如同亚里士多德在本质与偶然之间所建立的区别一样：这是一个最为困难的工作，因为亚里士多德的 υλη 不再用于丈量本质与偶然之间的距离，以及解释它们之间的过度，笛卡尔已经将其永远地消除了。无论怎样，我们对斯宾诺莎的“不充分”概念（与“充分”概念相关）研究得越深，我们就越能觉得自己在朝着亚里士多德哲学的方向移动——就像莱布尼茨哲学中的单孢体，它们按照比例将自己更为清晰地标注出来，趋向于普罗提诺的智能可理解的东西。这两种哲学的天然趋势将它们带回莱布尼茨哲学的结论之中。

总之，新的形而上学和古人的形而上学讲的相似点起源于一点：两者都假定存在一种现成且完整的科学——前者将其设定在可感知的物体之上，后者将其设定在可感知的物体之内，哲学家认为这种科学与可感知事物所包含的现实是一致的。对于这两种形而上学来说，现实和事实一样，全都是在永恒中被完整给定的。这两种形而上学都反对现实是逐步自我创造的这一观点，说到底，它们是在反对一种绝对的绵延。

现在，我们可以轻松地表明：这种源自科学的形而上学的结论，已经借助着弹跳（*ricochet*）重新跳回到科学身上。这些结论渗透到了被我们称之为实证论（*empiricism*）的整体中。物理学和化学只研究非生命的物质；生物学如果以物理和化学的方式去对待生物，那么它也只会考虑生物非生命的一面：因此，机械论的解释便由此产生，尽管这种解释在不断发展，但是它还是只解释了真相的一小部分。将真实的整体作为一种前提，将其假定为可被分解为这种真实的要素，或者至少那种机械论能够给世界上发生的事情提供一个完整的转化，这也就是在为某种形而上学做出断言——也就是斯宾诺莎和莱布尼茨已经摆出原理并从中引出结论的形而上学。当然，精神生理学家肯定了理智状态和精神状态之间存在着完全的均等，对于某些超人智能来说，他们设想在大脑中存在着破解意识中发生的事情的可能性，认为自己与十七世纪的形而上学哲学家相距甚远，而与经验非常接近。但是经验的纯粹和简单并没有告诉我们这类结论。它向我们展示了精神和肉体的相互依存，展示了精神状态必然要以某种大脑状态为基础——此外再无其他。两个物体是相互依存的，并不能得出它们是相等的这一结论。某颗螺丝钉对于某台机器来说是必不可少的，只有这颗螺丝钉在的时候，这台机器才能正常运转，如果螺丝钉被取走，机器也会停止，但是我们并不会因此就说这颗螺丝钉与这台机器是相等的。要使得对应相等，螺丝钉所对应的每一个确定部分都是这台机器的任何一部分——就在一篇文学翻译中，每一段都由原文的一段转换而成，每一个句子都对应着原文的一个句子，每一个词都对应着原文中的一个词。现在，大脑与感知意识之间的关系似乎完全不一样。不仅精神状态与大脑状态之间均等的假说暗示了一种鲜明的荒谬性，就像我们在前一篇论文中试图证明的一样，而且经过公证检测的种种事实似乎也表明了：精神状态与肉体状态之间的关系就是机器与螺丝钉的关系。谈论两者只讲的对等就是简单地缩减斯宾诺莎或者莱布尼茨哲学中的形而上学，并使得它们几乎不能理解。这就是既接受这种哲学中既有的扩展性的一面，又要使得其中思维的部分残缺不全。我们认为，斯宾诺莎和莱布尼茨联合了物质所获现象的综合概念，而且对物质中的所有东西都做出了机械的解释。但是，对于那些有意识的事实，我们不再将这种综合概念推向结束。我们在中途停了下来，假设感知意识与自然的某个部分的共同延伸，而不是与整个自然的共同延伸。由此，我们有时会得出一种“副现象论（*epiphenomenalism*）”，这种副现象论将感知意识与某种特殊的振动联系在一起，并且将其零星地放在世界的各个地方，有时会得出一种“一元论（*monism*）”，这种一元论会将感知意识分散为很多像原子一样微小的颗粒；但是，不管是哪种情况，我们回到的都是一种不完整的斯宾诺莎哲学或者不完整的莱布尼茨哲学。除此之外，我们在这种自然概念和笛卡尔哲学之间发现了居中的历史阶段。十八世纪的医药哲学家以及他们狭隘难懂的笛卡尔哲学，在创造现代的“副现象论”和“一元论”中扮演了重要角色。

因此，我们发现，这些学说都还没有达到康德的批判哲学的高度。当然，康德的哲学也充满了对一种单一且完整科学的信仰，包括了真实的整体。从一方面看，它确实只是一种现代形而上学的延续，也是古代形而上学的移位。斯宾诺莎和莱布尼茨追随着亚里士多德，已经在上帝中假设了知识的统一性。康德的批判哲学至少在一方面提出了这样的问题：现代科学是否像古代科学一样离不开这个整体假说呢？或者这个假说的某部分是否并不充分呢？对于古人来说，科学适用于种种概念，也就是说，适用于所有的物体。在将所有的概念压缩到一个概念的过程中，他们必然会得出一个存在，这种存在被我们思维，但是这种思维是客体思维而非主体思维。当亚里士多德将上帝定义为 νοησεως νοήσις 时，他所强调的也许是 νοήσεως，而不是 νόησις。上帝是所有概念的综合，是理念的理念。但是现代科学转向了对规律的研究，也就是对关系的研究。现在，关系就是一种由意识在两个或者多个术语之间建立起来的连接。关系绝不是与之相关的智能之外的东西。因此，宇宙只能是一种规律系统，如果现象已经实现穿过了智能过滤器。当然，这种智能可能是一种无限高于人类的智能，人类能够在建立起物体的物质性的同时，将所有的物体联系在一起：这是莱布尼茨和斯宾诺莎的假说。但是，并没有必要走得这么远，因为对于我们在此处已经获得的效果，人类的智能已经足够：这恰好是康德的解决办法。在斯宾诺莎和莱布尼茨的独断论和康德的评判哲学之间，存在着一种与此相同的距离：“大概可以宣称——”与“只需说——就够了”之间的距离。

康德将这种独断论停放在一个斜坡上，从而使得这种独断论朝着希腊形而上学哲学的方向滑得太远；他将这个不可或缺的假说减低到最低限度，以便将伽利略的物理学进行无限扩展。当他说到人类智能时，他实际上所要表达的并不是你的智能也不是我的智能：自然的统一性实际上来源于人类对统一的理解，但是在此运转的统一的功能是非个人的。这种智能自行将自己添加在了我们的个体感知意识中，但是又超越了我们的感知意识。它比真正的上帝要少很多；然而，它比一个人的独立工作或者人类的集体工作要多那么一点。这种智能并不是真正地存在于人类身上，相反，是人类存在于这种智能之中，就好像人类的感知意识在知性的大气中尽情呼吸。如果我们愿意，我们就可以将这种智能看做一个正式的上帝，这在康德的哲学中是那种还不具神性，却趋向于向神性转变的东西。在费希特的哲学中，它变成了上帝，具有了神性。然而，对于康德来说，这种智能的主要作用就是给予我们整个科学一种相对的和人性的特征，即使在某种程度上，我们已经将人性奉为了神性。从这一点来看，康德的批判哲学主要包括了前人的独断论，接受了他们的科学概念，将其暗含的假说降低到最低限度。

但是，康德对知识物质和其形式之间的区分就与之不同了。通过在极大程度上将智能看做确立各种关系的能力，康德认为各种关系是建立在超智能起源与各种术语之中的。与他的直接前辈相反，康德指出，知识并不是完全分解成智能的术语。他将笛卡尔哲学中的基本要素带回了哲学之中——经过修改，将其搬到另一个层面，这些要素已经被笛卡尔学派的哲学家们抛弃了。

因此，他为新哲学开辟了一条新道路，这种新哲学凭借直觉的更高努力，在超智能的知识物质中自我确立。通过与物质的相一致，采用相同的节奏和相同的运动，意识难道不能凭借着相反方向的两种努力，轮流上升或者下降自己，使自己能够从内部去把握现实的两种形式（身体与意识），而不再从外部去感知吗？难道这两种双向的努力不会让我们在可能的情况下去重新体验绝对吗？此外，因为在这个操作过程中，我们应该看到智能自动出现，从整体意识中将自己切割出来，智能的知识就会以其本来的面貌出现，虽然有限，但不是相对的。

这就是康德哲学本应该向重生的笛卡尔哲学所指出的方向。但是康德本人并未向着这个方向前进。

他不会这么做，因为，当把一种超智能的物质分配给知识的时候，他认为这种物质要么就与智能共同扩展，要么就不及智能的扩展幅度。因此，他不能梦想着从物质中切割出智能，由此也不能梦想着追溯理解力的起源和种类。理解力的模式和理解力本身必须按照其原本的方式被他人所接受，也就是将它们视作现成的东西。在展示给我们智能的物质和这种智能自身之间并没有任何关系。这两者之所以一致是因为智能将其形式强加在物质之上。因此，不仅有必要将智能的知识形式假设为一种绝对，并放弃对其源头的探索，而且对我们来说，这种知识的物质似乎也被智能碾碎，没有可能再找回其原本的纯粹度。它不是“在其自身中的物体（*thing-in-it-self*）”，只是通过我们的大气层折射过来的影像。

如果我们现在问：为什么康德不相信我们知识的物质能够在其自身形式之外扩展，那么，这就是我们所找到的答案。康德对我们自然知识的批判包含了：如果我们的科学所宣布的结果得到证实，就要确定我们的意识必须是什么，那么自然又必须是什么；但是康德对于科学所宣布的结果并未做任何批判。我的意思是，他将科学的观念看做整体观念，能够用相同的力量将所有既定的部分联系在一起，并且能够将它们协调为一个体系，可以全面展现一个相等的实体性（*solidity*）。在他的《纯理性的批判》（*Critique of Pure Reason*）中，他并没有考虑到科学正在变得越来越不客观，越来越具象征性，甚至到了从物理学科变成生命学科，又从生命学科回到物理学科的程度。在康德看来，经验并没有沿着两个不同甚至相反的方向运动，一个方向与智能的方向相一致，另一个却与之背道而驰。对他来说，只存在一种经验，而且智能覆盖了这种经验的整个范围。这就是康德所表达的内容：我们所有的直觉都是感官上的直觉，或者换言之，低于智能的直觉。如果我们的科学证明了其所有的部分都具有相同的客观性，那么我们就必须承认康德的观点。但是，与之相反，如果我们假设科学越来越不具备客观性，并越来越具象征性，而且它还从物理学科变成生命学科，又从生命学科回到物理学科，那么，因为它要象征化一种物体时就必须以某种方式觉察到这种物体，所以就应该存在心灵的直觉。笼统地说，生命的直觉，毫无疑问，智能会转移并且转化这种直觉，但是这种直觉或多或少还是超越了智能。换言之，就应该存在一种超智能的直觉。如果这种直觉存在，那么它就有可能会去拥有精神，而不再是拥有一种外部的和现象的知识。不仅如此，如果我们拥有了这种直觉（我的意思是一种超智能的直觉），那么感官直觉也很有可能在通过某种媒介，去延续这种直觉，就像红外线延续了紫外线一样。因此，感官直觉自身会得到提升。它将不再仅仅能获得一种可望而不可即的“存在于其自身中的物体”的幻影。假如我们对感官直觉进行某种不可或缺的修正，它就能引导我们进入到绝对本身之中。只要将它看做我们科学的唯一材料，这种直觉就会向所有科学回馈某种具有相对性的东西，这种相对性的东西碰撞着我们对于精神的科学知识；由此，实体的直觉（它是实体科学的开端）自身似乎就是相对的了。感官直觉似乎也因此变成相对的了。但是如果我们对不同的科学进行了区分，如果精神科学知识（因此也是生命科学知识）或多或少被看做某种认知方式的人为扩展，这种认知方式适用于实体，完全不具象征性。我们不妨再进一步：如果由此存在着两种不同秩序的直觉（第二种直觉是将第一种直觉的逆反而得来），而且，如果智能天然的趋势指向第二种直觉，那么智能和直觉本身之间就不存在本质的区别。可感知知识的物质和它的形式之间的障碍也降低了，感知力的“纯粹形式”和理解力种类之间的障碍也是如此。智能知识的物质和形式（限于其自己的客体）似乎是通过相互适应而相互生成的，智能在体质（*corporeity*）上自我成形，而体质则在智能上成形。

但是，康德从不会也不能承认这种直觉的二元性。为了承认这种二元性，就必然要将绵延看做现实的材料，并且由此找出物体的实质绵延和散布在空间中的时间之间的差别。也必然要将空间本身（以及空间中所固有的几何学）看做材料物质发展方向上的一种理想极限，并且这些物质并且达到这一极限。没有什么能够与《纯理性的批判》中的文字（或许其中的精神）更加相反的了。毫无疑问，《纯理性的批判》将知识展示为一种永远展开的书卷，将经验看做一种永远向前推进的事实推动力。但是，根据康德的言论，这些事实的展开速度与其产生速度是一样的；它们彼此外化，并且位于意识之外。一种来自内部的知识，能够在这些事实正在生成的时候捕捉到它们，而不是在它们已经生成了之后才开始获取，它能够潜入空间内部，并且潜入空间化了的时间中，这些都不存在任何问题。但是，我们的意识确实将我们放置在这个平面之下，而在此处流动的是真正的绵延。

在这一方面，康德也非常接近他的前辈。在非时间的存在和分布在不同瞬间中的时间之间，他承认没有任何过度方式。而且，因为确实没有知觉可以将我们带到非时间（*non-temporal*）状态中，所以按照定义，所有的直觉都被看做感官直觉。但是，在分布在空间中的物理存在和非时间存在（只能是一种概念和逻辑上的存在，就像形而上学的独断论所讲的那样）之间，没有容纳感知意识和生命的空间吗？无可置疑，它们之间存在着这种空间。当我们将我们自己放置在绵延之中，以便从绵延过渡到各个瞬间时，我们便能觉察到这种空间，而不是从各个瞬间开始，将这些瞬间再次连接起来，去架构绵延。

但是，为了摆脱康德的相对主义，康德的直接后继者转向了一种非时间直觉。当然，变化的观念、发展的观念、进化的观念在他们的哲学中似乎占据了很大的位置。但是，绵延真的有在里面起作用吗？在真正的绵延中，一种形式从之前形式中涌现出来，同时给自己加上一点新的东西，它既被之前形式所解释，也解释了之前的形式；直接从一种完整的存在（假定这种存在被形式所体现）中推断这一种形式就是对斯宾诺莎哲学的回归。这就像是莱布尼茨和斯宾诺莎，否认了绵延的全部有效行为。这种后康德哲学也许对机械理论非常严厉，但是它还是接受了机械论一个观点：存在着一种使用于所有种类的现实的科学。而且，它比它想象的更加接近机械论；对于思维来说，在检测物质、生命和思维时，它虽然替换了复杂性的连续程度（机械论通过理念的实现程度，或者通过抑制的客观化程度，来假设了复杂性的连续程度），但它仍然谈到了程度，这些程度是同一比例尺的程度，在这一比例尺上，存在以单一的方向横越穿过。简言之，它在自然中制造了同样的相互关系，而机械论也是如此。后康德哲学保留了机械论的全部设计；这种哲学知识将其染上了不同的颜色。但是正是这种设计本身需要重新设计，或者至少是这个设计的一半需要改造。

如果我们想要那样做，我们就必须放弃这种架构方式，也就是康德后继者所采用的方式。我们必须诉诸经验—— 一种净化了的经验，换言之，一种在必要时从模式中释放的经验，这种模式是我们的智能已经在我们对物体的行为进程的程度和比例上形成的。这种经验并不是非时间经验。这种经验在被空间化了的时间（我们相信我们在各个部分之间看到了连续的重新排列）之外只寻找一种具体的绵延（在这种绵延中始终存在着一种整体的根本重塑）。这种经验在真实所有的蜿蜒上追随着真实的脚步。像架构的方式一样，这种经验并没有将我们引向越来越高的总述—— 一幢宏伟建筑的层层叠叠的楼层。但是，因此这种经验就不会在它暗示的解释和它必须要解释的客体之间发挥作用。它要求要说明的就不再只是一块块的整体，而且还包括真实的细节。

十九世纪的思维所呼唤的正是这种类型的哲学，这种哲学摆脱了任意性，而且能够下降到特殊事实的细节中，这种思维是无懈可击的。同样无懈可击的是，十九世纪的思维觉得这种哲学应该将自己建立在（我们称之为）具体的绵延之中。精神科学的诞生，心理学的发展，生物学中胚胎学的重要性的日益增长——所有这些都必然暗示了一个观念：一种在内心持续的现实就是绵延本身。因此，当哲学家宣布一种进化学说时，在这种学说中，物质向着可感知性的发展，与意识向着合理性的前进，这两者可以同时被追根溯源；在这种学说中，外在与内在之间的对应复杂性应该一步步发展；在这种学说中，改变应该变为物体的唯一实质——此时，人们的视线应该都转向他。斯宾塞哲学中的进化论在同时代的思维中拥有强大吸引力的原因也在于此。无论斯宾塞和康德的距离看上去有多远，无论他会怎样忽视康德的哲学，在他第一次接触生物科学的时候，他还是感觉到了这个方向，在这个方向上，哲学应该继续前进，而不是敞开自己的大门迎接康德的批判哲学。

但是，他一踏上这条路就转向了一条捷径。他曾许诺要追溯其源头，但是看吧！他所做的都是一些完全不同的事情。他的学说确实被冠上了进化论的名号；这个学说宣称要在普遍变化的进程中跋山涉水；实际上，它并没有处理变化，也没有研究进化。

我们不需要对这种哲学进行深入的检测。我们只需要说：斯宾塞的方式所采用的通常办法就是用已经进化的片段去重组进化。如果我将一幅画贴在一张卡片上，然后将这张卡片切成小块，我能够通过重新排列这些小片重构整幅画。而且，一个玩拼图游戏的孩子将这幅图不成形的小片放在一起，最终获得一张漂亮的彩色构图，毫无疑问他会想象自己制造了构图与色彩。但是，描绘与上色的行为与将小片拼成一幅已经绘制好上好色的图画毫无关系。因此，通过将最简单的进化结果拼凑在一起，你虽然能够很好或者很差地模仿最为复杂的结果，但是，你所追溯到的源头既不简单也不复杂，而且将进化结果重组在一起的结果，与进化运动根本没有丝毫相似之处。

然而，这就是斯宾塞的机械错觉。他用当前的形式去获取现实；他将这种现实切割成碎片，然后将碎片扔到风中让它们分散开来，之后，他将这些碎片“整合”起来，并“驱散它们的运动”。通过马赛克拼图模仿整个进化之后，他想象自己已经重新描绘了整体构图并为其上好了色，并找到了进化的起源。

在这个问题中存在着物质吗？斯宾塞将一些要素整合成一些可见的可触知的实体，这些简单实体中的基本粒子已经带上了一种浓厚的色彩，他最初就将这些粒子假设为遍布整个空间的东西。无论如何，它们都是“物质点”，而且都是一些永远不变的点，十足的小固体：这好像是在物质性的起源中能够找到的，离我们最近也是最坚实的固体！物理越是向前发展，它就越是展示：我们所觉察到的物质特性的那些模式中，根本无法展现以太（*ether*）或者电力（*electricity*）的特性——这也许是所有实体的基础。哲学却退到了比以太还远的位置，退到了一种我们的感觉所理解到的现象之间的那种略图关系上。它确实知道物体中什么样可见和可触知的的东西代表了我们可能加诸于物体的行为。它并不是通过将那些已经进化了的东西分解开来，来掌握进化的原理，也不是依靠重组已经进化了的事物来再现进化的本来样貌。

这是意识的问题吗？通过将反应和反射组合在一起，斯宾塞认为他这样就依次生成了直觉和理性的意志。他没有看到，专业化的反射和完美意志一样，是进化的一个终结点，不能在开始就被假设。在理性的意志还不充分之前，直觉应该已经抵达了其最终形式；但是这两者都是进化运动的沉淀，而进化运动本身也不能被表现为直觉或者理性意志的单一功能。我们必须开始于将反射和自愿行为（*voluntary*）混合在一起开始。那么，我们必须去探索现实的流动，这种现实的流动已经被抛入到了这种双倍的形式之中，而且可能已经具备了两者的特点，而不是选其一。在动物物种中的最低等级上，在那些未分化的原生物质中，对刺激因素的反应还没有像反射中那样，要求一种明确的机制来发挥作用；也不像自愿行为一样，在几种明确的机制中做出选择；因此，这种刺激反应既不是自愿行为，也不是反射，即使它预示着这两者的出现。当我们半自愿且半自动地做出一些运动，以逃避某种逼近的危险时，我们自己也在这样的起源活动中有过这样的体验。但是，这依然只是一种对于最初特征的不完美的模仿，因为我们再次谈论的是两种已经形成的活动的混合物，已经在我们的大脑和脊柱中形成了逻辑的活动，鉴于原始活动是一种简单的物体，它通过像脊柱和大脑一样的机制自我构造，成为了一种多样性物体。但是对于所有的这一切斯宾塞都视而不见，因为他的方法的本质就在于用加固的物体去重组加固的物体，而不是回到巩固的渐进过程，也就是进化本身。

最后，这是意识与物质之间的对应问题吗？斯宾塞在用这种对应定义智能是正确的。他将其看做一种进化的结束，这也是正确的。但是，当他开始追溯这话总进化，他再一次地又将进化完成了的物体整合在一起——完全没有看到他是在引起一些没用的麻烦，即使是在假定确实进化完成了的物体的一个最小碎片，他也是在假定一个整体——因此，即使他追溯到了进化的源头，这一切也是徒劳。

因为，根据斯宾塞的学说，在自然界中相互继承的现象投射到人类大脑中后，人脑中出现的图像便能代表这些现象。因此，现象之间的关系会对称地对应概念之间的关系。自然界中最为普遍的规律，其中浓缩了现象之间的关系，由此我们发现这些规律可以生成思维的直接原理，在这些思维中整合了概念之间的关系。我们思维的结构，与物体的框架一一密切对应——我非常愿意承认这一点。但是，为了人类意识能够代表现象之间的关系，首先必须存在现象，也就是说，从变化的延续性中切割出来的明确的事实。一旦我们假定这种特殊的割切方式（就是我们今天所察觉到的方式），我们也就假定了我们在今天所看到的智能，因为它们之间是有联系的，而且只有依靠这种联系，现实才能按照这种特定方式去切割。哺乳动物和昆虫也注意到了自然的相同方面，它们也在追溯同一种割切方式，依照同样的方式将整体切割成一个个部分，这可能吗？有智能的昆虫已经拥有了一些我们的智能所拥有的东西。每一种生物都必须按照以下的方式根据行为的框架切割物质世界：正是这些可能行为的框架，凭借相互交织，画出了经验之网，这张网的每一个网格都是一个事实。毫无疑问，一个城镇完全是由一幢幢房屋组成的，城镇的街道只是房屋之间的间隔：因此，我们可以说，自然所包含的只有事实，而且事实一旦被假定，它们之间的关系就是位于事实之间的线条。但是，在一个城镇中，正是将土地划分成很多部分，也正是这种划分，才确定了房屋的位置、房屋的普遍性形状，以及街道的方向：对于这些部分呢，我们必须回到最初的划分上，这样我们才能理解造成目前这种划分（房屋的位置，街道的方向）的方式。现在，斯宾塞最重要的错误在于将已经分配好的经验看做既定的东西，然而，真正的难题在于去了解这些分配工作是怎样运转的。我同意思维的规律只是事实之间关系的整合。但是，当我假定了事实和它当前呈现在我面前的状态时，我就假定了我的知觉和智能能力的当前状态；因为，正是这些能力将真实分成了很多小份，也正是它们将事实从现实的整体中切割了出来。因此，如果不说事实之间的关系已经生成了思维的规律，我还能断言正是思维的形式决定了被我们所感知到的事实的形状，也正是思维的形式，决定了事实之间的关系：这两种表达方式本身是相等的；说到底它们想表达的都是同一个意思。采用第一种方式时，我们确实也不再是在谈论进化。但是，采用第一种方式时，我们也只是在谈论进化，我们并没有对其进行任何的思考。因为真正的进化能够通过生活方式来发现，慢慢地掌握，智能已经运用了它的结构计划，而物质也已经采用了它的细分方式。这种结构和这种细分相互作用、互为补充，它们必须同步发展。而且，无论我们假定当前的意识结构还是当前物质的细分，我们都是在与那些已经进化完成的物体打交道：没人告诉我们任何关于进化的东西，也没有人告诉我们进化本身究竟是什么样子。

但是，这正是我们必须揭示的进化论。在物理学自身的领域中，那些正在推进这项研究的科学家更多的是倾向于相信：正如我们不能对整体做出论证一样，我们也不能论证部分，相同的原理并不适用于一种进程的始末；例如，当我们涉及原子的构成时，我们所不能接受的既非创造，也非毁灭。因此，他们会倾向于将自己放在具体的绵延中，只有在真正的绵延中，才会存在真正的生成，而不只是部分的组合。科学家所说的创造和毁灭关系到运动或者能量，而不是与那些不可估量的媒介有关，而那些假设为循环的能量和运动所穿过的就是这些媒介，这种说法是正确的。但是，当你取走了决定物质存在的所有事物之时，也就是说，取走了能量和运动本身，此时物质还剩下什么呢？哲学家必须比科学家走得更远。将一切只是想象符号的东西清理干净，他将会看到物质世界融化回了一种简单的流动、一种延续的流动、一种变化。而且他还会由此在生命和感知意识的范围内，随时发现真正的绵延，只要这种发现仍然更加有用。因为，只有在讲到非生命体时，我们才会忽视这种流动，而不致犯下严重的错误：我们已经说过，物质和几何学的分量相当；而且作为现实下降的物质，只有联合了作为上升的物质，才能延续下去。但是生命和感知意识就是这种上升。我们一旦通过生命和感知意识的运动，在它们的本质中把握了它们，我们就能理解剩下的现实是怎样来源于生命和感知意识的。进化出现了，并且，在这种进化之中，物质性和智能性则会凭借两者之间的逐步巩固而逐渐确定下来。但是这样一来，为了依据进化论顺理成章地推理到现阶段的状态，我们必须把自己置身于进化过程中，而不是将这些片段和不完整的部分进行人为的重组。很显然，这对我们来说就是哲学真正的功能。被如此理解的哲学，不仅是意识向着其故乡前进的转折点，不仅是人类意识与其放射出来的生命远离的巧合，不仅是创造性努力的触碰，它还是对普遍变化的研究，是真正的进化论，因此也是科学的真正延续——设若我们将科学这个词理解为一整套的真理（要么是已被体验过的真理，要么是已被证实了的真理），而不是将其理解为某种新兴的经院哲学（*scholasticism*）——这种哲学在十九世纪后半期围绕着伽利略的物理学逐渐发展起来，就像曾围绕着亚里士多德学说发展起来的旧经院哲学一样。